CURSO BÁSICO DE ASTROLOGIA

VOLUME I

MARION D. MARCH
JOAN McEVERS

Curso Básico de Astrologia

VOLUME I

Princípios Fundamentais

Tradução
CARMEM YOUSSEF

Editora
Pensamento
SÃO PAULO

Título original: *The Only Way to... Learn Astrology – Vol. I – Basic Principles*

Copyright © 1976 Astro-Analytic Publications.

Copyright da edição revisada © 1981 Astro Computing Services.

Copyright da edição brasileira © 1988 Editora Pensamento-Cultrix Ltda.

1ª edição 1988.

14ª reimpressão 2014.

Todos os direitos reservados. Nenhuma parte deste livro pode ser reproduzida ou usada de qualquer forma ou por qualquer meio, eletrônico ou mecânico, inclusive fotocópias, gravações ou sistema de armazenamento em banco de dados, sem permissão por escrito, exceto nos casos de trechos curtos citados em resenhas críticas ou artigos de revistas.

Direitos de tradução para a língua portuguesa
adquiridos com exclusividade pela
EDITORA PENSAMENTO-CULTRIX LTDA.
Rua Dr. Mário Vicente, 368 – 04270-000 – São Paulo, SP
Fone: (11) 2066-9000 – Fax: (11) 2066-9008
E-mail: atendimento@editorapensamento.com.br
http://www.editorapensamento.com.br
que se reserva a propriedade literária desta tradução.
Foi feito o depósito legal.

Dedicamos este livro, com muita gratidão, a nossos alunos, cuja insistência e estímulo transformaram-no em realidade, e, com muito amor, a nossos maridos, Dean McEvers e Nico March, que passaram tantas tardes sozinhos e abandonados.

Sumário

Introdução: Barbara H. Watters 11

Prefácio 13

PARTE I

Lição 1: Introdução 15
O que é Astrologia? 15 O que é um horóscopo? 16 Figura 1: O alfabeto do astrólogo 17 A Roda natural ou plana 18 Os Elementos 19
As Qualidades 19 Figura 2: Roda natural ou plana 20 Regências 21
As Casas 22 Resumo 23

Lição 2: Os signos 24
Introdução 24 Os signos 24 Regência planetária dupla dos signos 30
Questionários 30

Lição 3: Os planetas 33
Introdução 33 Os planetas 34 Os Nodos da Lua 39 Figura 3: Tabela de dignidades 40 Dignidades 40 Questionário 40

Lição 4: As casas 42
Interpretação do significado das Casas 42 As Casas 43 Figura 4: Roda de Casas 47 Casas derivadas 48 Divisão das Casas por elemento 48
Divisão das Casas por qualidade 49 Os meridianos 50 Figura 5: Dia e noite 51 Figura 6: Levante e poente 51 Questionário 52 Breve comentário antes de prosseguirmos 52

Lição 5: Como delinear um mapa 53
Introdução 53 O uso das palavras-chave no delineamento 53 Delineamento de um horóscopo modelo 55 Figura 7: Horóscopo de Franklin Delano Roosevelt 56 Questionário 59

Lição 6: Os aspectos 60
Introdução 60 Figura 8: Tabela de aspectos 61 Conjunção 63 Quadratura 64 Oposição 65 Trígono 66 Quincunce 67 Sextil 68 Regras gerais e roteiro para aspectação 68 Compreensão do significado básico dos aspectos 70 Figura 9: Os aspectos 72

Lição 7: Aspectação 75
Aspectação do horóscopo 75 Figura 10: Horóscopo de Franklin Delano Roosevelt 77 Resumo das lições 6 e 7 78 Figura 11: Horóscopo de Judy Garland 79

PARTE II

Introdução 81

Lição 8: O Sol 83

Alguns comentários gerais sobre esta lição 83 Apanhado geral do Horóscopo de Judy Garland 83 O Sol nos signos 84 O Sol nas Casas 89 O Sol em aspecto 94 Conjunções 94 Quadraturas e oposições 96 Trígonos e sextis 99 Quincunces 102

Lição 9: A Lua 104

Alguns comentários gerais sobre esta lição 104 A Lua nos signos 104 A Lua nas Casas 116 A Lua em aspecto 121 Conjunções 121 Quadraturas e oposições 123 Trígonos e sextis 126 Quincunces 128

Lição 10: Mercúrio 131

Alguns comentários 131 Mercúrio nos signos 131 Mercúrio nas Casas 137 Mercúrio em aspecto 142 Conjunções 142 Quadraturas e oposições 144 Trígonos e sextis 146 Quincunces 148

Lição 11: Vênus 151

Algumas sugestões 151 Vênus nos signos 151 Vênus nas Casas 157 Vênus em aspecto 161 Conjunções 161 Quadraturas e oposições 163 Trígonos e sextis 165 Quincunces 167

Lição 12: Marte 170

Alguns comentários gerais 170 Marte nos signos 170 Marte nas Casas 175 Marte em aspecto 179 Conjunções 180 Quadraturas e oposições 181 Trígonos e sextis 183 Quincunces 185

Lição 13: Júpiter 187

Comentários importantes 187 Júpiter nos signos 188 Júpiter nas Casas 193 Júpiter em aspecto 197 Conjunções 197 Quadraturas e oposições 198 Trígonos e sextis 200 Quincunces 201

Lição 14: Saturno 203

Comentários importantes 203 Saturno nos signos 203 Saturno nas Casas 209 Saturno em aspecto 214 Conjunções 215 Quadraturas e oposições 216 Trígonos e sextis 217 Quincunces 218

Lição 15: Urano 220

Alguns comentários gerais 220 Urano nos signos 221 Urano nas Casas 226 Urano em aspecto 231 Conjunções 231 Quadraturas e oposições 232 Trígonos e sextis 232 Quincunces 233

Lição 16: Netuno 234

Mais comentários importantes 234 Algumas observações gerais sobre

Netuno 234   Netuno nos signos 235   Netuno nas Casas 241   Netuno em aspecto 245   Conjunção 245   Quadratura 246   Sextil 246

Lição 17: Plutão 247
Comentários gerais 247   Plutão nos signos 248   Plutão nas Casas 253   Resumo 258   Figura 12: Horóscopo de Muhammad Ali 259

Apêndice 260
Lição 1: Questionário 1   260   Figura 13: Roda natural ou plana 261   Lição 2: Questionário 2   262   Lição 3: Questionário 3   263   Lição 4: Questionário 4   263   Lição 5: Questionário 5   264   Figura 14: Horóscopo de Franklin Delano Roosevelt 265   Figura 15: Horóscopo de Judy Garland 267   Lição 8: o Sol 268   Lição 9: a Lua 269   Lição 10: Mercúrio 270   Lição 11: Vênus 271   Lição 12: Marte 272   Lição 13: Júpiter 273   Lição 14: Saturno 274   Lição 15: Urano 275   Lição 16: Netuno 276   Lição 17: Plutão 277   Figura 16: Horóscopo de Marion March 278   Figura 17: Horóscopo de Joan McEvers 279

Introdução

A astrologia é tão profunda e diversificada que ensiná-la torna-se uma arte complexa. Muitos professores esmorecem diante das dificuldades e terminam por repetir tradições e métodos estereotipados que chegaram até nós vindos de épocas muito diferentes e muito antigas.

Não é o caso de Marion March e Joan McEvers. Este livro é o resultado de vários anos de experiência, prestando especial atenção às necessidades do principiante, que não são de forma alguma iguais às do principiante num estudo mais convencional e menos controvertido. Cada lição é cuidadosamente elaborada, terminando com um questionário, para garantir que o aluno realmente entenda a matéria coberta. (Muitos textos tendem a tratar do assunto de maneira rápida e muito superficial.) Assim, esse livro deve ser vantajoso para quem mora em lugares distantes ou para quem não consegue encontrar um professor e precisa, portanto, aprender nos livros.

Uma característica inusitada do método March-McEvers é que o ensino. do levantamento do mapa é adiado até o aluno aprender os rudimentos da interpretação. Como as autoras explicam, é muito comum o aluno levantar o mapa de todo o mundo que conhece e não usar nem um pouco de modéstia na interpretação, antes de aprender os significados dos signos, dos planetas e dos aspectos. E é fato que o principiante tem a tendência de se aproximar do desastre, muitas vezes com lamentáveis conseqüências psicológicas.

Não há assunto que exija mais tolerância e paciência de quem lida com ele do que a astrologia. Este livro é um passo à frente porque se empenha em desenvolver essas difíceis virtudes desde o começo.

Barbara H. Waters
Washington, D. C.
Julho de 1976

Prefácio

Escrevemos este livro porque acreditamos que o método de ensino que desenvolvemos durante os últimos dez anos é fácil, lógico e o melhor possível. Ensinamos centenas de alunos, dos quais mais de quarenta por cento ou se tornaram astrólogos profissionais ou continuaram conosco nos cursos intermediário e avançado. Porém, mais importante que essa porcentagem invulgarmente baixa de evasão, é o fato de todos os que ficaram conosco serem excelentes astrólogos. Não podemos nem dizer que isso é porque somos ótimas professoras. Nosso grupo, sob os auspícios de Aquarius Workshops, Inc., tem muitos outros professores que usam esse mesmo método, e seus resultados são tão bons quanto os nossos.

O que realmente nos convenceu a escrever este livro foi o grande número de alunos que vieram de outras escolas e/ou de outros métodos repetidamente insistindo conosco para que colocássemos o curso em forma de livro, de modo que pudesse ser aproveitado por outras pessoas.

Agora você sabe por quê. Antes de mostrar-lhe como, aqui vão alguns fatos e sugestões importantes. A astrologia, como qualquer outro campo, demanda tempo e aplicação. Pode ser comparada ao aprendizado de uma nova língua. Só a prática proporciona o domínio.

Para cada lição deste livro (e realmente são "lições", não capítulos), você deve gastar pelo menos duas horas em revisão e lição de casa. Quanto mais você treinar, tanto mais rapidamente a astrologia vai mergulhar no seu subconsciente. No final do livro, você deverá estar totalmente familiarizado com todas as palavras e todos os símbolos novos. Você terá aprendido os signos do zodíaco, os planetas, as casas e as relações que todos eles têm entre si. Na primeira parte deste livro, fornecemos palavras-chave para ajudá-lo a lembrar as qualidades básicas atribuídas a cada signo, planeta e casa. Na segunda parte, entramos em mais detalhes.

É muito normal, no começo, sentir-se esmagado por essa quantidade de material novo, mas não desanime. Muita gente sentiu a mesma coisa. Através do livro, nós repetimos, repetimos e repetimos outra vez, até que tudo comece a aprofundar-se e a tornar-se cristalino. Como este livro foi adaptado do nosso material de aulas, já sabemos as perguntas que os alunos novos vão fazer, as áreas de frustração e os obstáculos, e já aprendemos como lidar com eles.

Cada um aprende de uma maneira diferente. Entretanto, sabemos que se usarmos mais de uma abordagem, o processo de aprendizado vai ser mais rápido. A leitura é apenas uma parte do aprendizado; assim, é muito importante fazer a lição de casa, que vai envolver a escrita, uma outra abordagem.

Faça um esforço para ler o livro do começo ao fim, em vez de pular de lição para lição e captar informações aqui e ali sem uma base adequada. A ordem das lições está baseada numa seqüência definida, que acreditamos levar a uma compreensão mais fácil e melhor da astrologia básica.

Esperamos que você goste deste livro; mais do que isso, esperamos que a astrologia abra novos horizontes de entendimento e amplie e enriqueça o âmbito da sua vida.

Cada uma de nós está ativamente envolvida com a astrologia há muitos anos, durante os quais tivemos alguns professores maravilhosos a quem devemos muito. Para mencionar apenas alguns: Ruth Hale Oliver, Kiyo, Irma Norman e Zipporah Dobyns. Parte dos pensamentos e da filosofia deles, obviamente, foi incorporada neste livro. A cada um deles, nossos mais profundos agradecimentos.

Joan McEvers e Marion March
Los Angeles, Califórnia
Janeiro de 1980

Parte I

Lição 1: Introdução

O que é Astrologia?

A astrologia é a ciência que investiga a ação dos corpos celestes sobre os objetos animados e inanimados, e a reação destes a essa influência. A astrologia figura entre os primeiros registros do aprendizado humano. É a mãe da astronomia; durante muitos anos, ambas foram uma só ciência. Agora, a astronomia é uma ciência de distâncias, magnitudes, massas, movimentos, velocidades, localizações e assim por diante, com base em observações feitas com instrumentos como o telescópio. A astronomia pode, assim, ser denominada uma ciência "objetiva", enquanto a astrologia deve ser denominada uma ciência "subjetiva". Portanto, o levantamento do horóscopo é, na verdade, um processo astronômico; a avaliação ou descrição do horóscopo é um processo astrológico.

A astrologia também lida com os ângulos entre os planetas e a observação de seus efeitos sobre a humanidade. Os signos são uma forma de dividir os céus; as Casas também, embora sejam baseadas no local de nascimento. O signo pode ser considerado o campo de ação; a Casa é o lugar onde ocorre a ação, e o planeta é o poder ou força motivadora.

A astrologia nos ensina que existe harmonia e simetria no universo, e que todos são parte de um todo. Assim, você deve tentar entender a astrologia como uma filosofia que ajuda a explicar a vida, e não como uma arte ou ciência preditiva. O propósito da astrologia não é culpar os planetas pelo que nos acontece, mas, ao contrário, aprender a nosso respeito através da indicação planetária. Quando nos vemos claramente, podemos descobrir novas qualidades em nós, e assim nossas vidas podem tornar-se mais plenas, mais produtivas e mais cheias de propósito.

Originalmente, a astrologia era dividida em quatro partes:

Natural ou *física*: a ação dos planetas sobre as marés, o clima, a atmosfera e as estações.

Mundana ou *judicial*: a astrologia das nações, de sua economia e de seus ciclos políticos.

Natal ou *genética:* a astrologia dos indivíduos e o estudo de seus mapas de nascimento.

Horária: o estudo de uma determinada questão que ocorre num determinado lugar e num determinado momento.

Neste livro vamos tratar da *astrologia natal.*

Há dois tipos de astrologia praticados no Ocidente. Uma é chamada astrologia *tropical*; a outra, *sideral.* A astrologia tropical dá a posição de um planeta por signo. A astrologia sideral dá a posição por constelação. Para entender a diferença entre as duas, é preciso entender a diferença entre signos e constelações. Ambos têm os mesmos nomes, o que pode causar uma considerável confusão para os principiantes. Há aproximadamente quatro mil anos, quando no equinócio vernal, o primeiro dia da primavera, o Sol estava na constelação de Áries, não havia diferença. Os signos e as constelações coincidiam. Agora, por causa da precessão, a lenta rotação da Terra sobre seu eixo, o Sol entra no equinócio vernal no signo de Áries, porém na constelação de Peixes.

Os signos são divisões do espaço de um círculo chamado *eclítica.* A eclítica é o caminho, no céu, pelo qual aparentemente os planetas seguem. Existem 360° num círculo, e existem doze signos, cada um ocupando um segmento de exatamente trinta graus. 30 X 12 = 360. Áries é o nome dado ao primeiro setor de 30° de espaço, começando no equinócio vernal.

Assim, os signos são calculados a partir do que os astrólogos chamam o *ingresso em Áries*, ou o ponto onde o Sol chega a 0° de Áries. Este ponto está agora localizado na constelação de Peixes. Mencionamos isto neste momento, logo no começo, porque você vai encontrar pessoas familiarizadas com a astronomia ou com a astrologia sideral que podem tentar solapar a sua confiança insistindo que se você pensa que o seu Sol, por exemplo, está em Áries, na realidade você nasceu com o Sol na constelação de Peixes. Os dois estão certos, portanto não há necessidade de discutir. A astrologia sideral e a astrologia tropical se baseiam em princípios diferentes, e as duas são válidas. Neste livro, vamos ensinar *astrologia tropical.*

O que é um Horóscopo?

A palavra *horóscopo* significa "mostrador de horas". É um mapa ou diagrama dos céus levantado com a finalidade de determinar os potenciais e as características de uma pessoa nascida numa época e lugar específicos sobre o planeta Terra. Esse diagrama também é chamado *mapa natal, mapa radical* ou *natividade.* Para elaborar um horóscopo preciso, é essencial dispor da hora exata de nascimento e da latitude e longitude exatas do lugar de nascimento. É recomendável lembrar, desde o início, não levantar um horóscopo a não ser que os dados possam ser verificados em registros oficiais. O testemunho de uma mãe dizendo que o seu filho nasceu numa certa hora talvez seja incorreto. Pode levar a horas de tempo e esforço perdi-

Figura 1: O alfabeto do astrólogo. Aqui estão os glifos (símbolos) astrológicos básicos. É importante familiarizar-se com esses símbolos e memorizá-los.

OS PLANETAS

☽ Lua

☿ Mercúrio

♀ Vênus

☉ Sol

♂ Marte

♃ Júpiter

♄ Saturno

♅ Urano

♆ Netuno

♇ Plutão

⊕ Terra

☊ Nodo norte

☋ Nodo sul

OS SIGNOS

♈ Áries

♉ Touro

♊ Gêmeos

♋ Câncer

♌ Leão

♍ Virgem

♎ Libra

♏ Escorpião

♐ Sagitário

♑ Capricórnio

♒ Aquário

♓ Peixes

dos, e até tornar duvidosa a validade da astrologia, pois o horóscopo e a pessoa parecem não combinar.

Levantar um mapa de nascimento é relativamente fácil para qualquer pessoa que saiba somar, subtrair e multiplicar. Entretanto, a leitura ou delineamento do mapa requer discernimento e capacidade de deduzir o que tem probabilidade de acontecer sob determinadas condições astrológicas. A complexidade da astrologia demanda considerável aprendizado, tempo, prática e, sobretudo, a reflexão e a aplicação sérias.

Neste livro vamos ensinar os significados dos signos, dos planetas, das Casas e dos aspectos. Depois de adquirir algum conhecimento desses elementos básicos da astrologia e aprender a ler um horóscopo natal, você estará pronto para montar um horóscopo. Lembre-se de que está, na realidade, aprendendo um novo tipo de linguagem simbólica, que você só vai falar fluentemente através da prática continuada.

A astrologia que aprender vai capacitá-lo a ver com mais discernimento os fatos que ocorrem na sua vida e na vida dos outros, e isto porque você será capaz de enxergar e compreender as forças em funcionamento e de aprender a ver como essas forças correspondem ao que está acontecendo. Entretanto, lembre-se sempre de que seu livre-arbítrio e sua atitude vão determinar até que ponto você faz uso dos talentos e potenciais com os quais nasceu. A escolha é sua.

A Roda Natural ou Plana

Na página 20 você encontrará o que os astrólogos chamam *roda natural* ou *plana*. Para se familiarizar com o levantamento do horóscopo natal, você vai aprender agora a que lugar pertencem os doze signos no horóscopo natural. Você pode escrever no livro ou, se preferir, desenhar a sua própria roda.

Comece colocando o símbolo de Áries em sua posição correta no ponto oriental do mapa. Esse ponto é a linha divisória entre a décima segunda e a primeira Casas. Essa linha chama-se *cúspide* da primeira Casa e recebe um nome muito especial, *Ascendente* ou *signo em elevação*. Coloque o símbolo de Áries perto do ponto onde a cúspide se encontra com o círculo.

Em seguida, desça em sentido anti-horário para a cúspide da segunda Casa, a linha que divide a primeira e a segunda Casas. No ponto em que essa cúspide se encontra com o círculo, coloque o símbolo de Touro.

Novamente, continue em sentido anti-horário para a cúspide da terceira Casa e coloque o símbolo de Gêmeos no lugar adequado.

Continue dando a volta ao círculo até ter inserido o símbolo de cada signo (conforme o quadro da página 17) nos lugares adequados no mapa. Você deve terminar com o signo de Peixes na cúspide da décima segunda Casa. Confira seu trabalho comparando-o com o mapa completado no Apêndice (veja página 261).

Os Elementos

Dividimos os doze signos do zodíaco em grupos com determinadas características comuns. Uma forma de proceder a essa divisão é por temperamento. Essa classificação é denominada por *elemento* ou *triplicidade*, como segue:

Signos de fogo: Áries, Leão e Sagitário. Esses signos são ígneos, ardentes, entusiásticos, espontâneos, auto-suficientes e românticos. Mal-empregados, podem ser autoritários e demasiadamente vigorosos.

Signos de terra: Touro, Virgem e Capricórnio. Esses signos são práticos, realistas, prudentes, conservadores e sensuais. Gostam de conforto material e têm bons poderes de recuperação. Mal-empregados, podem ser insensíveis e demasiadamente materialistas.

Signos de ar: Gêmeos, Libra e Aquário. Esses signos comunicam-se bem; tendem a ser intelectuais e são capazes de lidar com o raciocínio abstrato. São lógicos, de mente aberta, objetivos, idealistas e sem preconceitos. Mal-empregados, podem ser frios e sem senso prático.

Signos de água: Câncer, Escorpião e Peixes. Esses signos são emotivos, apoiadores e receptivos. São emocionais, intuitivos, responsivos, sensíveis e profundos. Tendem a variar de humor e são facilmente influenciados pelo ambiente. Lembrem-se de que a água é encontrada em três formas: líquida, congelada (gelo) e gasosa (vapor). Câncer é a forma líquida; Escorpião é a forma congelada; Peixes é a forma gasosa. Mal-empregados, esses signos podem ser auto-indulgentes, autopiedosos e indecisos.

Usando a roda plana, coloque agora os elementos nos seus signos apropriados. Para isso, é preciso primeiro entender que o signo na cúspide de cada Casa é o que tem precedência naquela Casa. Coloque a palavra *fogo* nas três Casas relacionadas com os signos de fogo. Para tanto, coloque a palavra *fogo* na primeira Casa (Áries), na quinta (Leão) e na nona (Sagitário). Continue da mesma forma com os outros três elementos até que cada Casa contenha o nome de um elemento. Por exemplo: a sexta Casa deve conter a palavra *terra*, a décima primeira, a palavra *ar* etc. Confira seu trabalho com o mapa completado no Apêndice (página 261).

As Qualidades

Também podemos dividir os doze signos do zodíaco em três grupos de quatro signos cada; os signos de cada grupo têm certas *qualidades* em comum. Cada grupo tem um modo diferente de operar na vida. Essas qualidades ou *quadruplicidades* são:

Signos cardeais: Áries, Câncer, Libra e Capricórnio. Esses signos são os quatro pontos cardeais da bússola: leste, oeste, norte e sul. Áries é leste, Libra é oeste, Câncer é norte, Capricórnio é sul. Esses signos são chamados cardeais porque regem a mudança das estações: Áries, primavera; Câncer, verão; Libra, outono; Capricórnio, inverno. Os signos cardeais têm iniciativa, são ativos, ardentes, ambiciosos, entusiásticos e independentes. Sua

Figura 2: Roda Natural ou Plana. Esta é a roda das doze Casas do zodíaco, mostrando as direções (leste, oeste, norte e sul) e as linhas do meridiano e do horizonte. À medida que você prossegue com a lição 1, você vai colocar a informação que lhe damos nas Casas adequadas no mapa. Você pode querer desenhar seu próprio mapa. Para tanto, desenhe um círculo e divida-o em doze partes, numerando as Casas conforme abaixo, e escrevendo as palavras "Ascendente" e assim por diante, como fizemos aqui.

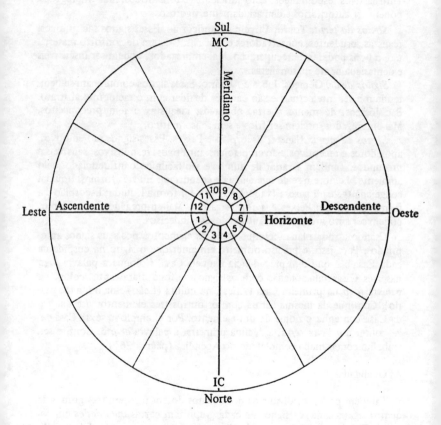

mente é rápida e insaciável. Usados negativamente, podem ser apressados, imprudentes e dominadores; podem deixar de terminar o que começam.

Signos fixos: Touro, Leão, Escorpião e Aquário. Esses signos correspondem ao mês intermediário de cada estação. Enquanto os cardeais fazem a transição entre as estações, os signos fixos são firmemente estabelecidos no meio de cada estação. Os signos fixos são determinados, capazes de se concentrar, estáveis, resolutos, econômicos e majestosos. Sua mente é penetrante e sua memória é excelente. Alcançam resultados vagarosa porém seguramente. Usados negativamente, podem ser teimosos, egoístas e demasiadamente presos à sua maneira particular de encarar as coisas.

Signos mutáveis (também chamados *signos comuns*): Gêmeos, Virgem, Sagitário e Peixes. Esses signos correspondem ao mês final de cada estação. Esta é a época em que se completa o trabalho da estação e ao mesmo tempo se planeja para a estação vindoura. Os signos mutáveis são versáteis, adaptáveis, variáveis, sutis, simpáticos e intuitivos. Sua mente é engenhosa e flexível. Usados negativamente, podem ser enganosos, ladinos, inconstantes e indignos de confiança.

Retomando a roda plana, você deverá agora inserir a qualidade correta para cada um dos doze signos. Para tanto, comece colocando a palavra *cardeal* em cada Casa relacionada com um signo cardeal: assim, escreva *cardeal* na primeira Casa (Áries), na quarta (Câncer), na sétima (Libra) e na décima (Capricórnio). Continue colocando as palavras *fixo* e *mutável* nas Casas apropriadas. De novo, confira a correção do seu trabalho com a roda plana completa do Apêndice.

Regências

Cada signo do zodíaco tem um *regente* planetário, um planeta cujo temperamento se harmoniza com o signo que rege. As regências dos signos são as seguintes:

Signo	Regente
♈ Áries	♂ Marte
♉ Touro	♀ Vênus
♊ Gêmeos	☿ Mercúrio
♋ Câncer	☽ Lua
♌ Leão	☉ Sol
♍ Virgem	☿ Mercúrio
♎ Libra	♀ Vênus
♏ Escorpião	♇ Plutão
♐ Sagitário	♃ Júpiter
♑ Capricórnio	♄ Saturno
♒ Aquário	♅ Urano
♓ Peixes	♆ Netuno

Na roda plana, coloque o símbolo planetário adequado na Casa que cor responde ao signo daquela Casa. Assim, coloque o símbolo de Marte na primeira Casa (Áries), o símbolo de Vênus na segunda Casa (Touro), e assim por diante, até que haja um símbolo planetário em cada uma das doze Casas.

As Casas

As Casas também podem ser classificadas em três grupos de quatro, cada um, correspondendo às qualidades dos signos que já abordamos. Cada grupo de Casas tem características em comum, que vamos estudar em detalhe mais adiante neste livro. As Casas são agrupadas em:

Angulares: primeira, quarta, sétima e décima;
Sucedentes: segunda, quinta,oitava e décima primeira;
Cadentes: terceira, sexta, nona e décima segunda.

Na roda plana, coloque a palavra *angular* na primeira, na quarta, na sétima e na décima Casas; a palavra *sucedente* na segunda, na quinta, na oitava e na décima primeira Casas; e a palavra *cadente* na terceira, na sexta, na nona e na décima segunda Casas.

Em astrologia, cada Casa tem um significado, que vai ser inteiramente explicado na lição 4. Para ajudá-lo a compreender o significado de cada uma das Casas, vamos dar-lhe, por enquanto, uma palavra-chave para cada Casa, para ser colocada na roda plana. Observe que as Casas opostas têm palavras-chave opostas.

Primeira Casa: eu (a pessoa de quem é o mapa)
Sétima Casa: você (o outro)

Segunda Casa: meu (o que me pertence)
Oitava Casa: deles (posses dos outros)

Terceira Casa: aqui (meu ambiente imediato)
Nona Casa: lá (lugares mais distantes)

Quarta Casa: privado (minha vida privada)
Décima Casa: público (minha vida pública)

Quinta Casa: amor dado (o amor que eu dou)
Décima primeira Casa: amor recebido (o amor que eu recebo)

Sexta Casa: saúde física (estado do meu corpo)
Décima segunda Casa: saúde mental (estado de minha mente)

Na roda plana, escreva cada palavra-chave na Casa adequada.

Todas as funções e energias da natureza seguem o princípio positivo/negativo. A astrologia não faz exceção. Os signos do zodíaco são divididos em positivos e negativos ou, em termos astrológicos, *ativos* e *passivos*, também chamados *masculinos* e *femininos*. Todos os signos ímpares (de fogo e de ar) são considerados ativos. Todos os signos pares (de água e de terra) são considerados passivos. Por favor, escreva as palavras *ativo* e *passivo* nas Casas adequadas na roda plana.

Resumo

Agora você já completou a roda plana e ficou conhecendo alguns dos elementos básicos de um horóscopo. Cada profissão tem suas ferramentas: o carpinteiro trabalha com uma serra e um martelo, o observador com o telescópio e o astrólogo com um horóscopo. Para se tornar competente, é preciso aprender a manejar bem as ferramentas da profissão. Nesta lição, você deu o primeiro passo no aprendizado do uso do horóscopo. Nas próximas lições, vamos estudar cada um desses elementos básicos em detalhe para aprender mais a seu respeito.

Antes de passar para a lição 2, você deve memorizar os símbolos dados na página 17. Escreva cada símbolo até se tornar uma coisa natural e até saber automaticamente o que significa cada um. Aí, você dominará o alfabeto básico da astrologia.

Lição 2: Os Signos

Introdução

Na lição 1 você aprendeu que há doze signos no zodíaco, e que cada um desses signos tem um regente planetário natural. Também aprendeu que há diferentes formas de agrupar esses signos. Salientamos que cada signo é um campo de ação no qual operam as forças planetárias. Cada signo tem uma gama completa de possibilidades, e o indivíduo tem a opção de usar o que é indicado pelo signo de uma maneira positiva ou benéfica, por um lado, ou de uma maneira negativa ou limitada, por outro.

Nesta lição, vamos concentrar a atenção apenas nos signos. Como cada planeta funciona num determinado signo e o que isto significa vai ser discutido em lições posteriores. O que aprender aqui pode ser aplicado depois a qualquer planeta localizado em qualquer signo. Por exemplo: você vai descobrir que Áries é arrojado e dinâmico. A Lua representa as emoções, e quando está em Áries podemos esperar que a pessoa expresse as emoções de forma arrojada e dinâmica. Se Mercúrio está em Áries, podemos esperar que o indivíduo raciocine e pense de forma arrojada e dinâmica. Primeiro, entretanto, é necessário aprender os modos básicos de expressão de cada um dos signos.

À medida que você aprende as qualidades básicas de cada signo e descobre onde cada um dos seus próprios planetas está localizado, você pode começar a expressar cada uma de suas energias planetárias de acordo com as qualidades e traços positivos daquele signo.

♈ ÁRIES (carneiro)

qualidade	cardeal	glifo	chifres do carneiro
elemento	fogo	signo natural da	primeira Casa
princípio	ativo	signo oposto	Libra ♎
regente	Marte ♂		
anatomia	cabeça, rosto, cérebro, dentes superiores		
frase-chave	*eu sou*	palavra-chave	*atividade*

características positivas	pioneiro	características negativas	dominador
	executivo		irascível
	competitivo		violento
	impulsivo		intolerante
	animado		apressado
	corajoso		arrogante
	independente		"eu primeiro"
	dinâmico		brusco
	vive no presente		sem persistência
	rápido		

♉ TOURO

qualidade	fixo	glifo	cabeça e chifres do
elemento	terra		touro
princípio	passivo	signo natural da	segunda Casa
regente	Vênus ♀	signo oposto	Escorpião ♏
anatomia	garganta, pescoço, orelhas, cordas vocais, tireóide, língua, boca, amígdalas, dentes inferiores		
frase-chave	*eu tenho*	palavra-chave	*estabilidade*

características positivas	paciente	características negativas	auto-indulgente
	conservador		teimoso
	doméstico		lento
	sensual		propenso a discutir
	escrupuloso		irascível
	estável		possessivo
	digno de confiança		guloso
	prático		materialista
	artístico		
	leal		

♊ GÊMEOS

qualidade	mutável	glifo	algarismo romano II
elemento	ar		
princípio	ativo	signo natural da	terceira Casa
regente	Mercúrio ☿	signo oposto	Sagitário ♐
anatomia	pulmões, clavícula, mãos, braços, ombros, sistema nervoso		
frase-chave	*eu penso*	palavra-chave	*versatilidade*

características positivas	agradável	características negativas	mutável
	curioso		ingrato
	adaptável		estouvado

	expressivo	inquieto
	perspicaz	intrigante
	literário	sem concentração?
	inventivo	sem persistência
	destro	
	inteligente	

♋ CÂNCER (caranguejo)

qualidade	cardeal	glifo	garras do caranguejo
elemento	água		
princípio	passivo	signo natural da	quarta Casa
regente	Lua ☽	signo oposto	Capricórnio ♑
anatomia	peito, estômago, lóbulos superiores do fígado		
frase-chave	*eu sinto*	palavra-chave	*devoção*

características positivas		características negativas	
	tenaz		melindroso
	intuitivo		magoa-se com facilidade
	maternal		negativo
	doméstico		manipulativo
	sensível		cauteloso demais
	retentivo		preguiçoso
	ajuda os outros		egoísta
	simpático		tem pena de si mesmo
	emocional		
	patriótico		
	boa memória		
	tradicional		

♌ LEÃO

qualidade	fixo	glifo	cauda do leão
elemento	fogo		
princípio	ativo	signo natural da	quinta Casa
regente	Sol ☉	signo oposto	Aquário ♒
anatomia	coração, flancos, parte superior das costas		
frase-chave	*eu quero*	palavra-chave	*magnetismo*

características positivas		características negativas	
	dramático		vaidoso
	idealista		preocupado com o seu status
	orgulhoso		
	ambicioso		arrogante
	criativo		tem medo do ridículo
	majestoso		cruel
	romântico		jactancioso
	generoso		pretensioso

autoconfiante
otimista

autocrático

♍ VIRGEM

qualidade	mutável	glifo	grafia da palavra
elemento	terra		virgem em grego
princípio	passivo	signo natural da	sexta Casa
regente	Mercúrio ☿	signo oposto	Peixes ♓
anatomia	intestinos, fígado, pâncreas, vesícula, plexo inferior, intestino superior		
frase-chave	*eu analiso*	palavra-chave	*praticidade*
características positivas	diligente	características negativas	crítico
	estudioso		mesquinho
	científico		melancólico
	metódico		egocêntrico
	discriminativo		tem medo da doença e da
	apurador de fatos		pobreza
	exigente		difícil de agradar
	asseado		pedante
	humano		cético
	busca a perfeição		

♎ LIBRA (Balança)

qualidade	cardeal	glifo	balança
elemento	ar		
princípio	ativo	signo natural da	sétima Casa
regente	Vênus ♀	signo oposto	Áries ♈
anatomia	rins, apêndice, parte inferior das costas, glândulas suprarenais		
frase-chave	*eu equilibro*	palavra-chave	*harmonia*
características positivas	cooperativo	características negativas	inconstante
	persuasivo		apático
	amistoso		intrigante
	amante da paz		a paz a qualquer preço
	refinado		rabugento
	imparcial		indeciso
			desanima facilmente

♏ ESCORPIÃO

qualidade	fixo	glifo	cauda e ferrão do escorpião
elemento	água		
princípio	passivo	signo natural da	oitava Casa
regente	Plutão ♀	signo oposto	Touro ♉
anatomia	órgãos genitais, reto, órgãos de reprodução, bexiga		
frase-chave	*eu desejo*	palavra-chave	*intensidade*

características positivas		características negativas	
	motivado		vingativo
	penetrante		temperamental
	realizador		reticente
	cheio de expedientes		arrogante
	determinado		violento
	científico		sarcástico
	investigativo		desconfiado
	explorador		ciumento
	passional		intolerante
	consciente		

♐ SAGITÁRIO (arqueiro)

qualidade	mutável	glifo	a flecha do arqueiro
elemento	fogo		
princípio	ativo	signo natural da	nona Casa
regente	Júpiter ♃	signo oposto	Gêmeos ♊
anatomia	quadris, coxas, parte superior das pernas		
frase-chave	*eu compreendo*	palavra-chave	*visualização*

características positivas		características negativas	
	honesto		inclinado a discussões
	filosófico		exagerado
	amante da liberdade		tagarela
	tolerante		procrastinador
	atlético		auto-indulgente
	generoso		brusco
	otimista		impaciente
	justo		jogador
	religioso		intrometido
	estudioso		irascível
	entusiástico		

♑ CAPRICÓRNIO (cabra)

qualidade	cardeal	glifo	chifre e cauda da cabra
elemento	terra		
princípio	passivo	signo natural da	décima Casa

regente	Saturno ♄	signo oposto	Câncer ♋
anatomia	joelhos e parte inferior das pernas		
frase-chave	*eu uso*	palavra-chave	*ambição*
características positivas	cauteloso	características negativas	egoísta
	responsável		dominador
	escrupuloso		rancoroso
	convencional		fatalista
	profissional		a cabeça governa o coração
	perfeccionista		teimoso
	tradicional		sorumbático
	prático		inibido
	trabalhador		busca status
	econômico		
	sério		

♒ AQUÁRIO (aguadeiro)

qualidade	fixo	glifo	ondas de água ou
elemento	ar		eletricidade
princípio	ativo	signo natural da	décima primeira Casa
regente	Urano ♅	signo oposto	Leão ♌
anatomia	tornozelos		
frase-chave	*eu sei*	palavra-chave	*imaginação*
características positivas	independente	características negativas	imprevisível
	inventivo		temperamental
	tolerante		se aborrece com detalhes
	individualista		frio
	progressista		opiniões demasiadamente
	artístico		fixas
	científico		tímido
	lógico		excêntrico
	humano		radical
	intelectual		impessoal
	altruísta		rebelde

♓ PEIXES

qualidade	mutável	glifo	dois peixes interligados
elemento	água		
princípio	passivo	signo natural da	décima segunda Casa
regente	Netuno ♆	signo oposto	Virgem ♍
anatomia	pés		
frase-chave	*eu creio*	palavra-chave	*compreensão*

características positivas		características negativas	
	compassivo		procrastinador
	caridoso		muito tagarela
	simpático		melancólico
	emocional		pessimista
	sacrifica-se		emocionalmente inibido
	intuitivo		tímido
	introspectivo		sem praticidade
	musical		indolente
	artístico		muitas vezes se sente incompreendido

Regência Planetária Dupla dos Signos

Lendo a descrição anterior dos signos, provavelmente você notou que Touro e Libra são regidos por Vênus, e Gêmeos e Virgem são regidos por Mercúrio. Originalmente, quando apenas o Sol, a Lua e cinco planetas — Mercúrio, Vênus, Marte, Júpiter e Saturno — eram conhecidos, cada um tinha a regência de dois signos. Embora o Sol e a Lua sejam tecnicamente conhecidos como *luminares*, comumente nos referimos a eles como planetas. O Sol regia apenas Leão, e a Lua apenas Câncer. Entretanto, Marte regia tanto Áries como Escorpião, Júpiter regia tanto Sagitário como Peixes, e Saturno regia tanto Capricórnio como Aquário.

Na medida em que os planetas exteriores (Urano, Netuno e Plutão) foram sendo descobertos, atribuiu-se-lhes a regência, respectivamente, de Aquário, Peixes e Escorpião, depois de cuidadosas observações e estudos. Entretanto, até hoje, Júpiter é considerado sub-regente de Peixes, Saturno sub-regente de Aquário e Marte co-regente de Escorpião. No futuro, se os astrônomos descobrirem mais dois planetas (como muitos astrólogos predizem), provavelmente teremos um regente planetário para cada signo.

Existe uma escola de pensamento que diz que a Terra (⊕) é o regente de Touro. Lembre-se disso como uma possibilidade a ser investigada.

Questionário 1

Para testar sua compreensão básica do material sobre os signos que você estudou nesta lição, aqui está um pequeno questionário. Combine o nome da pessoa famosa da coluna da esquerda com o conjunto de signos e planetas na coluna da direita que melhor se ajuste àquela personalidade. As respostas certas para este questionário estão no Apêndice na página 260.

1. William Shakespeare (escritor)   A. ☉ ♉ ♀ ♋
2. Florence Nightingale (enfermeira) B. ☉ ♉ ♀ ♊
3. Roberto Peary (explorador)   C. ☉ ♉ ♀ ♉
4. Leonardo da Vinci (artista)   D. ☉ ♉ ♀ ♈

Questionário 2

Mais um teste para ter certeza de que você absorveu o material das lições 1 e 2. Por favor, complete o seguinte teste verdadeiro/falso. As respostas podem ser encontradas no Apêndice na página 262.

1. Áries: eu penso
2. Câncer: regido por Vênus
3. Virgem: rege os intestinos
4. Escorpião: intensidade
5. Peixes: décimo primeiro signo
6. Touro: eu creio
7. Aquário: eu sei
8. Leão: eu sou
9. Câncer: rege os joelhos
10. Capricórnio: eu uso
11. Libra: rege os rins
12. Virgem: eu analiso
13. Gêmeos: regido por Mercúrio
14. Sagitário: o arqueiro
15. Peixes: compreensão
16. Áries: atividade
17. Aquário: harmonia
18. Touro: regido por Júpiter
19. Capricórnio: ambição
20. Gêmeos: eu compreendo
21. Libra: eu sinto
22. Câncer: quarto signo
23. Áries: rege os pés
24. Capricórnio: imaginação
25. Aquário: versatilidade
26. Leão: rege o coração
27. Escorpião: sétimo signo
28. Touro: eu tenho
29. Sagitário: eu equilibro
30. Peixes: regido por Saturno
31. Áries: regido por Plutão
32. Escorpião: eu desejo

33. Virgem: rege as coxas
34. Libra: oposto de Touro
35. Capricórnio: prático

Veja se consegue dar as respostas certas para as perguntas que você marcou "falso". As respostas corretas são encontradas no Apêndice na página 262.

Lição 3: Os Planetas

Introdução

Nesta lição vamos considerar os planetas. O Sol (☉) e a Lua (☽), são corretamente denominados luminares, mas, com o intuito de simplificar, a maioria dos astrólogos se refere a eles como planetas, juntamente com Mercúrio (☿), Vênus (♀), Marte (♂), Júpiter (♃), Saturno (♄), Urano (♅), Netuno (♆) e Plutão (♇). Estes planetas estão presentes em todos os horóscopos, e sua influência age na vida de todas as pessoas.

É freqüente os estudantes perguntarem: "A descoberta de novos planetas subverte os princípios da astrologia?" A resposta é não. Os astrólogos, desde os tempos antigos, sabiam que havia mais planetas influenciando nossa vida na Terra do que eles tinham conhecimento. Os metais transuranianos não subverteram a química quando foram descobertos. Da mesma forma, a astrologia não foi subvertida pela descoberta de Urano em 1781, coincidindo com a revolução industrial e a utilização da eletricidade, nem pela descoberta de Netuno em 1846, anunciando a época da metafísica e do nascimento da psicanálise, nem pela descoberta de Plutão em 1930, exatamente antes do começo da era atômica, a ascensão das ditaduras e o renascimento do submundo do crime.

Lembrando sempre da possibilidade da descoberta de novos planetas, vamos estudar os já descobertos até agora. Considerando os planetas pela ordem de sua velocidade, não necessariamente pela importância que assumem no horóscopo, temos o seguinte:

Lua	Leva 28 dias para completar um ciclo.
Mercúrio	Leva 88 dias para completar uma órbita em torno do Sol.
Vênus	Leva 224 dias e meio para uma órbita em torno do Sol.
Marte	Leva 22 meses (quase dois anos) para completar um ciclo do zodíaco.
Júpiter	Leva cerca de 12 anos para um ciclo (mais ou menos um signo por ano).
Saturno	Leva de 28 a 30 anos para um ciclo.

Urano	Leva 84 anos para um ciclo.
Netuno	Leva 165 anos para um ciclo.
Plutão	Leva 248 anos para um ciclo (estimativa).

Ao visualizar a viagem desses planetas através dos doze signos do zodíaco, lembre-se, por favor, de que estamos nos referindo ao movimento dos planetas em volta do Sol, calculado em tempo terrestre, com a exceção da Lua, que orbita em torno da Terra. Como mencionamos antes, a Lua na realidade não é um planeta.

Cada planeta é forte ou signo que rege; este é o signo de sua *dignidade*. Cada planeta também tem um signo, além daquele que rege, onde se expressa harmoniosamente; este é o signo de sua *exaltação*. Quando um planeta está no signo oposto àquele que rege, está no signo de seu *detrimento*. Quando um planeta está no signo oposto à sua exaltação, está no signo de sua *queda*. Cada uma dessas posições vai ser arrolada no estudo de cada planeta. Você também vai encontrar uma explicação mais extensa das dignidades e uma tabela apresentando a dignidade, a exaltação, o detrimento e a queda de cada planeta na página 40.

☽ LUA

rege Câncer ♋
exaltação Touro ♉
detrimento Capricórnio ♑
queda Escorpião ♏
glifo Lua no quarto crescente
representa *necessidade de proteção familiar*
palavra-chave *emoções*

anatomia peito, estômago, equilíbrio dos fluidos do corpo, digestão, secreções glandulares, olho esquerdo do homem, olho direito da mulher

A influência da Lua no mapa é muito importante porque ela é o planeta mais próximo da Terra e se move rapidamente pelo zodíaco. Representa o princípio feminino: mãe, esposa e mulheres em geral. Instintos, humor marés, fases, receptividade, flutuações, sentimentos, padrões de hábitos, ações reflexas. Sua ação oscila e muda. Governa os interesses pessoais, os desejos, as necessidades, o magnetismo, o crescimento e a fertilidade, a necessidade de contato, a impressionabilidade e a consciência. Rege os líquidos, as mercadorias, a navegação, a fabricação de bebidas, a enfermagem, os comerciantes e o público em geral. *A colocação da Lua no mapa mostra onde você está sujeito a altos e baixos emocionais.*

☿ MERCÚRIO

rege Gêmeos ♊, Virgem ♍
exaltação Aquário ♒
detrimento Sagitário ♐, Peixes ♓

anatomia sistema nervoso, cérebro, visão, boca, língua, sistema respiratório, mãos e

queda	Leão ♌	braços, regente geral, de
glifo	capacete alado do deus Mercúrio	todos os hormônios
representa	*necessidade intelectual, forma de expressão*	
palavra-chave	*capacidade de raciocínio*	

Nunca localizado a uma distância superior a 28° do Sol. Considerado neutro. Rege a razão, a capacidade de comunicação, o intelecto, a percepção, a destreza, a racionalização, a transmissão, as palavras, opiniões e percepções sensórias. Sua ação é rápida, incerta, inconstante. Lida com viagens (principalmente viagens curtas), irmãos e irmãs, crianças, serviços de escritório, fala, escrita, contabilidade, secretárias, atividades com os vizinhos, cartas e serviço postal, meios de transporte, comércio, capacidade emocional e técnica. *O posicionamento de Mercúrio no mapa mostra onde e como você se comunica melhor.*

♀ VÊNUS

rege	Touro ♉ , Libra ♎ anatomia	pescoço, queixo, boche-
exaltação	Peixes ♓	chas, paladar, rins, ovários,
detrimento	Escorpião ♏ , Áries ♈	órgãos internos de repro-
queda	Virgem ♍	dução, circulação do san-
glifo	espelho da vaidade da deusa Vênus	gue venoso, órgãos senso- riais da pele
representa	*necessidade social, senso de valores*	
palavra-chave	*afeição*	

Nunca localizado a mais de 46° de distância do Sol. Vênus é o planeta do amor; antigamente era chamado *pequeno benéfico*. Rege a arte, a cultura, a estética, as posses, os parceiros, a beleza, o charme, o bom gosto, o sentimentalismo, os doces e o açúcar, a cor, a harmonia, a poesia, as pinturas, as jóias, o canto, o drama e a música. A ação de Vênus é suave e harmoniosa. Governa os contatos emocionais, a ternura, o caráter moral, o casamento e as uniões de todos os tipos; assim como a sociabilidade, o temperamento, os luxos, o prazer e a apreciação. Vênus é o planeta do amor e da sensualidade, não do sexo. *O posicionamento de Vênus no mapa mostra do que você realmente gosta.*

☉ SOL

rege	Leão ♌ anatomia	o coração, a parte superior
exaltação	Áries ♈	das costas, o baço, o siste-
detrimento	Aquário ♒	ma circulatório, o esperma,
queda	Libra ♎	o olho direito do homem e
glifo	o escudo de Hélio, ou o círculo da infinidade (o ponto representa a pessoa interior)	o olho esquerdo da mulher

representa *o impulso do poder, a personalidade, o ego*
palavra-chave *o ser interior*

A principal expressão do indivíduo. Mostra as qualidades de liderança e sucesso. Representa o princípio masculino, o pai, o marido e os homens em geral. O Sol rege a saúde, os princípios vitais, a autoridade e os chefes, os altos postos, a nobreza, a alta administração, o progresso, a dignidade, a energia, o senso de identidade e a capacidade de experiência. Sua ação é fortificadora e vitalizadora. *O posicionamento do Sol no mapa indica a vida e o coração do horóscopo, onde você deseja brilhar.*

♂ MARTE

rege	Áries ♈	anatomia
co-regente de	Escorpião ♏	
exaltação	Capricórnio ♑	
detrimento	Libra ♎ , Touro ♉	
queda	Câncer ♋	
glifo	escudo e lança de Marte, o deus da guerra	

anatomia: sistema muscular, órgãos externos de reprodução, cabeça e rosto, glóbulos vermelhos do sangue, nervos motores, bexiga, glândulas supra-renais

representa *ação, impulso agressivo, iniciativa*
palavra-chave *energia*

Lida com a sua natureza animal, o desejo e as energias sexuais. Mostra ambição, força, poder, construção, trabalho, luta, competição e morte. Governa a cirurgia e as operações, as armas, a guerra, os acidentes, as inflamações, os cortes e ferimentos, as queimaduras, as escaldaduras, a violência, as ferramentas, o ferro e o aço. Antigamente era conhecido como *pequeno maléfico*. A ação de Marte é súbita, arrogante e disruptiva. Marte pode ser usado destrutiva e raivosamente, de forma combativa, ou com coragem e força. *O posicionamento de Marte no horóscopo mostra onde você despende maior energia.*

♃ JÚPITER

rege	Sagitário ♐	anatomia
co-regente de	Peixes ♓	
exaltação	Câncer ♋	
detrimento	Gêmeos ♊	
queda	Capricórnio ♑	
glifo	primeira letra da palavra grega para o nome do deus Zeus	

anatomia: sangue arterial, fígado, coxas, quadris, pés, orelha direita, testa, glicogênio e tecidos gordurosos, pâncreas

representa *impulso de benevolência e proteção*
palavra-chave *expansão*

Rege a riqueza, o tempo de lazer, os grandes negócios, a mente superior, o otimismo, a altura, o crescimento, a moralidade, a prosperidade e a indulgência. Também a educação superior, o raciocínio filosófico, as aspirações, os esportes, a boa sorte, as viagens longas, a caça e o amor pelos animais. Júpiter é o juiz, o jurista e o protetor. Antigamente Júpiter era conhecido como o *grande benéfico*. A ação de Júpiter é ordenada e promove a saúde e o crescimento. *O posicionamento de Júpiter no horóscopo indica onde você muitas vezes tem boa sorte e gosta de passar o seu tempo de lazer.*

♄ SATURNO

rege	Capricórnio ♑	anatomia	a pele, sistema ósseo (in-
co-regente de	Aquário ♒		clusive os dentes), liga-
exaltação	Libra ♎		mentos, joelhos, orelha di-
detrimento	Câncer ♋		reita e órgãos de audição,
queda	Áries ♈		vesícula, glândula parati-
glifo	foice de Cronos, deus do tempo		reóide, proteína do corpo
representa	*impulso de segurança e garantia*		
palavra-chave	*o mestre*		

Rege a forma, a disciplina, a responsabilidade, a organização, a ambição, a capacidade para uma profissão, as limitações, as tristezas e a demora. Saturno rege as leis e as teorias científicas, as pessoas velhas, a profundidade, a paciência, o senso do tempo, a tradição, o convencionalismo, a ortoxia e o uso produtivo do tempo. Saturno representa os princípios da verdade, da contração, da solidificação, da sabedoria e do amadurecimento. Sua ação é lenta e duradoura. Saturno é o capataz do horóscopo. Antigamente era conhecido como o *grande maléfico. O posicionamento de Saturno no horóscopo indica onde você se sente menos seguro e tende a supercompensar.*

♅ URANO

rege	Aquário ♒	anatomia	sistema nervoso superior,
exaltação	Escorpião ♏		eletricidade do corpo, tor-
detrimento	Leão ♌		nozelos
queda	Touro ♉		
glifo	modificação da letra H, por causa		
	de seu descobridor, Herschel, em 1781		
representa	*impulso de liberdade, "divino descontente"*		
palavra-chave	*o despertador*		

Rege as invenções, a originalidade, a ciência, a eletricidade, a mágica, o oculto, a luz, a astrologia, a psicologia, os raios X, os aviões e a compreensão das leis da natureza. É futurista, humanitário, intelectual, excêntrico, boêmio, egoísta e utópico. Também governa a vontade de criar, a mudança súbita, a revolução e os ditadores, o individualismo, a engenhosidade, as rebeliões e a autonomia. Sua ação é súbita, inesperada e muitas vezes violenta. Urano é um destruidor de tradições. É neutro e assexuado e considerado por muitos como a oitava superior de Mercúrio e o primeiro dos planetas transcendentais. A pesquisa recente também associa Urano aos desastres naturais, principalmente os terremotos. *O posicionamento de Urano no horóscopo indica onde você tende a fazer o que é fora do comum.*

♆ NETUNO

rege	Peixes ♓	anatomia	espinha dorsal, fibras ner-
exaltação	ainda não estabelecida		vosas, pés, glândula pineal,
detrimento	Virgem ♍		funções telepáticas, glóbu-
queda	ainda não estabelecida		los brancos do sangue, fun-
glifo	tridente de Poseidon,		ções cinestéticas
	o deus do mar		
representa	*impulso espiritual ou escapista*		
palavra-chave	*intuição*		

Rege os assuntos marítimos, os líquidos, a música, o cinema, o teatro e a televisão, o encantamento, os sonhos, a ilusão, a desilusão, a espiritualidade, os ideais, a mística, os pressentimentos e as coisas que tomamos profundamente como certas na vida sem questionar. Rege o nevoeiro, o petróleo, o mistério, os anestésicos, a lisonja, os intangíveis, as fragrâncias, a segunda visão, o amor pela poesia, a cor e a dança. Netuno governa as drogas e seu uso, o alcoolismo, a hipocondria, o sonambulismo, os transes, a hipnose, a imaterialidade e a anormalidade. A ação de Netuno é sutil, gradual e às vezes insidiosa. É a oitava superior de Vênus e o segundo dos planetas transcendentais. *O posicionamento de Netuno no mapa indica onde você tende a se enganar e/ou enganar os outros; também mostra onde você procura um ideal.*

♇ PLUTÃO

rege	Escorpião ♏	anatomia	os sistemas excretor e re-
exaltação	ainda não estabelecida		produtivo, a glândula pi-
detrimento	Touro ♉		tuitária, os crescimentos
queda	ainda não estabelecida		anormais (verrugas, tumo-
glifo	um é tirado das letras PL por		res, marcas de nascimento
	causa de seu descobridor,		etc.)
	Percival Lowell, em 1930; o		
	outro representa a cruz da ma-		
	téria abaixo da Lua crescente e		
	pairando acima o círculo da		
	infinidade		
representa	*impulso destruidor ou reformador, fusão*		
palavra-chave	*transformação*		

Tradicionalmente, Plutão rege o mundo subterrâneo e o que não pode ser visto (inclusive os mundos desconhecidos dentro de você, seu ser submerso ou subconsciente). Também representa todos os processos de cópia, como a impressão e a reprodução fotográfica. Plutão governa as massas, o desperdício, a subversão, o poder atômico e o crime. Rege as fobias e as obsessões, o crescimento lento, os fatores grupais, a transmutação, os começos e os fins, a morte e o renascimento, o isolamento, a coerção, o desaparecimento, o seqüestro, o anonimato, as bactérias e os vírus. Representa a geração, a regeneração e a degeneração. Expõe o que se desenvolveu em segredo ou sob disfarce. Governa os lugares vazios, os encanamentos, as ditaduras, as causas populares e aquilo que é exclusivo. A ação de Plutão é lenta, grave e inevitável. É o último dos planetas transcendentais e é considerado uma oitava superior de Marte. *O posicionamento de Plutão no mapa mostra onde você vai encontrar a complexidade; é onde vai ter de resolver os problemas sozinho e sem ajuda.*

⊕ TERRA

rege Touro ♉ , (Tentativo)
detrimento Escorpião ♏ , (Tentativo)
palavra-chave *realidade*

A Terra está sempre em exata oposição ao Sol por signo, grau e colocação na Casa. Mostra como e onde você encontra o mundo. Relaciona-se com o plano físico e os assuntos mundanos. Representa a sua missão na vida.

Os Nodos da Lua

Os nodos não são corpos celestes: são pontos na longitude celeste onde a Lua cruza a eclíptica (ou caminho do Sol). O nodo norte da Lua tem seu posicionamento indicado nas efemérides e o nodo sul é sempre seu oposto direto, com o mesmo número de graus e minutos, porém no signo oposto. Exemplo: se o nodo norte está a $10°$ 50' de Áries, o nodo sul está a $10°$ 50' de Libra.

☊ NODO NORTE (ou cabeça do dragão)

É um ponto de ganho, de aumento, de acréscimo de confiança. É onde você absorve ou recebe. *A sua localização no mapa mostra a direção que você deve se esforçar para seguir, no sentido de se realizar.*

☋ NODO SUL (ou cauda do dragão)

Um ponto de liberação ou abondono. É onde você precisa dar ou onde lhe tomam. *A sua colocação no horóscopo mostra onde você pode tomar a saída mais fácil.*

Figura 3 : Tabela de Dignidades

Planeta	Dignidade	Detrimento	Exaltação	Queda
☽ Lua	♋	♑	♉	♏
☿ Mercúrio	♊ ♍	♐ ♓	♒	♌
♀ Vênus	♉ ♎	♏ ♈	♓	♍
☉ Sol	♌	♒	♈	♎
♂ Marte	♈ (♍)	♎ (♉)	♑	♋
♃ Júpiter	♐ (♓)	♊ (♍)	♋	♑
♄ Saturno	♑ (♒)	♋ (♌)	♎	♈
♅ Urano	♒	♌	♏	♉
♆ Netuno	♓	♍		
♇ Plutão	♏	♉		

Dignidades

Dignidade: quando está no signo que rege, o planeta está *dignificado*. Nossa resposta a ele é intensificada. Quando um planeta está dignificado, você tem controle sobre as circunstâncias.

Detrimento: quando está no signo oposto ao que rege, o planeta está no seu *detrimento*. Ele não opera com força total e adquire mais a coloração do signo do que do planeta. *Quando um planeta está no seu detrimento, você é um visitante e deve se ajustar as regras e regulamentos.*

Exaltação: todo planeta tem um determinado signo, além do signo que rege, em que se expressa harmoniosamente. Este é o signo de sua *exaltação*. As forças complementares são aumentadas e as virtudes são ampliadas. *Quando um planeta está exaltado, você se sente à vontade na casa de um amigo.*

Queda: quando está no signo oposto ao de sua exaltação, o planeta está em sua *queda*, pois aqui ele tem dificuldade para expressar sua verdadeira natureza. *Quando um planeta está em queda, você precisa ficar na casa de outra pessoa e não se sente realmente à vontade ali.*

Questionário

Este teste é uma revisão do material dado nesta lição. Veja se consegue passar nesse teste. As respostas estão no Apêndice na página 263.

1. Usando seus glifos (símbolos), relacione os planetas por ordem de sua velocidade através do zodíaco.

2. Dê o signo correto para:
   a. exaltação da Lua
   b. exaltação de Júpiter
   c. detrimento de Saturno

3. Dê o planeta que corresponde a cada déscrição:
   a. representa o impulso intelectual
   b. representa o impulso de poder
   c. está em queda em Capricórnio
   d. está em detrimento em Capricórnio
   e. rege as coxas e os quadris
   f. rege os nervos motores
   g. está em detrimento em Câncer
   h. governa as drogas
   i. é conhecido como *o despertador*
   j. rege a pele
   k. rege a moralidade
   l. está em queda em Escorpião
   m. está exaltado em Áries
   n. mostra onde você precisa resolver seus problemas sem ajuda e sozinho
   o. representa o impulso social
   p. rege o público
   q. rege as massas
   r. a ação do planeta é sutil
   s. a ação do planeta é inesperada
   t. esse planeta rege Leão
   u. esse planeta rege Sagitário
   v. foi descoberto em 1930
   w. rege o coração
   x. rege o sistema nervoso
   y. é o planeta do "divino descontentamento"

4. Relacione os três planetas transcendentais.

Lição 4: As Casas

Interpretação do Significado das Casas

Sabemos que os signos são divisões fixas do céu. As Casas, por outro lado, são divisões relativas do céu, dependendo do lugar e da hora de nascimento do indivíduo. A rotação da Terra faz com que os signos e os planetas passem por todas as doze Casas a cada dia. O signo que ocupa o horizonte leste no momento exato do nascimento é chamado *Ascendente* ou *signo em elevação*.

Cada Casa representa um campo básico de atividade. Os significados das Casas são modificados quando elas estão ocupadas por planetas. É importante perceber desde já que não ter planetas numa Casa não significa que não haja atividade naquela área. Nenhuma Casa nunca está vazia; cada Casa tem um planeta que rege o signo de sua cúspide. Como há doze Casas e apenas dez planetas, não é possível ter planetas em todas as Casas.

As Casas se relacionam com condições, enquanto os signos nos falam de traços de caráter. Se fôssemos comparar a astrologia com o teatro, diríamos: os planetas são os atores, os signos são os papéis que eles desempenham e as Casas são os cenários ou situações onde o elenco representa. Mercúrio é sempre Mercúrio, mas em Gêmeos desempenha um papel diferente do de Libra; quando Mercúrio está na terceira Casa o cenário é diferente do da sexta.

As Casas nunca mudam de posição. O Ascendente (ou cúspide da primeira Casa) está sempre no ponto leste do horizonte, onde o Sol aparentemente se levanta todas as manhãs. Analogamente, o *Descendente* (ou cúspide da sétima Casa) está sempre no ponto este do horizonte, onde o Sol se põe a cada tarde. O *Meio-do-Céu*, a que nos referimos comumente como o *MC* (cúspide da décima Casa), está sempre no alto ou ponto sul do horóscopo. O ponto oposto, o *IC* (cúspide da quarta Casa), está sempre no ponto mais baixo da roda ou no ponto norte. A referência à cúspide da décima Casa como MC deriva de sua denominação latina, *medium coeli*, que significa o meio do céu. A referência à cúspide da quarta Casa como IC vem do latim *imum coeli*, significando o céu mais baixo.

Conforme vimos na lição 1, quando você completou a roda plana, cada Casa é influenciada por um signo do zodíaco; cada Casa tem um regente planetário e se classifica em angular, sucedente ou cadente.

Lembrando que cada Casa representa um determinado campo de atividade em nossa vida, vamos agora voltar nossa atenção para uma explicação detalhada das Casas.

PRIMEIRA CASA
angular

| signo natural | Áries ♈ | regente natural | Marte ♂ |
| palavra-chave | *identidade* | uma Casa de | *vida* |

A cúspide da primeira Casa é o Ascendente ou signo em elevação. É um dos pontos mais importantes do mapa natal, e mostra exatamente o grau e o signo que estavam no horizonte leste no momento do nascimento. A rotação da Terra faz com que um grau do zodíaco se eleve no horizonte leste aproximadamente a cada quatro minutos; por esta razão, pode-se ver como é importante ter a hora correta de nascimento.

A primeira Casa, e em particular o Ascendente, mostra a sua personalidade, o seu temperamento e as suas tendências naturais, a sua individualidade e a sua forma de se expressar. Mostra como as pessoas o vêem, e como você quer que os outros o vejam. É a forma como você "embala" e "vende" a si mesmo. Representa o seu corpo físico, a sua saúde e os primeiros anos de sua infância. Mostra a sua abordagem da vida, a sua perspectiva mundana, a sua aparência e o seu jeito, e o começo de todos os empreendimentos.

SEGUNDA CASA
sucedente

| signo natural | Touro ♉ | regente natural | Vênus ♀ |
| palavra-chave | *valores* | uma Casa de | *bens materiais* |

A segunda Casa mostra as questões financeiras, as posses (exceto imóveis), os investimentos, a capacidade de ganhar dinheiro, e qualquer lucro ou perda através dos seus próprios esforços. Indica os seus talentos e recursos interiores, a sua necessidade de realização, seus sentimentos emocionais, seu senso de autodignidade e de valores. Como muitas pessoas acreditam que a liberdade é, em grande parte, uma questão de dinheiro, esta é a Casa da liberdade pessoal. Também é a Casa das dívidas materiais.

TERCEIRA CASA
cadente

| signo natural | Gêmeos ♊ | regente natural | Mercúrio ☿ |
| palavra-chave | *percepção* | uma Casa de | *relacionamentos de companheirismo* |

A terceira Casa mostra o ambiente em que você vive, seus irmãos e irmãs, e todas as formas de comunicação, tais como a fala e a escrita. Também indica os meios de transporte, inclusive as pequenas viagens. Mostra a adaptabilidade de sua mente no aprendizado e na aceitação de novas idéias, a sua capacidade de se relacionar com o ambiente, e aquilo em que você é naturalmente hábil. Indica a porção consciente e objetiva de sua mente, e a sua escolaridade primária.

QUARTA CASA
angular

signo natural	Câncer ♋	regente natural	Lua ☽
palavra-chave	*segurança*	uma Casa de	*conclusões*

A quarta Casa mostra o seu lar e os seus pais, a família de onde você vem (as suas raízes) e o lar que você vai formar. Isto inclui a sua herança, a sua hereditariedade e a sua ancestralidade, as suas raízes psicológicas e a sua vida privada. Esta Casa mostra as propriedades como casas ou imóveis, e tudo que é isolado. É uma Casa de conclusões: os últimos anos da vida, a finalização de todos os assuntos, a fama póstuma e o lugar de enterro. Mostra o genitor que teve maior influência sobre você na infância, o seu ser subjetivo e os alicerces sobre os quais você constrói o seu caráter.

QUINTA CASA
sucedente

signo natural	Leão ♌	regente natural	Sol ☉
palavra-chave	*criatividade*	uma Casa de	*vida*

A quinta Casa mostra os filhos, os romances, os casos amorosos, os prazeres, as diversões, as férias e feriados, os jogos, as especulações, os hobbies e os passatempos. Indica a sua atitude emocional e o amor que você dá. Mostra os seus empreendimentos, assim como os esportes, a originalidade e os canais criativos. Também indica capacidade dramática, literária ou artística. A quinta Casa refere-se às publicações, à política, às belas-artes, às questões sociais, à gravidez e à educação dos filhos.

SEXTA CASA
cadente

signo natural	Virgem ♍	regente natural	Mercúrio ☿
palavra-chave	*dever*	uma Casa de	*bens materiais*

A sexta Casa mostra o seu trabalho, a sua saúde e os seus hábitos. Envolve emprego, empregados, servidores, inquilinos, animais de estimação e dependentes. Mostra o serviço prestado aos outros, os assuntos de rotina, as suas roupas e como você as usa, a higiene, o interesse em alimentação e dieta, a doença e as condições que influem na sua saúde. Esta Casa indica as tias e os tios, o auto-ajustamento e a sua mente inconsciente. Aqui, o trabalho e a saúde estão unidos.

SÉTIMA CASA
angular

signo natural **Libra** ♎   regente natural **Vênus** ♀

palavra-chave *cooperação*   uma Casa de *relacionamentos diretos*

A sétima Casa mostra as parcerias conjugais e de negócios, o casamento, o divórcio, os contratos, os processos, as negociações, os acordos, qualquer trato com o público e a resposta do público. Envolve os seus inimigos declarados, a sua cooperação com os outros ou a sua falta de cooperação. Indica aquilo que mais lhe falta, já que está em oposição à primeira Casa, que mostra os seus mais marcados traços de personalidade. Esta Casa mostra as suas atitudes em relação ao casamento: o seu parceiro, o tipo e a qualidade do casamento, e quantos casamentos você pode contrair. Também mostra os seus avós e quaisquer pessoas que atuem como seus agentes ou em seu nome.

OITAVA CASA
sucedente

signo natural **Escorpião** ♏   regente natural **Plutão** ♀

palavra-chave *regenerdção*   uma Casa de *conclusões*

A oitava Casa mostra o apoio que você recebe dos outros, tanto financeiro, quanto moral, espiritual ou físico. Envolve as heranças, custódias, os testamentos, os impostos, os assuntos de seguro, assim como os segredos, o sexo, a regeneração espiritual e física, o renascimento psicológico, a degeneração e a morte. A oitava Casa também mostra as questões ocultas, o sono, a pesquisa profunda, a investigação e os capitais ocultos. Também inclui o capital dos sócios e as pensões. É a Casa da cirurgia e, juntamente com a sexta, mostra tipos de doença.

NONA CASA
cadente

signo natural **Sagitário** ♐   regente natural **Júpiter** ♃

palavra-chave *aspiração*   uma Casa de *vida*

A nona Casa mostra a sua mente superior, o superconsciente. Indica religião, lei, ciência, ideais, educação superior, filosofia, psicologia, estudo mental profundo, seus sonhos e suas visões. Envolve as viagens longas, os estrangeiros, o trato com os estrangeiros, o comércio, os grandes negócios, importações e exportações. A nona Casa mostra a Igreja como fator espiritual, o clero, os sogros, os netos, a intuição, a ética e a opinião pública em geral. Indica as lições que aprendemos com a vida.

DÉCIMA CASA

		angular
signo natural	Capricórnio ♑	regente natural	Saturno ♄
palavra-chave	*honra*	uma Casa de	*bens materiais*

A décima Casa mostra a sua profissão, a sua reputação e a sua posição na comunidade. Indica o seu ego, o status, a fama, a promoção, a ambição, as atividades sociais e de negócios, o seu empregador, o governo ou qualquer outra autoridade acima de você. Mostra as suas realizações, como o mundo o vê e o avalia, e a influência que você exerce no seu círculo. Aqui, vemos a Igreja como organização, e o outro genitor que não aquele representado pela sua quarta Casa.

DÉCIMA PRIMEIRA CASA

		sucedente
signo natural	Aquário ♒	regente natural	Urano ♅
palavra-chave	*consciência social*	uma Casa de	*relacionamentos de grupo*

A décima primeira Casa mostra a sua capacidade de ter amigos, a sua atitude em relação aos amigos e conhecidos e todos os relacionamentos não-emocionais. Indica o que você mais deseja na vida, seus objetivos, o amor que você recebe, assim como o dinheiro obtido com a profissão. Essa Casa mostra os filhos adotivos, os enteados e as circunstâncias sobre as quais você tem pouco controle. Aqui você vê os seus interesses humanitários, a maneira como usa os outros, as pequenas e grandes organizações, os clubes e grupos associativos aos quais você pertence.

DÉCIMA SEGUNDA CASA

		cadente
signo natural	Peixes ♓	regente natural	Netuno ♆
palavra-chave	*subconsciente*	uma Casa de	*conclusões*

A décima segunda Casa mostra as suas forças e fraquezas desconhecidas ou ocultas. Mostra tristeza, sofrimento, limitações, obstáculos, segredos, isolamento, frustração e atividades de bastidores. Indica lugares de confinamento, prisões, hospitais, instituições mentais etc. e restrições, inibições, exílio, inimigos secretos, perigos ocultos, autodestruição e casos clandestinos. Mostra as coisas que escondemos dos outros. Pesquisa, fundamentos, sustentação subjetiva, consciência interior, mente subconsciente, débitos espirituais a serem pagos (carma), mas também caridade, simpatia e bem-estar público. Muitas vezes é chamada de lata de lixo do horóscopo porque é para aqui que varremos ou é onde escondemos os problemas muito dolorosos para encarar ou as dificuldades que nos recusamos a admitir.

Figura 4: Roda de Casas. Esse mapa fornece os significados básicos de cada Casa.

Casas Derivadas

Assim como a quinta Casa mostra os seus filhos, a nona Casa (a quinta a partir da quinta Casa) mostra os filhos dos seus filhos, isto é, os seus netos. Ao contar as Casas dessa maneira, não deixe de contar a Casa em questão. Por exemplo: a quinta se torna a Casa 1 quando você começa a contar, a sexta é a Casa 2, a sétima é a 3, a oitava é a 4, e a nona se torna a Casa 5. A nona Casa está a cinco Casas da quinta.

A quarta Casa, como Casa de conclusões, mostra as condições no fim de sua vida. Assim, a oitava Casa mostra as condições do fim da vida dos seus filhos, porque está a quatro Casas da quinta, a Casa dos seus filhos. Conte: quinta, sexta, sétima, oitava.

A segunda Casa mostra o seu dinheiro; é a segunda a partir da primeira Casa (você). Assim, a oitava Casa mostra o dinheiro do seu parceiro, pois é a segunda da sétima Casa (o seu parceiro).

Esses são apenas alguns exemplos dos princípios básicos envolvidos no giro da roda para obter informações adicionais de cada Casa.

Divisão das Casas por Elemento

Como você viu na lição 1, cada signo é parte de um agrupamento por elemento. Como cada signo tem uma posição natural por Casa, podemos agrupar as Casas da mesma forma, de acordo com o elemento regente de cada uma.

Fogo: as *Casas da vida* ou *Casas pessoais.* As pessoas que têm muitos planetas nessas Casas são inspiradas e dinâmicas. Têm muita energia e entusiasmo, sabem motivar e têm convicções religiosas.

Primeira Casa: o corpo.
Quinta Casa: a alma.
Nona Casa: o espírito, a mente.

Terra: as *Casas de bens materiais* ou *Casas das posses.* As pessoas que têm muitos planetas nessas Casas são estáveis e em geral são o sustentáculo de sua comunidade e família. Sua perspectiva e suas aptidões vocacionais são concretas e práticas.

Segunda Casa: posses, finanças.
Sexta Casa: ocupação.
Décima Casa: reconhecimento, ambiente.

Ar: as *Casas de relacionamentos* ou *Casas dos parentes.* As pessoas com muitos planetas nessas Casas são as que "precisam de gente". Todas essas colocações por Casa descrevem o indivíduo em relação aos outros membros da comunidade.

Terceira Casa:	parentes e vizinhos, aqueles que não selecionamos, consangüíneos.
Sétima Casa:	relacionamentos íntimos, parceiros, aqueles que escolhemos para relacionamentos diretos, cônjuge.
Décima primeira Casa:	relacionamentos sociais e mentais, aqueles que selecionamos por causa de interesses comuns, por simpatia.

Água: as *Casas de conclusões* ou *Casas terminais.* As pessoas que têm muitos planetas nessas Casas têm sensibilidade e sentimentos; são os psicanalistas e as figuras religiosas. Essas Casas descrevem a alma mais íntima e a forma como provavelmente deixaremos a Terra. Não *quando*, apenas *como*.

Quarta Casa:	o fim do corpo físico.
Oitava Casa:	liberação da alma, morte.
Décima segunda Casa:	morte filosófica; os resultados do curso da vida que escolhemos seguir.

Divisão das Casas por Qualidade

Como você aprendeu na lição 1, existe outro sistema de divisão de Casas que também é importante lembrar. As doze Casas podem ser divididas em três grupos de quatro, cada um correspondendo às qualidades cardeal, fixa e mutável. Elas são chamadas *angulares, sucedentes* e *cadentes.*

Casas angulares (correspondendo aos signos cardeais): são a primeira, a quarta, a sétima e a décima. Esses ângulos correspondem ao leste (Ascendente), oeste (Descendente), norte (imum coeli ou IC) e sul (Meio-do-Céu ou MC). Esses são os ângulos, os eixos, do horóscopo. Os planetas em Casas angulares têm um grande potencial de ação dinâmica e sua influência é intensificada. Em outras palavras, as Casas angulares têm qualidades cardeais. Alguns livros se referem aos planetas em Casas angulares como *acidentalmente dignificados.*

Casas sucedentes (correspondendo aos signos fixos): são a segunda, a quinta, a oitava e a décima primeira. São chamadas sucedentes porque seguem ou sucedem as Casas angulares. Não são tão poderosas mas, assim como os signos fixos, concedem estabilidade e propósito. São também as Casas financeiras.

Casas cadentes (correspondendo aos signos mutáveis): são a terceira, a sexta, a nona e a décima segunda. Essas Casas não têm tanta oportunidade de ação como as angulares, nem conferem uma grande estabilidade como as Casas fixas, mas são adaptáveis e se dão bem com os outros. Geralmente são mencionadas como Casas mentais. Na figura 4, na página 47, você verá os significados básicos de cada Casa apresentados em forma de roda.

Os Meridianos

Agora que você aprendeu o significado básico de cada Casa, vamos apresentá-lo aos *meridianos*. Os meridianos são outra parte da roda plana e um importante fator na leitura do horóscopo.

O eixo horizontal do horóscopo é chamado *Equador* ou *horizonte*, e o eixo vertical do horóscopo é chamado *meridiano*. Usando essas duas divisões (figuras 5 e 6), separamos o horóscopo em metades. O eixo horizontal se refere à consciência, o eixo vertical se refere ao poder.

Na figura 5 o Equador divide o mapa em dia e noite, porque o horizonte divide o mapa de acordo com o eixo nascer do Sol — pôr-do-sol. Os *planetas diurnos* são todos os que aparecem no mapa acima do horizonte, e os *planetas noturnos* são os que aparecem abaixo do horizonte.

De forma geral, a metade diurna (ou clara) do horóscopo representa a extroversão e a objetividade, enquanto a parte noturna (ou escura) representa a subjetividade e o instinto. Se você tem muitos planetas acima do horizonte, vai ser bastante objetivo e querer subir na vida. O público e a sua carreira serão importantes para você. Se tem muitos planetas abaixo do horizonte, principalmente se o Sol e a Lua estiverem aí incluídos, você vai ser um tanto subjetivo e se contentar em trabalhar nos bastidores.

Na figura 6, o eixo do meridiano divide o mapa numa metade oriental e numa metade ocidental. Essas duas partes se formam quando dividimos o mapa de acordo com o eixo meio-dia — meia-noite. Esse meridiano divide os planetas em *planetas nascentes* e *planetas poentes* (veja figura 6). Os planetas nascentes são os que ficam na metade oriental do horóscopo, cobrindo o período da meia-noite ao meio-dia. Os planetas poentes são os que ficam na metade ocidental do mapa, cobrindo o período do meio-dia à meia-noite. Se há muitos planetas nascentes no seu horóscopo, você tem um forte livre-arbítrio e se encarrega da sua vida. Esta é uma encarnação de semeadura. Se há muitos planetas poentes no seu mapa, você é mais flexível e mais envolvido com os destinos dos outros. Esta é uma encarnação de colheita.

Você também vai notar nas figuras 5 e 6 que mostramos a hora do dia representada por cada Casa. Isto se torna importante quando você quer levantar um mapa; assim é possível verificar a correção dos seus cálculos. Por exemplo: se você sabe que alguém nasceu às duas horas da manhã, você sabe que o Sol vai ter de cair em algum lugar na segunda ou terceira Casas.

Figura 5: O Equador ou horizonte divide o horóscopo em hemisfério sul (dia) e norte (noite).

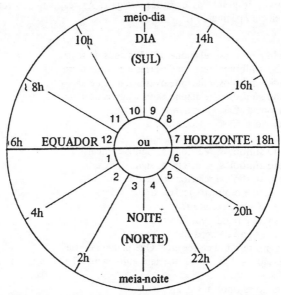

Figura 6: O meridiano divide o horóscopo em hemisfério oriental (levante) e hemisfério ocidental (poente).

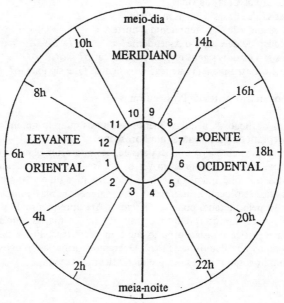

Questionário

Por favor, responda as questões a seguir. As respostas corretas estão no Apêndice na página 263.

1. Usando símbolos, relacione os três signos de fogo.
2. Usando símbolos, relacione os três signos de terra.
3. Usando símbolos, relacione os três signos de ar.
4. Usando símbolos, relacione os três signos de água.
5. Relacione as Casas angulares.
6. Relacione as Casas sucedentes.
7. Relacione as Casas cadentes.
8. Usando símbolos, relacione os signos cardeais.
9. Usando símbolos, relacione os signos fixos.
10. Usando símbolos, relacione os signos mutáveis.
11. Qual signo é o oposto de Touro?
12. Qual é a Casa da criação?
13. Qual signo é regido por Saturno?
14. Qual é o signo de água fixo?
15. Que signo tem um co-regente? Que planeta é esse?
16. Quais são os dois signos que têm sub-regentes? Quais são esses planetas?
17. Que signo se opõe a Sagitário?
18. Qual é o signo de ar cardeal?
19. Qual é a Casa do isolamento?
20. Quais são as Casas da vida?
21. Quais são as Casas de bens materiais?
22. Que cúspide de Casa representa o norte?
23. Que cúspide de Casa é o Ascendente?
24. Quais são os dois signos regidos por Mercúrio?
25. Qual é o outro planeta que rege dois signos? Que signos são?

Breve Comentário Antes de Prosseguirmos

No fim da lição 4, invariavelmente os alunos querem aprender os cálculos matemáticos para levantar um horóscopo.

Não podemos culpá-los por essa ansiedade: este é um assunto fascinante e, naturalmente, todos desejam ver os horóscopos de seus amigos e parentes. Mas o conhecimento que você adquiriu até aqui é só o começo rudimentar da astrologia. É interessante e esclarecedor: mas como todo conhecimento pela metade, pode ser perigoso. Até aprender mais astrologia, fatalmente você vai interpretar mal e avaliar mal os mapas, podendo praticar uma injustiça consigo próprio ou com os outros. Por essas razões, não ensinamos os cálculos neste livro. Queremos formar astrólogos que saibam ler um horóscopo antes de aprender a sua montagem.

Lição 5: Como Delinear um Mapa

Introdução

Nas lições de 1 a 4, você aprendeu os princípios mais básicos da astrologia: os signos do zodíaco, os planetas, as Casas e a forma de agrupar todos eles por suas semelhanças. Se você entender esses princípios, e as palavras-chave se tornarem parte do seu subconsciente, você terá pouca dificuldade em aprender as outras técnicas e os refinamentos adicionais que fazem parte do *delineamento* (interpretação) do horóscopo. A lógica, o bom senso e o conhecimento da natureza humana vão ajudá-lo a interpretar um horóscopo, se tiver apreendido o significado desses princípios básicos.

Os significados dos signos, dos planetas e das Casas são as palavras astrológicas, e agora vamos aprender a juntá-las para formar frases astrológicas simples. Para aprender qualquer língua existem certas regras para formar frases, e é preciso que você aprenda também as regras para formar frases astrológicas.

O Uso das Palavras-chave no Delineamento

Conforme explicamos na lição 1, a roda plana na astrologia começa com Áries na cúspide da primeira Casa, Touro na cúspide da segunda Casa etc. Assim, o Sol na primeira Casa sempre vai refletir algumas qualidades e traços de Áries, a despeito do signo em que o Sol esteja efetivamente colocado. É importante lembrar-se dessa regra.

Para ilustrar, vamos pegar um exemplo: o Sol em Câncer na primeira Casa. Uma palavra-chave para o Sol é *o ser interior*. Algumas palavras-chave para Câncer: *devotado, maternal, doméstico, sensível*. Entre as palavras-chave para a primeira Casa estão: *identidade, personalidade, auto-expressão*. E, finalmente, palavras-chave para Áries, o signo natural da primeira Casa, incluem: *dinâmico e ativo*. Essas palavras-chave podem ser juntadas para formar uma frase astrológica:

53

O ser interior devotado e maternal vai ser expresso de forma ativa e
    Sol   Câncer   primeira Casa   Áries
dinâmica.

Aqui está outro exemplo: a Lua em Gêmeos na quinta Casa. Palavras importantes para a Lua são *emoções* e *instintos;* entre as palavras-chave para Gêmeos temos *versátil* e *literário;* palavras-chave para a quinta Casa incluem *criatividade* e *amor dado;* enquanto entre as palavras-chave para Leão, signo natural da quinta Casa, temos *criativo* e *generoso.* Interpretado astrologicamente, podemos dizer:

Emocionalmente versátil, você dá amor generosamente.
    Lua   Gêmeos   quinta Casa

ou:

Você é instintivo e criativo nas ocupações literárias.
    Lua   Quinta Casa   Gêmeos

Agora, vamos ampliar o conceito: Vênus em Capricórnio na nona Casa (cujo signo natural é Sagitário). Capricórnio *é responsável* e *cauteloso;* Sagitário é *tolerante* e *otimista;* Vênus representa os *afetos* e o *caráter moral;* e a nona Casa representa a *filosofia* e as *aspirações.* Assim, podemos deduzir que as aspirações e a abordagem filosófica desse indivíduo teriam uma característica responsável, mas o otimismo natural de Sagitário afrouxaria a costumeira cautela da natureza de Capricórnio.

Desde que você compreenda por que a posição por Casa de um planeta modifica a natureza do signo no qual o planeta está colocado, também vai compreender por que um planeta funciona diferentemente dependendo do tipo de Casa em que está. Por exemplo: uma pessoa com o Sol em Touro (signo fixo), colocado numa Casa cadente, vai ser mais adaptável e menos teimosa que uma pessoa cujo Sol em Touro caia numa Casa sucedente. As Casas cadentes correspondem aos signos mutáveis e as Casas sucedentes correspondem aos signos fixos. Se esse mesmo Sol em Touro estivesse numa Casa angular (correspondendo aos signos cardeais), o indivíduo poderia ainda ser teimoso, mas perderia um pouco da paciência e das qualidades estáveis e teria mais iniciativa.

Você deve se lembrar de que na lição 4 estabelecemos uma analogia entre os planetas e o elenco de uma peça. O elenco não muda; o Sol, por exemplo, é sempre a personalidade interior, o coração do horóscopo e o doador da vida. Os signos são os papéis que esse elenco representa, e eles também não mudam; Touro é sempre Touro e conserva o caráter básico desse signo. Entretanto, as Casas são os cenários variados onde o elenco representa seus papéis, e elas podem ocasionar, e na realidade ocasionam, muitas diferenças, que vão desde o extrovertido *eu* da primeira Casa, ao possessivo *meu* da segunda Casa, ao *nós* voltado para o outro da sétima Casa, e assim por diante através da roda.

54

Com tudo isso em mente, vamos agora voltar nossa atenção para o delineamento de um horóscopo, usando as palavras-chave que aprendemos até agora.

Delineamento de um Horóscopo Modelo

A figura 7 é horóscopo natal de Franklin Delano Roosevelt, nascido em 30 de janeiro de 1882, às 20:45h, em Hyde Park, Nova Iorque.

Primeiro, vamos olhar a configuração geral do seu mapa. É importante olhar o mapa como um todo antes de começar a destrinchá-lo. Observem que Roosevelt tem sete planetas acima, e três planetas abaixo do horizonte. (Veja os números nos círculos no centro do mapa.) Assim, podemos concluir que esse homem tem muitas qualidades extrovertidas e objetivas. Ele também tem três planetas a leste e sete planetas a oeste do meridiano. Assim, podemos concluir que sua vida está intimamente associada ao destino dos outros.

Se você examinar o quadro abaixo da roda na figura 7, vai ver que dividimos os planetas, o Ascendente e o Meio-do-Céu nas classificações que aprendemos. Você vai ver que Roosevelt tem um planeta cardeal, sete planetas fixos e dois planetas mutáveis. Com tantos planetas em signos fixos, podemos dizer que esse homem é muito *determinado, de conduta firme, estável* e *resoluto*. Tem *mente penetrante* e uma *excelente memória*. Como tanto o Ascendente como o Meio-do-Céu estão em signos mutáveis, podemos acrescentar um pouco de *adaptabilidade* e *flexibilidade* ao seu caráter básico (lição 1).

Não há nenhum planeta em signo de fogo, cinco planetas e o Ascendente em signos de terra, quatro planetas e o Meio-do-Céu em signos de ar e um planeta num signo de água. Ele é *prático, confiável* e *simples*, já que predominam os planetas em signos de terra. Entretanto, tendo quatro planetas e o Meio-do-Céu em ar, podemos acrescentar grande *intelectualidade, capacidade de abarcar o pensamento abstrato, lógica, abertura mental, boa capacidade de comunicação* e *capacidade de se distanciar quando necessário*. Com um único planeta no elemento água, poderíamos concluir que ele tem falta de sensibilidade ou de responsividade; entretanto, esse planeta é a Lua, que não apenas está dignificada em Câncer, mas também na décima Casa, estando astrologicamente *elevada*, por ser o ponto mais alto no mapa. Assim, a Lua vai funcionar com muita força.

A falta de planetas no elemento fogo poderia preocupar-nos um pouco, até vermos que Roosevelt tem três planetas nas Casas pessoais (ou Casas de vida), que correspondem ao elemento fogo (veja lição 4). Tem três planetas nas Casas de bens materiais, nenhum planeta nas Casas de relacionamentos, e quatro planetas nas Casas de conclusões. As Casas de conclusões correspondem à água, o que lhe dá mais sensibilidade do que um primeiro exame do mapa faz supor.

Figura 7: Horóscopo Natal de Franklin Delano Roosevelt. Nascido a 30 de janeiro de 1882, às 20:45h, hora local em Hyde Park, Nova Iorque. Longitude 73° W 55', latitude 41° N 48'.

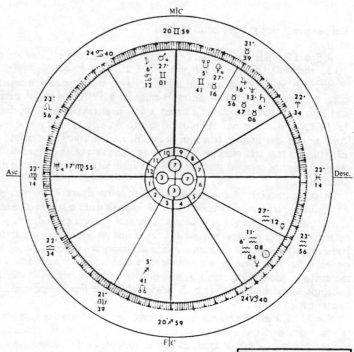

O Aspectário: Proporciona um apanhado do horóscopo. Relacionamos os planetas, o Ascendente (A) e o Meio-do-Céu (M) por qualidade, elemento e assim por diante. Por exemplo, em seguida à palavra "mutável" relacionamos Marte, Urano, o Meio-do-Céu e o Ascendente, que se encontram em signos mutáveis neste mapa. No final da lista, os planetas são classificados por Casa: Casas de vida (V), de bens materiais (B), de relacionamentos (R) e de conclusões (C). Para maiores detalhes, veja pág. 55.

cardeal	☽
fixo	♄ ♆ ♃ ♀ ♀ ☉ ☿
mutável	♂ ♅ M A
fogo	nenhum
terra	♄ ♆ ♃ ♀ ♅ A
ar	♂ ♀ ☉ ☿ M
água	☽
angular	♂ ☽
sucedente	♀ ☉ ♄ ♆ ♃
cadente	☿ ♀ ♅
dignidade	☽
exaltação	♀
detrimento	☉ ♃
queda	
V: 3	B: 3	R: 0	C: 4

Tem dois planetas em Casas angulares, cinco planetas em Casas sucedentes e três planetas em Casas cadentes, mais uma vez demonstrando os traços básicos de *firmeza de propósitos* e também *capacidade financeira* (lição 4).

Como dissemos acima, a Lua está domiciliada, ou dignificada, em Câncer. É em Câncer que a Lua funciona melhor. Também vemos que Mercúrio está exaltado em Aquário. Aqui, Mercúrio se expressa harmoniosamente, tendo suas virtudes ampliadas. Isto enfraquece as qualidades do Sol mas de forma nenhuma faz com que ele funcione negativamente, principalmente porque o Sol está domiciliado na quinta Casa, a Casa natural de Leão, regida pelo Sol.

Com esse rápido apanhado do mapa, já temos uma boa compreensão de alguns dos principais traços do caráter de Roosevelt. Agora, vamos fazer um exame mais profundo. O primeiro planeta a ser examinado é o Sol, já que ele é a principal expressão do indivíduo, *o ser interior* e *a personalidade interior*. É *o coração do mapa*. Encontramos seu Sol em Aquário na quinta Casa. Podemos descrevê-lo como *independente, progressista, individualista, intelectual, humano*, porém um pouco frio e impessoal (não há fogo no mapa), *de opiniões um tanto fixas, lógico* e *comunicativo*. Se você procurar as palavras-chave para Aquário na lição 1, verá que fizemos uma seleção. Por que não usamos a palavra-chave *tímido*? Com sete planetas acima do horizonte (o que freqüentemente indica um extrovertido), podemos automaticamente eliminar essa palavra. É preciso que você aplique esse mesmo raciocínio e avaliação na seleção das palavras-chave para os seus delineamentos. Também não escolhemos as palavras-chave *excêntrico* ou *rebelde*. Com cinco planetas em terra, ele seria prático demais para ser excêntrico ou rebelde; provavelmente usaria essas energias para se tornar progressista e humano.

Aquário é regido por Urano. Portanto, dizemos que o Sol em Aquário é regido por Urano e, no caso de Roosevelt, Urano está em Virgem na décima segunda Casa (lição 3). Essa regência vai acrescentar *espírito prático* (terra) ao mental Aquário (ar). Vindo da décima segunda Casa, vai acrescentar *força oculta* e, muitas vezes, operar num nível subconsciente e intuitivo (lição 4).

Vamos selecionar algumas palavras que combinem com o posicionamento do Sol na quinta Casa. Como Leão é o signo natural dessa Casa, é preciso acrescentar alguns matizes de Leão a esse posicionamento. Vamos acrescentar sentimentos de *orgulho, dignidade, autoconfiança* e *uma queda para o dramático* (lição 2). As pessoas que têm o Sol na quinta Casa gostam de *diversão, prazeres, romance, casos amorosos* e *crianças*. Entre as palavras-chave para a quinta Casa (lição 4), observamos que está *política*; isto, certamente, se aplica a FDR. Mas por que não as palavras-chave *capacidade dramática* ou *teatro*? Não vamos usar essas palavras porque não há suficiente Leão, ou drama, no mapa. De Leão, existe apenas o posicionamento do Sol na quinta Casa; observamos que há praticidade em vez de fogo. Esse mesmo raciocínio se aplicaria à palavra-chave *belas-artes*.

Enquanto você desmembra o mapa e o examina em detalhe, nunca perca de vista o quadro geral, e tente manter tudo em perspectiva na medida em que você faz sua avaliação.

O próximo planeta a ser considerado é a Lua. Sabemos que ela representa *emoções, instintos, humor, necessidades* e *desejos* (lição 3). Já salientamos que a Lua de FDR é forte, por estar dignificada em Câncer. Algumas palavras-chave que podemos usar são: *simpático, tenaz, patriótico, de boa memória, um pouco egoísta* e *um tanto melindroso.* Com o Sol no progressista Aquário, ele não seria *cauteloso demais;* com sua capacidade de desligamento, ele não seria *demasiado sensível,* e, com as necessidades e emoções elevadas na décima Casa, ele não seria *maternal* ou *doméstico.* (Veja lição 2.)

Quando a Lua está em Câncer, ela é o seu próprio regente, de modo que não precisamos acrescentar outras palavras nesse caso. Entretanto, como a Lua está na décima Casa, precisamos acrescentar nuanças de Capricórnio (signo natural da décima Casa). Podemos usar a palavra-chave *responsabilidade,* já que há tanta terra nesse horóscopo. Também faz com que ele *busque status,* e poderíamos mesmo dizer que *a cabeça governa o coração* (lição 2).

Como a Lua representa os desejos e as necessidades, estas seriam palavras adequadas para o seu posicionamento na décima Casa (lição 4): *desejo de honra, reputação* e *fama.* O ego é muito desenvolvido. Essa posição é excelente para o serviço governamental. A décima Casa também indica como o mundo o vê; FDR representaria uma imagem paternal. A décima Casa também representa um dos genitores. Como a Lua significa a mãe ou esposa no mapa de um homem, podemos concluir que a décima Casa representava sua mãe, e que ele a via como muito *maternal, protetora* e *amorosa* em relação a ele — em outras palavras, o sentimento de Câncer.

Agora voltamos nossa atenção para o próximo fator mais revelador, o Ascendente. O Ascendente descreve a *personalidade exterior;* como as pessoas o vêem, qual é sua aparência física. O Ascendente de FDR é Virgem. Assim, as pessoas o veriam como *diligente, estudioso, metódico, factual* e *um pouco crítico* (lição 2). O regente de Virgem, Mercúrio, está em Aquário, e assim percebemos que esse Ascendente em Virgem será mais *humano* e menos *mesquinho,* mais *científico* e menos *cético* do que normalmente é a pessoa com Virgem ascendendo. As pessoas tenderiam a confiar numa pessoa que projetasse tais qualidades; sentiriam ser possível contar com ela. Com Mercúrio posicionado na sexta Casa (Casa de *trabalho* e *serviço*), podemos dizer que ele tem *capacidade natural* e *desejo de trabalhar com os outros e de servi-los.*

Mercúrio é um elemento muito importante para o entendimento da natureza humana. Mercúrio representa *a capacidade de raciocínio, a forma de expressão, o intelecto* e *a percepção básica* (lição 3). O Mercúrio de FDR está exaltado no signo de Aquário. Está na sexta Casa e o planeta Urano, regente de Aquário, está em Virgem na décima segunda Casa. Assim, sua capacidade de raciocínio mostra *independência, progresso, lógica, intelectualidade* e assim por diante (lição 2).

Com Urano, regente de Mercúrio, em Virgem, acrescentamos a abordagem *lógica* e *prática*. Como a sexta Casa é a Casa natural de Virgem (regida por Mercúrio), Mercúrio está bem colocado aqui (dignidade acidental), assumindo um considerável matiz virginiano. A sexta Casa é a Casa de *trabalho, dever, saúde, hábitos* e *serviço* (lição 4). Assim, podemos ver por que uma parte tão grande do *pensamento* e *forma de expressão* de FDR se dirigiu para o trabalho e serviço ao seu povo. Também mostra por que a saúde se tornou um fator importante em sua vida. Mercúrio representa *o sistema nervoso*, e ele foi atingido pela poliomielite, que é basicamente uma desordem nervosa.

Questionário

A esta altura você já deve ter uma idéia do que significa delinear um horóscopo. Para verificar, tente delinear os planetas Vênus, Marte, Júpiter e Saturno, usando as mesmas técnicas que usamos acima. Ao terminar, consulte o Apêndice (página 264) para ver o seu grau de sucesso.

Lição 6: Os Aspectos

Introdução

Existe apenas mais um tema básico a ser aprendido para poder entender e ler um horóscopo. Esse tema se refere aos *aspectos*.

Quando os planetas estão colocados a um número determinado de graus um do outro, diz-se que estão *em aspecto*. Os aspectos são de grande valia na interpretação do caráter e também na leitura de acontecimentos. Os diferentes aspectos estão relacionados na página 61.

Se usarmos a nossa analogia anterior — os planetas são os atores, os signos são os papéis que eles desempenham e as Casas são os cenários nas quais a ação se desenrola —, os aspectos nos mostrariam *como* os atores desempenham seus papéis.

Diz-se que alguns aspectos são fluentes ou harmônicos, e outros são desafiadores ou desarmônicos. Os aspectos fluentes ou harmônicos são *pacificadores, abrandadores* ou *favoráveis*. Os aspectos desafiadores ou desarmônicos são considerados *geradores de tensão, estimulantes* ou mesmo *irritantes*. Mas lembre-se de uma coisa: nenhum aspecto é bom ou mau. Muitos trígonos e sextis fluentes podem fazer de alguém uma pessoa aborrecida e desinteressante; tudo parece fácil e a vida flui num padrão sem acontecimentos e provavelmente enfadonho. Algumas quadraturas, oposições ou conjunções desafiadoras podem estimular essa pessoa e dar-lhe profundidade de caráter; um pouco de tensão faz a vida mais interessante. Por outro lado, muitas quadraturas e oposições sem trígonos ou sextis para proporcionar o fluxo podem tornar a pessoa amarga, teimosa, ressentida e irritante para si mesma e para os outros. A astrologia não faz exceção à regra de que é preciso um pouco de tudo para criar um ser humano completo.

Se você examinar a Tabela de aspectos na página 61, verá que relacionamos tanto os *aspectos maiores* como os *aspectos menores*. Os aspectos maiores são os mais importantes e os únicos que você precisa aprender por enquanto. Incluímos os aspectos menos importantes somente para sua in-

Figura 8:

Tabela de aspectos

Aspectos maiores

Aspecto		Ângulo	Órbita	Palavra-chave
☌	Conjunção	0°	7°	Ênfase
⚹	Sextil	60° 2 signos	5°	Oportunidade
□	Quadratura	90° 3 signos	7°	Desafio
△	Trígono	120° 4 signos	7°	Fluxo
☍	Oposição	180° 6 signos	7°	Percepção
⊼	Quincunce (inconjunção)	150° 5 signos	5°	Ajuste

Aspectos menores

ℙ	Paralelo	Mesma declinação	1°	(semelhante à conjunção)
ⅴ	Semi-sextil	30° 1 signo	1°	Reativo
N	Nonagon	40°	1°	Teste
∠	Semiquadratura	45° 1 1/2 signo	1°	Irritante
S	Septil	51 3/7°	1°	Repercussões
Q	Quintil	72°	1°	Talento
⚼	Sesquiquadratura	135° 4 1/2 signos	1°	Abrasivo
BQ	Biquintil	144°	1°	Harmonioso no plano mental

formação, para mostrar-lhe o **quadro todo**. Não tente aprendê-los agora; apenas lembre-se deles para referência futura. A coluna intitulada *Órbita* dá o número de graus de diferença do ângulo exato permitido para cada aspecto. Entretanto, a influência é mais forte quando o aspecto é mais próximo ou mesmo exato (também chamado *partil*) e mais fraca à medida que a órbita se amplia (também chamado *plático*).

Observe também que na Tabela de aspectos é dado um glifo para cada aspecto. É importante memorizar esses glifos, pois você vai usá-los freqüentemente daqui por diante.

O caráter básico é formado pelos aspectos mais exatos do mapa. Mas saiba que os diversos astrólogos usam órbitas diferentes. Alguns nunca passam de 6°, outros permitem até 14°. As órbitas apresentadas aqui são as que julgamos funcionar com maior constância.

Para obter uma visão rápida do caráter básico, você poderá indicar os aspectos exatos (com uma órbita de 1°) com uma tinta mais forte ao completar o aspectário (veja página 77).

Quando você pensar em quadraturas e oposições, lembre-se da divisão por qualidades que você aprendeu na lição 1. Essas divisões formam o padrão básico das quadraturas e oposições. Por exemplo: os signos cardeais são Áries, Câncer, Libra e Capricórnio. O signo de Áries sempre faz quadratura com Câncer e com Capricórnio; Câncer sempre faz quadratura com Áries e com Libra; Libra sempre faz quadratura com Câncer e com Capricórnio; e Capricórnio sempre faz quadratura com Áries e com Libra. Da mesma forma, Áries e Libra sempre estão em oposição entre si, e Câncer e Capricórnio sempre estão em oposição mútua. Esse mesmo princípio se aplica aos signos fixos e mutáveis. É claro que os planetas nesses signos precisam cair dentro da órbita permitida para formar aspectos (veja o diagrama na página 72). Por exemplo: a Lua a 10° de Áries faz quadratura com Marte a 15° de Capricórnio.

$$ ☽ 10° ♈ \quad □ \quad ♂ 15° ♑ $$

Esse exemplo tem uma órbita de 5°, de 10° a 15°. Se a Lua estivesse a 10° de Áries e Marte a 23° de Capricórnio, a órbita seria de 13° e muito ampla para formar um aspecto.

O mesmo princípio se aplica aos trígonos, mas estes se baseiam na divisão por elemento (veja a lição 1). Cada signo de fogo faz trígono com os outros signos de fogo, cada signo de terra faz trígono com os outros signos de terra, cada signo de ar faz trígono com os outros signos de ar e cada signo de água faz trígono com os outros signos de água (veja o diagrama na página 72).

Por exemplo: Júpiter a 14° de Leão faz trígono com Saturno a 18° de Sagitário.

$$ ♃ 14° ♌ \quad △ \quad ♄ 18° ♐ $$

Aqui temos uma órbita de 4°. Entretanto, com Júpiter a 14° de Leão e Saturno a 25° de Sagitário, a órbita seria de 11°, muito ampla para formar um aspecto.

Isto dá uma idéia geral do que são os aspectos. Agora, vamos discutir os seis maiores aspectos com mais detalhes.

♂ conjunção

ângulo 0°

indica *ênfase*
início
concentração
nova atividade

Conjunção são dois ou mais planetas localizados dentro de uma órbita de 7°. Geralmente os planetas estão todos no mesmo signo, mas algumas vezes são encontrados em signos adjacentes. Por exemplo: Vênus a 28° de Áries em conjunção com Marte a 3° de Touro. Nesse caso a órbita é de 5°

$$♀ 28° ♈ ♂ ♂ 3° ♉$$

O princípio característico de uma conjunção é dar mais ênfase a um signo, já que dois ou mais planetas estão envolvidos. A ação da conjunção é direta, afetando a pessoa num nível externo e óbvio.

As conjunções são consideradas favoráveis ou desfavoráveis, dependendo dos planetas específicos envolvidos. Quando se percebe que esses planetas são apenas um foco de atividade, vê-se que não há nada necessariamente bom ou mau a respeito deles. Por exemplo: Júpiter mostra o crescimento expansivo, e a função de Saturno é ordenadora, limitadora e cristalizadora. O fato de a conjunção desses planetas ser ou não favorável depende do que o crescimento está provocando e do que está sendo limitado ou restringido. A expansão de um tumor é desfavorável; a restrição do mesmo tumor é favorável. O crescimento ou a expansão da carreira é favorável, mas é claro que a limitação ou restrição da carreira é desfavorável.

Um grupo de três ou mais planetas em conjunção é chamado *stellium*. O *stellium* cria sua própria ação, enfatizando fortemente o signo e a Casa onde se localiza.

☐ QUADRATURA

ângulo 90°
indica *desafio*
*ação freqüentemente
   dinâmica*
tensão
realização
pontos de mutação

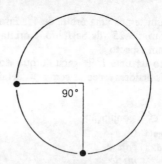

A quadratura envolve dois planetas tendo entre si uma distância de 90°, ou três signos. A órbita concedida para a quadratura é de 7°.

O potencial de qualquer mapa está em suas quadraturas. Se você não as compreender, elas podem ser obstáculos, mas se as manejar com sabedoria, podem ser os degraus de uma escalada. Ação e decisão constituem a essência de qualquer quadratura. É importante observar se a quadratura é cardeal, fixa ou mutável. Nas quadraturas cardeais, a ação é rápida; nas quadraturas fixas, a ação é lenta e deliberada, e nas quadraturas mutáveis a ação é variável, dependendo em grande medida das influências dos outros. Isto está de acordo com os atributos que aprendemos na lição 1.

Uma *quadratura T* ou *cruz T* envolve três planetas, dois dos quais estão em oposição.

Antes de continuar, gostaríamos de fazer uma rápida observação sobre a leitura de um conjunto de aspectos, tal como a quadratura T do exemplo seguinte. Ao ler um conjunto de aspectos, leia sempre cada aspecto em relação ao primeiro planeta relacionado, nesse caso o Sol. Assim, vamos ler esse aspecto:

☉ 15° ♒ ☐ ♃ 19° ♏ ☍ ♆ 16° ♌

O Sol a 15° de Aquário faz quadratura com Júpiter a 19° de Escorpião, e (o Sol) está em oposição a Netuno a 16° de Leão, formando uma cruz T. No diagrama abaixo, você pode ver de onde vem esse nome, pois a configuração se assemelha a um T.

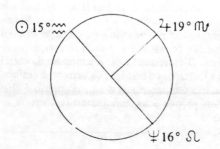

Uma *grande cruz* ou *grande quadratura* envolve quatro planetas, com dois pares em oposição. Mais uma vez, o nome se torna óbvio ao olhar a configuração abaixo. Observe que os quatro signos envolvidos em uma determinada qualidade estão representados. Por exemplo: Marte a 20° de Touro está em quadratura com Netuno a 21° de Leão, em quadratura com o Sol a 20° de Aquário e em oposição a Júpiter a 18° de Escorpião.

♂ 20°♉ □ ♆ 21°♌ □ ☉ 20°♒ ☍ ♃ 18°♏

Aqui, o Sol se opõe a Netuno e está em quadratura tanto com Júpiter como com Marte, com Júpiter e Marte em oposição mútua. Esta é uma *grande cruz* em signos fixos. A configuração do horóscopo teria essa aparência:

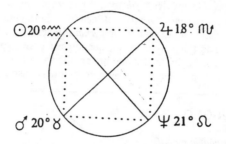

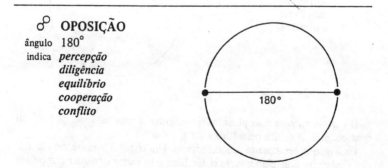

☍ OPOSIÇÃO
ângulo 180°
indica *percepção*
diligência
equilíbrio
cooperação
conflito

A oposição envolve dois planetas tendo entre si uma distância de 180° ou seis signos. A órbita permitida é de 7°.
Este é o aspecto mais amplo possível. Seu valor potencial é desenvolver a perspectiva e a percepção. As oposições mostram fatores opostos em funcionamento, um complementando o outro, uma vez conciliados. Elas apresentam desafios, assim como as quadraturas, mas esses desafios são de um

tipo diferente. A oposição envolve o reconhecimento de uma carência dentro de si mesmo, e o uso da polaridade dos dois signos para preencher essa carência. O desequilíbrio, então, torna-se equilíbrio. A reconciliação das forças opostas geralmente é alcançada através da percepção e da compreensão.

Por exemplo: Mercúrio a 16° de Gêmeos em oposição a Marte a 11° de Sagitário:

$$☿ \, 16° \, \text{II} \quad \mathrm{o\!\!\!o} \quad ♂ \, 11° \, ↗$$

Nesse exemplo, vemos que a mente (Mercúrio) é *rápida, inteligente, literária, expressiva* e *curiosa* (Gêmeos), porém carece de *idealismo, tolerância* e *abordagem filosófica* (Sagitário). Além disso, as energias (Marte) se dirigem para áreas que envolvem *filosofia* ou *educação superior*, e as coisas são feitas com *entusiasmo* e *otimismo* (Sagitário). Entretanto, *a intelectualidade* e *a capacidade de expressão de forma inteligente, perspicaz ou literária* estão faltando (Gêmeos). Assim, quando essa pessoa aprende a usar a polaridade Gêmeos/Sagitário, criando um equilíbrio entre os pólos opostos através da crescente percepção, esse aspecto se torna construtivo e útil.

△ **TRIGONO**
ângulo 120°
indica *abundância e conforto*
idealismo
inspiração
harmonia
indolência

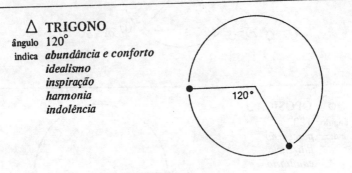

O trígono envolve dois planetas tendo entre si uma distância de 120° ou quatro signos. A órbita permitida é de 7°.

Os trígonos geralmente são favoráveis. Um trígono permite uma interação fácil entre dois planetas, mas também não existe qualquer compulsão para usar os planetas vantajosamente, pois aqui não há pressão ou tensão. Os trígonos nem sempre são um aspecto positivo; podem favorecer a tendência para escolher a linha de menor resistência, ou podem causar indolência. Os trígonos seguem o fluxo natural das coisas; indicam criatividade natural, talento, capacidade de expressar as coisas facilmente e prazeres. O trígono pode ser comparado à diversão de esquiar montanha abaixo, enquanto a quadratura pode ser comparada ao esforço de escalar a montanha. Observe a sensação de realização quando se atinge o topo da montanha e, olhando para trás, vê-se o que se conquistou. Por outro lado, o trígono mostra a alegria de viver e o amor à vida. Os dois aspectos fazem parte da vida.

Um *grande trígono* envolve três planetas a mais ou menos 120° um do outro (usando uma órbita de 7°), com os três planetas no mesmo elemento. Por exemplo, Lua a 12° de Sagitário em trígono com Mercúrio a 10° de Áries e com Netuno a 16° de Leão. Mercúrio e Netuno também fazem trígono entre si; assim, os três planetas formam um grande trígono.

☽ 12° ♐ △ ☿ 10° ♈ △ ♆ 16° ♌

Como vê, os três signos de fogo estão presentes, e nos referimos a esse grande trígono como *grande trígono de fogo*.

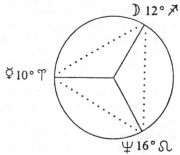

⚻ QUINCUNCE
(Inconjunção)
ângulo 150°
indica *ajustamento*
reorganização
falta de perspectiva
pressão

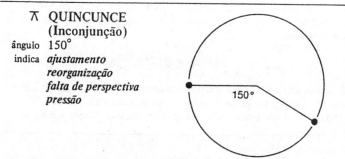

O quincunce envolve dois planetas tendo entre si uma distância de 150° ou cinco signos. A órbita permitida é de 5°. Neste aspecto, os signos envolvidos não têm nenhuma relação um com o outro. Não são da mesma qualidade nem do mesmo elemento, nem são ambos ativos ou passivos. Não tendo nada em comum, é muito mais difícil integrar essas forças, e esse aspecto requer muitos ajustes. O quincunce exige uma mudança de atitude, uma mudança nos padrões de hábitos e uma necessidade de se ajustar às condições indicadas pelos planetas e pelas Casas em questão. Muitas vezes, a saúde e/ou as finanças estão envolvidas de alguma forma.

✱ SEXTIL
ângulo 60°
indica *oportunidade*
atração
auto-expressão
afabilidade

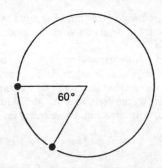

O sextil envolve dois planetas tendo entre si uma distância de 60° ou dois signos. A órbita permitida é de 5°. Os signos ativos ou positivos formam um sextil entre si; os signos passivos ou negativos também o formam. Os signos de fogo e de ar formam sextil entre si; igualmente os de terra e de água. Com essa compatibilidade, o sextil cria uma facilidade na compreensão, na coleta de informações e na expressão. Os planetas cooperam um com o outro.

Como sempre, lembre-se dos planetas envolvidos, assim como dos signos e das Casas. Por exemplo: Lua em sextil com Marte. Aqui, estamos combinando as *emoções* (Lua) com o *impulso* e a *energia física* (Marte). Se a quinta e a sétima Casas estiverem incluídas, estarão envolvidos *casos amorosos* e *parcerias*. Se o sextil for entre Aquário e Áries, então estamos lidando com *intelecto* e *independência* (Aquário) mais *individualismo* e *impulsividade* (Áries). Vamos supor que a Lua esteja na quinta Casa e Marte na sétima:

$$☽ 14° ≈ \; ✱ \; ♂ 17° ♈$$

Isto indicaria que o que você procura nos casos amorosos ou no romance (quinta Casa) é semelhante ao que você procura num parceiro (sétima Casa). O sextil ajuda a combinar e a integrar essas duas forças planetárias.

Regras Gerais e Roteiro Para Aspectação

Lembre-se dessas regras gerais ao analisar os aspectos de um horóscopo.

1. Cada signo contém trinta graus, de 0° a 29°.
2. Os aspectos são sempre calculados contando os signos, não as Casas; de outra forma você poderia passar por cima de um signo *interceptado* em uma Casa. Só porque um signo não está na cúspide não significa que ele não está lá. Ele está, e tem trinta graus exatamente como qualquer outro. Se a cúspide da primeira Casa está em Câncer e a cúspide da segunda

Casa está em Virgem, o signo de Leão está interceptado na primeira Casa. As Casas não contêm necessariamente trinta graus.

3. Quando um planeta está exaltado ou dignificado (veja lição 3), pode integrar-se bem e lidar com todos os aspectos de uma maneira mais positiva.

4. Verifique os aspectos *fora de signo;* estes ocorrem quando um planeta está bem no começo ou bem no fim de um signo. Por exemplo: Júpiter a 4° de Leão em quadratura com Saturno a 28° de Áries.

$$♃\ 4° ♌ \square ♄ 28° ♈$$

Esta é uma quadratura fora de signo, mas está dentro da órbita permitida, portanto ainda é uma quadratura.

5. Um aspecto *aplicativo* é mais forte que um aspecto *separativo.* Por exemplo:

Aplicativo: Lua a 10° de Touro trígono Mercúrio a 16° de Virgem.

$$☽\ 10° ♉ \triangle ☿ 16° ♍$$

Separativo: Lua a 16° de Touro em trígono com Marte a 10° de Virgem.

$$☽\ 16° ♉ \triangle ♂ 10° ♍$$

No aspecto aplicativo, a Lua está caminhando em direção a Mercúrio, e assim dizemos que está se aplicando; no aspecto separativo a Lua já passou de Mercúrio, e assim dizemos que está se separando. O planeta mais rápido é sempre relacionado primeiro, quer esteja se aplicando ou se separando. O aspecto aplicativo mostra algo *em cuja direção você está trabalhando;* o aspecto separativo mostra algo que foi *aprendido recentemente.* A velocidade relativa dos planetas está exposta na lição 3. O planeta aspectante (o mais rápido) é o *agente* e o planeta aspectado (o mais lento) é o *recebedor* da ação.

6. Os aspectos do Sol são as raízes, a semente e a planta do caráter. O caráter básico é formado pelos aspectos mais exatos do horóscopo. Os aspectos mostram tendências, capacidades e incapacidades, e não realizações. Em outras palavras, o mapa natal mostra o seu potencial, mas o seu livre-arbítrio determina quanto ou quão pouco você vai fazer com ele.

7. Como Mercúrio nunca está a mais de 28° de distância do Sol, o único aspecto que pode formar com o Sol é a conjunção. Como Vênus nunca está a mais de 46° de distância do Sol, os únicos aspectos que pode formar com o Sol são a conjunção, o semi-sextil e a semiquadratura. Com só vamos estudar os aspectos maiores, por enquanto você só precisa examinar as conjunções entre Vênus e o Sol.

Compreensão do Significado Básico dos Aspectos

No exemplo da Lua em sextil com Marte dado na página 68, ilustramos mais uma vez a lógica da astrologia. O significado básico de cada signo, de cada planeta e de cada Casa nunca muda; as palavras-chave permanecem as mesmas. Na medida em que o tempo passa e o seu conhecimento aumenta, você vai acrescentar as suas próprias palavras, com base na sua compreensão da natureza de cada signo, planeta e Casa.

Essa mesma lógica e compreensão básica permanecem quando você estuda os aspectos. Você já sabe que na astrologia sempre mantemos em mente a roda plana ou natural (veja lição 1). Quando delineamos o horóscopo de Roosevelt (lição 5), acrescentamos um matiz de Capricórnio à sua Lua em Câncer localizada na décima Casa, porque na roda plana Capricórnio é o signo natural da décima Casa.

A conjunção é um aspecto de 0°. Lembrando a roda plana, sempre começamos com a primeira Casa; esta é a Casa natural de Áries e seu regente planetário é Marte. Assim, todas as conjunções nos dão a idéia de primeira Casa/Áries/Marte, a idéia de *impulso, atividade* e *intensidade,* não importa onde a conjunção efetivamente caia no mapa. Isto se soma à *ênfase* que ocorre naturalmente quando dois ou mais planetas estão posicionados juntos no mapa (veja lições 2, 3 e 4).

A quadratura é um aspecto de 90°. Imagine um ângulo de 90°. Esse ângulo, mais uma vez, começa com Áries, e 90° de um lado nos leva a Câncer/Lua e à quarta Casa. Na outra direção, 90° nos leva a Capricórnio/Saturno e à décima Casa. Estamos falando de uma idéia angular e cardeal. O cardeal sempre implica *ação dinâmica* e *intensidade* (lição 4); assim, a quadratura sempre significa *ação, desafio, estímulo* e *tensão.*

A oposição é um aspecto de 180° e faz exatamente o que diz a palavra: um planeta se opõe a outro. Em oposição a Áries/Marte e à primeira Casa, encontramos Libra/Vênus e a sétima Casa. É uma posição angular e cardeal, e seus desafios e sua dinâmica são semelhantes aos da quadratura, porém aqui Áries *orientado para o eu* está buscando Libra cooperativo *orientado para o nós.* Áries precisa aprender cooperação e equilíbrio. Quando Áries transforma autopercepção em percepção dos outros, o conflito dessa oposição se torna uma cooperação. Todas as oposições refletem o conflito Áries/Libra, a despeito da verdadeira posição do aspecto.

O trígono é um aspecto de 120°. Envolve Áries/Marte e a primeira Casa e Leão/Sol e a quinta Casa, ou Sagitário/Júpiter e a nona Casa. Como Áries, Leão e Sagitário são os três signos de fogo, este é um aspecto harmonioso, *criativo* (Leão/Sol) e às vezes mesmo *indulgente* (Sagitário/Júpiter). Todos os trígonos refletem esse padrão básico que vemos na roda plana, não importa em que elemento ocorram.

O quincunce é um aspecto de 150°. Envolve Áries/Marte e a primeira Casa e Virgem/Mercúrio e a sexta Casa, ou Escorpião/Plutão e a oitava Casa. Áries *rápido, impulsivo* precisa lidar com Virgem *exato, estudioso* e *pé-no-chão* em assuntos relacionados com *dever, trabalho, saúde* ou *hábi-*

tos (sexta Casa). Algum tipo de ajuste é necessário para alinhar essas atitudes diferentes. No outro lado da roda, Áries/Marte/primeira Casa precisam lidar com Escorpião *penetrante, determinado* e *demasiado sensível* em assuntos relacionados com *os recursos dos outros* ou com áreas de *pesquisa e regeneração*. Os dois exemplos mostram duas naturezas muito divergentes. São necessários uma perspectiva clara e algum tipo de reorganização antes que esses signos possam funcionar bem em conjunto. Você pode ver que o quincunce é um aspecto desfavorável que pode produzir tensão e pressão porque é sempre um aspecto entre energias divergentes.

O sextil é um aspecto de 60°. Envolve Áries/Marte e a primeira Casa e Gêmeos/Mercúrio e a terceira Casa, ou Aquário/Urano e a décima primeira Casa. Nos dois casos, estamos lidando com uma combinação de fogo com ar, que são elementos compatíveis. Aqui, Áries extrovertido se junta a Gêmeos *comunicativo* e *intelectual* e à terceira Casa, ou a Aquário *humano, intelectual, progressista* e *amistoso* e à décima primeira Casa. Todos os sextis ocorrem entre elementos compatíveis (fogo e ar, ou terra e água) e são sempre combinações que funcionam de maneira benéfica, expressando-se facilmente.

Figura 9: Os Aspectos

TRÍGONOS (120°)

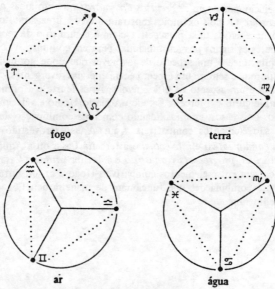

QUADRATURAS (90°) e OPOSIÇÕES (180°)

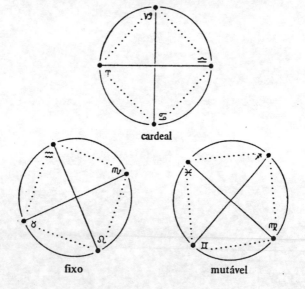

SEXTIS (60°)

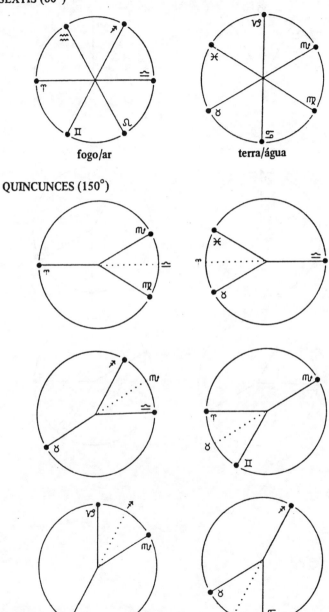

fogo/ar   terra/água

QUINCUNCES (150°)

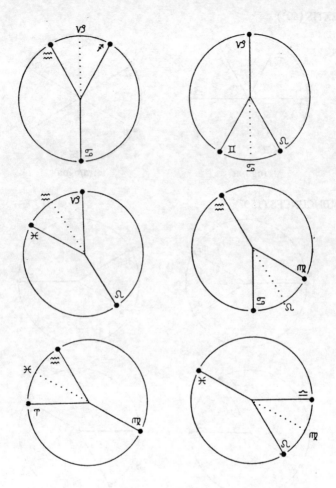

Lição 7: Aspectação

Aspectação do Horóscopo

Agora que explicamos o que são os aspectos e sua posição relativa, vamos ensiná-lo a encontrar esses aspectos usando o horóscopo de Franklin D. Roosevelt (veja o mapa com o aspectário na página 77).

No aspectário abaixo do horóscopo, relacione a longitude de cada planeta. Escreva essas longitudes na coluna intitulada *longitude*, para cada um dos planetas.

Lua — A longitude da Lua é 06° ♋ 12'. Escreva isso em seguida ao símbolo da Lua (☽). A órbita que concedemos para a Lua é de 7° para conjunção, a quadratura, a oposição e o trígono. Se somarmos 7° a essa posição da Lua, obteremos 13° ♋ 12'; se subtrairmos 7°, obteremos 29° ♊ 12'. Isto permite uma órbita de 7° nos dois lados da Lua, e sabemos que qualquer planeta cuja longitude esteja entre esses números estará em aspecto com a Lua. (Se houver problema para visualizar isso, veja o horóscopo preenchido no Apêndice na página 265.)

• Mercúrio tem uma longitude de 27° ♒ 12; está fora da órbita por 2°.

• Vênus está em 06° ♒ 04', e podemos ver que faz um aspecto exato com a Lua. Precisamos agora determinar que tipo de aspecto forma. Vênus em Aquário é fixo, de ar, ativo; a Lua em Câncer é cardeal, de água, passiva. Não são da mesma qualidade, portanto não estão em conjunção, quadratura ou oposição. Não são do mesmo elemento, portanto não estão em trígono. Também não estão em sextil (veja página 72). Entretanto, você vai observar que os signos são diferentes e estão a 150° de distância, portanto formam um quincunce (inconjunção). O símbolo do quincunce é (⚻). Coloque esse símbolo no quadrado de intersecção entre a Lua e Vênus no aspectário, dessa forma:

E

• O Sol está em 11° ♒ 08', formando o mesmo aspecto que Vênus.

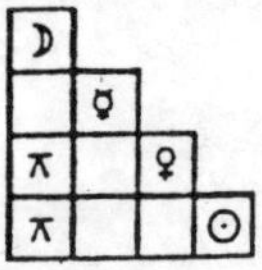

• Marte está localizado em 27° ♊ 01'. Nossa órbita de 7° coloca Marte a 2° além da órbita para uma conjunção com a Lua.

• Júpiter está localizado a 16° ♉ 56'. Esta localização está 3° além da órbita permitida.

• Saturno está localizado a 6° ♉ 06', e como podemos ver forma um aspecto exato com a Lua. Não é quadratura nem oposição, porque Touro e Câncer não são da mesma qualidade. Não estão em trígono, porque Touro e Câncer não são do mesmo elemento. Entretanto, ambos estão em signos passivos e a 60° de distância; portanto, a Lua e Saturno estão em sextil entre si. Escreva o símbolo do sextil (⚹) no aspectário.

• Urano está localizado a 17° ♍ 55'. Não cai dentro da órbita que concedemos. O mesmo com Netuno a 13° ♉ 47' e Plutão a 27° ♉ 16'.

Mercúrio – Agora vamos aspectar o planeta Mercúrio. Mercúrio está localizado a 27° ♒ 12. Somando 7° a essa posição, chegamos a 4° ♓ 12'; subtraindo 7° dessa posição, chegamos a 20° ♒ 12'.

• Vênus a 6° ♒ 04' está fora da órbita permitida.

• O Sol a 11° ♒ 08' também está fora da órbita permitida.

• Marte a 27° ♊ 01' faz um aspecto exato com Mercúrio, e como Aquário e Gêmeos são signos de ar, vemos que Mercúrio e Marte estão em trígono (△) um com o outro.

• Os planetas Júpiter, Saturno, Urano e Netuno estão todos fora de órbita. Mas Plutão, a 27° ♉ 16', faz uma quadratura (□) exata, porque Touro e Aquário são signos da mesma qualidade; ambos são fixos e estão a 90° um do outro.

Vênus – Prosseguimos aspectando o planeta Vênus, localizado na longitude de 6° ♒ 04'. Somando e subtraindo 7° dessa posição, obtemos 13° ♒ 04' e 29° ♓ 04', respectivamente.

• O Sol a 11° ♒ 08' está dentro da órbita, e Vênus e o Sol estão no mesmo signo; assim, os dois planetas estão em conjunção (☌).

• Marte está muito longe da órbita que permitimos, e Júpiter também está fora de órbita. Entretanto, Saturno a 6° ♉ 06' faz um aspecto exato, uma quadratura (□); Touro faz quadratura com Aquário. Ambos são signos fixos.

• Urano não forma aspecto, Plutão também não; entretanto, Netuno a 13° ♉ 47' está dentro da órbita e faz quadratura (□) com Vênus.

Sol – Está localizado a 11° ♒ 08'; a órbita permitida vai de 4° ♒ 08' a 18° ♒ 08'. Júpiter (16° ♉ 56'), Saturno (6° ♉ 06') e Netuno (13° ♉ 47') estão dentro da órbita permitida, os três no signo de Touro; assim, todos formam aspectos de quadratura com o Sol. Não há aspecto do Sol com Marte, Urano ou Plutão.

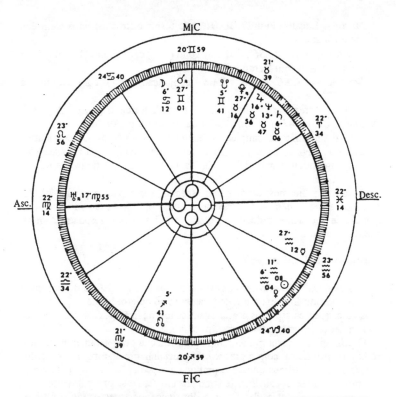

Figura 10: Horóscopo natal de Franklin Delano Roosevelt. Complete o aspectário. O aspectário preenchido pode ser encontrado na página 265 no Apêndice.

Marte — Localizado a 27° ♊ 01', não forma outros aspectos além dos já encontrados.

Júpiter — A 16° ♉ 56', forma trígono (△) com Urano (17° ♍ 55') e conjunção (☌) com Netuno (13° ♉ 47').

Saturno — A 6° ♉ 06', forma conjunção (☌) com Netuno a 13° ♉ 47'.

Planetas exteriores — Urano, a 17° ♍ 55', forma trígono (△) com Netuno a 13° ♉ 47'. Netuno não forma aspecto com Plutão.

Este é um método simples de encontrar os aspectos. Se necessário, consulte as páginas 61 e 72 para se familiarizar com os vários aspectos. Se você aprendeu o material das lições 1, 2 e 3, a aspectação deverá ser bastante fácil.

Agora que lhe mostramos como aspectar, passe para a página 79. Aí está outro mapa para você aspectar: o horóscopo da atriz Judy Garland. Depois de preencher todo o aspectário, confira as suas respostas com as nossas na página 267.

Resumo das Lições 6 e 7

Nessas duas lições mostramos os ângulos planetários dentro do horóscopo e sua importância para um delineamento completo. Na lição 6, explicamos os diferentes aspectos e seus significados; na lição 7, ensinamos como efetivamente encontrar esses aspectos num mapa.

O principiante gasta muito tempo para aspectar completamente um horóscopo; entretanto, com a prática esse procedimento se torna mais rápido e mais fácil. Sugerimos que você pratique a aspectação com outros mapas que possua, até estar cabalmente familiarizado com esse procedimento.

Depois dos planetas, das Casas e dos signos, os aspectos são o último elemento astrológico básico que você precisa aprender. Você vai descobrir, à medida que prosseguimos, que tudo o mais se baseia nesses tijolos — se lançar bem os seus alicerces, o domínio das lições restantes deverá ser relativamente fácil.

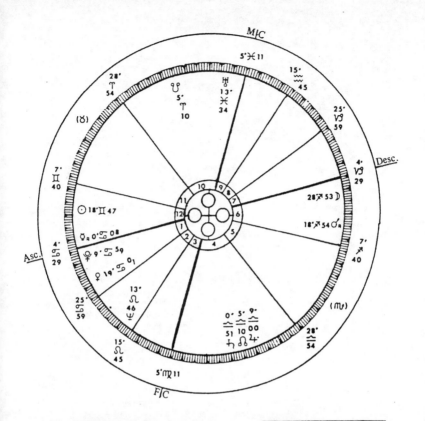

Figura 11: Horóscopo natal de Judy Garland — Nascida a 10 de junho de 1922 às 5:30h, hora local em Grand Rapids, Minnesota, EUA. Longitude 93° W 32', latitude 47° N 14'.

Parte II

Introdução

Até agora, você aprendeu a base da astrologia. Essa base é o alicerce do que vamos agora construir. Se estiver familiarizado com os signos, os planetas, as Casas e os aspectos, vai ser fácil aumentar o seu conhecimento. Na Parte II deste livro, vamos ampliar essas premissas básicas.

Como você percebeu no nosso delineamento rudimentar do mapa de Roosevelt, umas poucas palavras-chave podem nos ajudar a ver e entender bastante. Mas isto foi só o começo. Queremos ensinar-lhe a penetrar mais profundamente no mapa, a ser capaz de investigar os traços, características e potenciais de qualquer horóscopo. As palavras-chave que você aprendeu na Parte I são o seu primeiro ponto de referência. Agora você já adquiriu uma certa noção e compreensão da astrologia. O próximo passo é aprender a usar a sua própria lógica, o seu pensamento e a sua intuição. A experiência tem nos mostrado que é preciso mais do que apenas palavras-chave para compreender as muitas variações possíveis de um horóscopo. Você vai precisar de explicações detalhadas, de mais exemplos reais e do seu próprio raciocínio para descrever as possibilidades presentes num horóscopo. Esse vai ser o seu segundo ponto de referência.

O que você fizer com esse segundo ponto de referência vai determinar a diferença entre você se tornar um excelente astrólogo ou simplesmente um astrólogo de receitas. Se usar nossas frases e exemplos como faria com uma receita (isto é, pegue uma colher de Lua em Áries, acrescente três pitadas de Saturno na terceira Casa), então você realmente não entendeu os princípios da astrologia. O que vamos tentar ensinar-lhe é: 1º) olhar o horóscopo sem perder de vista o quadro geral apresentado pelo horóscopo; 2º) pensar sempre na sua escolha de palavras e frases e selecioná-las.

Vamos pegar um exemplo típico. Uma das sentenças que descrevem a Lua em Gêmeos é: *em geral você é incapaz de sentimentos continuados ou de lealdade não-dividida*. Em certa ocasião, uma de nossas alunas que tinha essa combinação ficou muito zangada ao ler isso. Explicou ao resto da classe que ela era muito leal. Esse é o tipo do exemplo que os professores adoram, porque nos dá a oportunidade de explicar como funciona a astrologia. A aluna em questão tinha a Lua em Gêmeos, mas sua Lua era regida por Mercúrio em Câncer. Também tinha o Sol, Vênus e Plutão em Câncer. Os quatro planetas estavam em conjunção, um *stellium* de quatro planetas. Sua Lua em Gêmeos tinha algumas qualidades geminianas, mas com toda essa ênfase canceriana, naturalmente sua Lua apresentava muitas características e muita sensibilidade de Câncer, inclusive a lealdade.

Na astrologia, nada está sozinho; não podemos dizer nada sem considerar todo o mapa. A noção do mapa total é sempre mais indicativa do que cada colocação considerada individualmente. Os diferentes fatores de um horóscopo não se invalidam ou se negam reciprocamente, mas mudam o significado. Assim, uma Lua em Gêmeos influenciada por Câncer funciona de forma diferente de uma Lua em Gêmeos influenciada por Leão ou por Capricórnio.

Isso pode parecer complicado neste momento, mas à medida que você prossegue com a Parte II, você vai se tornar mais familiarizado com as complexidades da astrologia. Você vai, efetivamente, delinear um mapa e conferir a sua interpretação com a nossa, e essas coisas começarão a se encaixar. A prática é a chave. Algum dia, você vai ter sua própria experiência para lhe servir de base, e você vai desenvolver o seu próprio vocabulário, não precisando mais das nossas frases. Para tanto, a Parte II vai lhe dar um sólido ponto de partida.

Para tornar tudo ainda mais claro, incluímos os nomes de algumas pessoas famosas que têm a mesma posição planetária que estivermos discutindo. Achamos que esses exemplos sempre ajudam nossos alunos, e esperamos que também o ajudem.

Lição 8: O Sol

Alguns Comentários Gerais Sobre Esta Lição

Na lição 7, a sua tarefa foi aspectar o horóscopo de Judy Garland. Nas próximas dez lições, à medida que formos dando mais detalhes sobre cada planeta, vamos pedir que você delineie os planetas do horóscopo de Judy Garland. Como sempre, você encontrará as nossas respostas e interpretações no Apêndice. É muito importante que efetivamente faça essas delineações, porque é disso que trata a astrologia: delineamento, interpretação e julgamento do que você vê. Só é possível aprender fazendo. Ao delinear cada planeta e decidir quais palavras-chave e frases usar, entre aquelas que fornecemos, verificando depois no Apêndice se você escolheu as mesmas frases que nós — e por que —, você estará exercitando a prática que o levará a tornar-se perito. Essa experiência será o seu aprendizado básico da astrologia; tudo que vier depois será apenas o refinamento adicional desta técnica e deste conhecimento.

Apanhado Geral do Horóscopo de Judy Garland

Antes de começarmos a delinear o horóscopo de Judy Garland, é preciso examinar o todo para obter uma visão geral de sua personalidade.

Ela tem cinco planetas, mais o Ascendente, em signos cardeais, somente um planeta fixo, e quatro planetas, mais o Meio-do-Céu, em signos mutáveis. Portanto, Judy é *ativa, ambiciosa, entusiástica* e *rápida*. Com muitos planetas mutáveis somados a esse sentimento cardeal, e considerando-se que ela tem quatro planetas em Casas cadentes (relacionadas aos mutáveis), podemos dizer que é *versátil, mutável, simpática* e *intuitiva* (veja lição 1).

Seis planetas em água lhe dão muita *sensibilidade,* tornam-na *emocional* e *facilmente influenciável.* O fato de ela não ter planetas de terra mostra que lhe falta uma certa praticidade e nem sempre tem os dois pés no chão (veja lição 4). Essa falta do elemento terra é, em certa medida, compensada pelos quatro planetas nas Casas de bens materiais, baseadas nesse elemento e

83

que se relacionam com a terra. Vemos também que ela tem quatro planetas nas Casas de conclusões, que se relacionam com a água e reenfatizam sua *sensibilidade* e *profundidade de sentimentos.*

Garland tem seis planetas a leste e quatro planetas a oeste do meridiano norte-sul, o que não é uma divisão significativa. Três planetas acima e sete planetas abaixo do horizonte, um dos quais é a Lua, mostram que sua inclinação básica é *subjetiva* (lição 1).

O planeta Saturno está exaltado em Libra, e portanto Saturno pode expressar hamoniosamente sua natureza (lição 3).

Isso dá uma noção geral do horóscopo de Judy Garland. O próximo passo é delinear o *coração do mapa*, o *doador da vida*, o Sol. Esta lição cobre o Sol em detalhes. No final da lição, vamos pedir a você que escolha as palavras-chave certas para o Sol, o signo de Gêmeos e a décima segunda Casa, e em seguida as frases e palavras dadas nesta lição que, no seu entender, sejam apropriadas para o horóscopo de Judy Garland. E não se esqueça de delinear todos os aspectos que o Sol faz neste mapa.

A nossa interpretação pode ser encontrada no Apêndice, na página 268.

Você vai observar que, em seguida ao Sol na primeira Casa e à Lua na segunda Casa, está escrito *exaltação acidental.* Em seguida ao Sol na quinta Casa e à Lua na quarta Casa, está escrito *dignidade acidental.* Isso indica que o Sol na primeira Casa equivale ao Sol em Áries, onde está exaltado, e o Sol na quinta Casa equivale ao Sol em Leão, onde está dignificado. Portanto, o Sol, como se por acidente, funciona muito positivamente nessas Casas. O mesmo raciocínio, naturalmente, se aplica à Lua na segunda Casa, a Casa de Touro onde a Lua se exalta, e na quarta Casa, de Câncer, onde a Lua está dignificada, e assim por diante com todos os planetas nas Casas equivalentes aos signos onde eles estão exaltados ou dignificados.

O Sol nos Signos

O Sol representa o seu *ser interior*, a sua *personalidade* e o seu *ego*, de modo que as descrições que se seguem devem ser aplicadas a esse contexto.

☉ ♈ SOL EM ÁRIES

palavra-chave *empreendedor* exaltação

Militante, obstinado e ambicioso, você é rápido, dinâmico e entusiástico. Você é um líder, não um seguidor, e se sai bem em cargos de autoridade e gerência. É um excelente artesão. Você gosta de seguir o seu caminho no seu ritmo, é presunçoso e às vezes até mesmo arrogante. Pode ser insensível às necessidades dos outros, entretanto raramente guarda rancor. Sua patente autoconfiança pode ocultar um profundo sentimento de inadequação. Seu objetivo é a liderança enérgica.

Presidente Thomas Jefferson, dançarino Arthur Murray, jornalista esportivo Howard Cosell, cantora Diana Ross, ator Warren Beatty.

☉ ♉ SOL EM TOURO
palavra-chave *prático*

Persistente, determinado e cauteloso, você caminha devagar e precisa de tempo para se adaptar a novas idéias. Como gosta de arte e música, pode sobressair-se nesses campos. Firme e retentivo, você raramente dispersa suas forças. Prefere assumir responsabilidades de forma séria e prática. Gosta de viver bem e sente profunda necessidade de ter sólidos alicerces, muitas vezes baseados em segurança financeira. Obstinado, demora a se zangar mas, quando o faz, fica furioso. Simpático e compreensivo, é um amigo fiel mas um inimigo implacável.

Cantora Barbra Streisand, jogador de baseball Willie Mays, editor William Randolph Hearst, cantora Ella Fitzgerald, maestro Zubin Mehta.

☉ ♊ SOL EM GÊMEOS
palavra-chave *ágil*

Sensível, conversador, vacilante e simpático, você precisa cultivar a persistência, ou a sua inquietação vai inibir a verdadeira realização. A variedade é o tempero da sua vida. Você gosta de socializar, e tenta evitar o emocionalismo profundo. É eloqüente, gosta de ler e tem muitos *hobbies*. Pode ser indefinido e irresponsável, e precisa mudar de cenário constantemente. É bom canalizar a sua capacidade e o seu talento para comunicações, para que não se torne um tagarela vazio.

Escritor Ralph Waldo Emerson, atriz Marilyn Monroe, pianista Erroll Garner, presidente John F. Kennedy, ator Errol Flynn, advogado F. Lee Bailey, ator Tony Curtis.

☉ ♋ SOL EM CÂNCER
palavra-chave *sensível*

Você tem uma ligação inata com o seu lar e a sua família, e é patriótico, maternal e imaginativo. Embora tranqüilo, consciencioso e receptivo, você se preocupa profundamente com o que os outros pensam a seu respeito. Você precisa se sentir necessário, e através do autêntico interesse pela humanidade pode vencer a sua timidez natural. Você gosta de cozinhar e de receber amigos, e é um colecionador voraz. Quando necessário, pode se tornar manipulativo para conseguir seu objetivo, que é a segurança emocional. Você precisa ter um refúgio tranqüilo, pois suas respostas às influências do meio são muito intensas.

Escritor Henry David Thoreau, ator Bill Cosby, compositor Oscar Hammerstein, escritora Pearl Buck, pintor Rembrandt van Rijn, ator Bob Crane.

☉ ♌ SOL EM LEÃO
palavra-chave **auto-expressivo**   dignidade

Você é um líder natural com muitos amigos. É ativo, generoso, jovial e otimista. Apesar de sua autoconfiança e de sua dignidade, você tem muito medo de ser ridicularizado ou desacreditado. Afetuoso, gosta de demonstrar seus sentimentos. Embora possa não ter muitos filhos, você gosta de crianças, que reagem calorosamente à sua presença. A paciência não é a sua qualidade mais forte, e você precisa aprender a disciplinar o seu entusiasmo ígneo e a sua abordagem excessivamente dramática da vida. Você não se deixa pressionar, mas é muito suscetível à lisonja. Criativo e emocionalmente exuberante, pode se tornar um bom ator ou professor, e sabe aproveitar a vida.

Atriz Lucille Ball, imperador Napoleão Bonaparte, atriz Mae West, ex-primeira dama Jacqueline Kennedy Onassis, pintor Andy Warhol, ator Robert deNiro.

☉ ♍ SOL EM VIRGEM
palavra-chave **consciencioso**

Modesto, discriminativo e solícito, tudo que você faz é bem feito. Você presta muita atenção nos detalhes, mas pode levar isso a extremos, tornando-se exigente, supercrítico e mesmo intrometido. Uma vez superada a sua modéstia, você será muito nítido em suas palavras e expressará bem as suas idéias. Gosta da rotina, é voltado para o serviço e muito responsável. É solícito, gosta de aprender e raramente aparenta a idade que tem.

Atriz Greta Garbo, ator Gene Kelly, governador George Wallace, artista Grandma Moses, escritor H.G. Wells, chefe de gabinete da Casa Branca Hamilton Jordan, atriz Sophia Loren.

☉ ♎ SOL EM LIBRA
palavra-chave *moderado*   queda

Você acredita em acordos, o que o torna um bom diplomata. Você gosta de beleza e refinamento. Não gosta de sujar as mãos e geralmente evita qualquer trabalho que requeira isso. Encantador e companheiro, você funciona melhor em parceria. Geralmente casa cedo, e às vezes mais de uma vez. É sociável, afável, gregário, gosta de receber e de se divertir. A paz e a harmonia são importantes para você, que é capaz de grandes esforços para mantê-las.

Primeira dama Eleanor Roosevelt, autora de livro sobre etiqueta Emily Post, jogador de baseball Mickey Mantle, apresentador de TV Ed Sullivan, ator George C. Scott, presidente Dwight D. Eisenhower.

☉ ♏ SOL EM ESCORPIÃO
palavra-chave   *investigador*

Determinado, agressivo e astuto, raramente você fica passivo ou neutro diante de alguma coisa. Profundo, muitas vezes bastante misterioso e reservado, às vezes é ciumento, ressentido e mesmo vingativo. Seus poderes de recuperação são notáveis. Você busca a verdade; tem raciocínio atilado e mente penetrante, e essas qualidades permitem que disponha de muita autoridade sobre os outros. A ciência, a medicina ou qualquer área que exija pesquisas são um caminho adequado para você. A força de vontade e a persistência são os seus pontos fortes, e, apesar de ser um pouco retraído, quando provocado você pode se tornar falante e direto.

Pintor Pablo Picasso, Mr. Universo Charles Atlas, jogador de baseball Roy Campanella, rainha Maria Antonieta, cantora Mahalia Jackson, líder religioso e assassino Charles Manson.

☉ ♐ SOL EM SAGITÁRIO
palavra-chave   *vigoroso*

Você é gregário e entusiasmado, e esposa princípios elevados tais como o amor universal e a paz mundial. Despreocupado, honesto, animado e otimista, às vezes você é agitado, descuidado ou extravagante. A sua tolerância permite-lhe trabalhar bem com todas as pessoas, que você aceita pelo que são. Você é extrovertido, e a sua franqueza e a sua impaciência podem, sem querer, ferir pessoas mais sensíveis. Você gosta de esportes, da vida ao ar livre e de viagens. "Não me restrinja" poderia ser o seu refrão.

Magnata Andrew Carnegie, maestro Arthur Fiedler, escritor Mark Twain, estadista Winston Churchill, escritora Louisa May Alcott, atriz Liv Ullman.

⊙ ♑ SOL EM CAPRICÓRNIO
palavra-chave   *cauteloso*

Ambicioso, sério e dedicado ao dever, a vida pode parecer-lhe difícil, mas no fim das contas você vence. Embora tenha autodisciplina, responsabilidade e praticidade, você pode às vezes cair na autopiedade. A sua capacidade de raciocínio é excelente, e você possui um forte senso de propósito e de objetivo. Pode parecer austero e reservado no trato com os outros, mas, uma vez obtida a sua confiança, você é um amigo leal e constante. Voltado para a sociedade, está disposto a trabalhar duramente em prol de qualquer coisa que deseje, e sua auto-estima é extremamente importante. *Estadista Daniel Webster, missionário médico Albert Schweitzer, diretor do FBI J. Edgar Hoover, general Robert E. Lee, pianista Oscar Levant, presidente Richard Nixon, atriz Faye Dunaway.*

⊙ ♒ SOL EM AQUÁRIO
palavra-chave   *inconvencional*   detrimento

Original, independente, individualista e amante da liberdade, você pode ser rebelde e caprichoso se não lidar bem com essas características. Suas fortes preferências podem fazê-lo parecer teimoso e inflexível. Qualquer coisa diferente é um grande atrativo para você, e muitas vezes sente-se atraído para o oculto, a astrologia ou para causas de qualquer tipo. É mais fácil para você gostar de muitas pessoas do que de uma só, o que pode fazer com que pareça frio e distante. Imprevisível, curioso e intelectual, seu objetivo é expressar o conhecimento útil. *Naturalista Charles Darwin, feminista Betty Friedman, aviador Charles Lindbergh, ator Hal Holbrook, cantora Marian Anderson, ator John Travolta.*

⊙ ♓ SOL EM PEIXES
palavra-chave   *imaginativo*

O sonhador do zodíaco, você é compassivo, tolerante, amável e amoroso. Deixa-se facilmente influenciar pelos outros, porque não deseja ferir ninguém. É difícil, para você, tomar decisões, e precisa superar a sua vontade de fugir de tudo que seja difícil. Criativo, espiritual e muitas vezes místico, você pode ser indolente e não-prático. Pode aparentar não ter autoconfiança, mas com o seu jeito tranqüilo você consegue muitas coisas. Encantador e simpático, é bondoso para com os que estão sofrendo e gosta de animais. Peixes, mais do que qualquer outro signo, vai tirar sua força ou sua fraqueza do resto do horóscopo.

Poeta Edna St. Vicent Millay, poeta Elizabeth Browning, dançarino Rudolf Nureyev, dançarina Cyd Charisse, ator Sidney Poitier, advogado dos consumidores Ralph Nader.

As observações acima também se aplicam ao signo do Ascendente. Ao delinear o Sol, você precisa considerar não apenas o signo, mas também a Casa em que ele esteja colocado. Por exemplo: o Sol em Gêmeos na oitava Casa vai se expressar com matizes de Escorpião, enquanto o Sol em Gêmeos na décima Casa vai adquirir uma aparência de Capricórnio, além das características de Gêmeos. Entretanto, com o signo de Gêmeos no Ascendente (cúspide da primeira Casa), a verdadeira personalidade geminiana vai se manifestar.

O Sol nas Casas

SOL NA PRIMEIRA CASA
palavra-chave **vital**   exaltação acidental

Voluntarioso, confiante, otimista e contente, essa colocação intensifica o signo do Sol. Em geral a sua infância é feliz, sua constituição é forte e a saúde é boa. Você tem capacidade de liderança e gosta de dominar. É extrovertido, corajoso e entusiasmado, mas se houver muitos aspectos desafiadores pode ser ditatorial, egoísta e jactancioso. O Sol na primeira Casa assume muitas características de Áries.

Governador Huey Long, presidente Lyndon Johnson, atriz Lucille Ball, diretor do FBI J. Edgar Hoover, ator Warren Beatty.

SOL NA SEGUNDA CASA
palavra-chave **financeiro**

Você está numa constante busca de valores. Essa colocação indica a capacidade de atrair dinheiro, mas nem sempre você consegue conservá-lo. Gosta de magnificência; as suas posses podem ser símbolos de *status*. Geralmente você tem amigos influentes. Você vem de uma família bem situada financeiramente ou tem um genitor bem-sucedido. A extravagância e o sucesso financeiro são característicos dessa posição, mas também é importante que você aprenda a partilhar. O Sol na segunda Casa funciona muito como o Sol em Touro.

Comediante Jack Benny, filósofo político Karl Marx, senador Edward M. Kennedy, atriz Ellen Burstyn, ator Robert deNiro, dançarino Joel Gray, cantora Beverly Sills.

SOL NA TERCEIRA CASA
palavra-chave **comunicativo**

Observador, otimista, científico e flexível, você tem a capacidade de tomar as decisões certas na hora certa. Bom orador e bom escritor, gosta de se envolver com os assuntos das pessoas próximas e também de viajar. Seus irmãos são importantes para você, e provavelmente o ambiente da sua infância foi feliz. Você tanto pode ser imparcial e depender de si mesmo, quanto arrogante e dominador. O Sol na terceira Casa funciona muito como o Sol em Gêmeos.

Poeta Alfred Tennyson, secretário da Justiça Earl Warren, maestro Arturo Toscanini, poeta Carl Sandburg, astronauta Neil Armstrong, governador John Connally, cantor John Davidson.

SOL NA QUARTA CASA
palavra-chave **doméstico**

Você tem fortes laços parentais e uma vida doméstica feliz, a não ser que haja muitos aspectos desafiadores; nesse caso, existe uma vontade de deixar o lar precocemente. Você goza de boa saúde na velhice. A colocação nessa Casa é excelente para todos os ramos imobiliários. Você tem uma grande necessidade de autoproteção, que pode vir à tona, em última análise, como necessidade de segurança. Essa Casa mostra as raízes do ser de uma pessoa, as profundezas não visíveis na superfície. O Sol na quarta Casa reflete muitas tendências do Sol em Câncer.

Missionário médico Albert Schweitzer, pianista Liberace, atriz Greta Garbo, inventor Thomas Edison, colunista Jack Anderson, cantora Lena Horne.

SOL NA QUINTA CASA
palavra-chave **magnético**   dignidade acidental

Forte, popular, criativo e auto-indulgente, você encontra grandes alegrias no amor e com as crianças. É bem sucedido com o sexo oposto e pode ter muito casos de amor. Você se dá bem com as crianças, mas dificilmente terá uma família grande. É provável que se expresse através do teatro, do ensino, da arte, dos esportes ou da especulação. Com aspectos difíceis, você pode explorar os outros ou ser um exibicionista. O Sol na quinta Casa funciona muito como o Sol em Leão.

Escritora George Sand, ator James Dean, duque de Windsor, dançarino Fred Astaire, cantor Alice Cooper, músico John Lennon, editor Larry Flint.

SOL NA SEXTA CASA
palavra-chave   *capaz*

Você é bom trabalhador e bom organizador, e se orgulha de suas realizações. Determinado e leal, tem alto apreço pela beleza, pela dieta, pela saúde e pela higiene. Uma rotina regular é necessária para o seu bem-estar emocional. Atitudes positivas podem ajudá-lo a superar fraquezas físicas ou saúde deficiente. Você se dá bem tanto no campo assistencial como nos esportes. O Sol na sexta Casa é semelhante ao Sol em Virgem.

Jogador de baseball Jackie Robinson, diretor de cinema Alfred Hitchcock, pugilista Muhammad Ali, cantor Glen Campbell, cantora Eartha Kitt, jogador de basquete Kareem Abdul Jabbar.

SOL NA SÉTIMA CASA
palavra-chave   *companheiro*

A parceria é a sua nota característica e você funciona melhor quando trabalha com outra pessoa. Entretanto, é preciso que aprenda que os desejos de seu parceiro são tão importantes quanto os seus. Como é fácil se dar bem com você, é popular e estimado. O casamento é importante para você, que vai se beneficiar de qualquer sociedade ou união. Se houver aspectos difíceis, esse posicionamento pode trazer notoriedade. Geralmente você tem sorte nos assuntos legais ou referentes a tribunais. O Sol na sétima Casa e o Sol em Libra são muito parecidos.

Atriz Jean Harlow, líder religioso e assassino Charles Manson, atriz Carole Lombard, cantor Mick Jagger, ator Clint Eastwood, tenente William Calley.

SOL NA OITAVA CASA
palavra-chave *regenerativo*

Este é um posicionamento muito político; você é capaz de atrair o apoio dos outros. Pode ser que receba uma herança, um legado, ou que administre o dinheiro dos outros. É pessoa muito criativa, e o sexo é muito importante para você. Dedicado ao auto-aperfeiçoamento, pode se interessar pelo conhecimento oculto e pela questão da vida após a morte. Pode ser que tenha dificuldades no começo da vida, associadas, de alguma forma, a seu pai. Com aspectos desafiadores, você pode ter problemas financeiros ou por má administração ou pela extravagância de algum parceiro. O Sol na oitava Casa adquire muitos matizes do Sol em Escorpião.

Presidente Harry S. Truman, presidente John F. Kennedy, poeta Lord Byron, financista John D. Rockefeller Sr., herdeira Barbara Hutton, escritora financeira Sylvia Porter.

SOL NA NONA CASA
palavra-chave *aventureiro*

O Sol na nona Casa é uma excelente colocação para o sucesso no campo da lei, das viagens ou da religião ortodoxa. Você tem uma queda para línguas estrangeiras, e se dá bem com quase todo o mundo. Pode ser que se case com um estrangeiro que conheça durante uma viagem ou talvez um de seus genitores seja estrangeiro. Você é um estudioso sério com pendores filosóficos, e daria um professor bom e dedicado. Às vezes, você pode não ser prático e, se usar esse posicionamento negativamente, pode sonhar acordado ou então ser um fanático. O Sol na nona Casa funciona muito como o Sol em Sagitário.

Ditador Benito Mussolini, explorador Robert Peary, conselheiro presidencial Bernard Baruch, explorador Roald Amundsen, ecologista Jacques Cousteau, diretor de cinema Roman Polanski.

SOL NA DÉCIMA CASA
palavra-chave *responsável*

Você sente a necessidade de provar a sua importância, de modo que em geral é bem sucedido, e às vezes famoso. Mesmo que não esteja numa posição pública, é um líder no seu círculo. Esse é um posicionamento ideal para a política, já que você é ambicioso e atraído pelo poder. Algumas vezes é rebelde e arrogante, mas os outros sempre notam você. O Sol na décima Casa e o Sol em Capricórnio freqüentemente funcionam da mesma maneira.

Líder de direitos civis Martin Luther King, pintor Vincent Van Gogh, poeta Anne Morrow Lindbergh, compositor Igor Stravinsky, ator Burt Reynolds.

SOL NA DÉCIMA PRIMEIRA CASA
palavra-chave   *individualista*

Você faz o que deseja, e geralmente consegue o que quer. Ou é muito sociável e tem muitos amigos, ou é um solitário que segue seu próprio caminho. Tendo facilidade para enfrentar desafios, em geral você é um excelente organizador capaz de inspirar os outros a ajudá-lo em seus empreendimentos. Muitas vezes você é um pioneiro em algum campo novo, ou se envolve com o serviço assistencial em larga escala. O Sol na décima primeira Casa e o Sol em Aquário operam de forma semelhante.

Escritor Ernest Hemingway, general Douglas McArthur, atriz Ethel Waters, pintor Salvador Dali, antropóloga Margaret Mead, cantora Cher, ator Robert Reed.

SOL NA DÉCIMA SEGUNDA CASA
palavra-chave   *reservado*

Embora você possa carecer de autoconfiança e precise de muita solidão, é capaz de integrar a parte subconsciente de sua natureza. A sua vida antes dos trinta anos pode ser um pouco restrita. Algum tipo de trabalho em instituições, obras de caridade, pesquisa, lhe parece atraente, embora geralmente você prefira trabalhar nos bastidores. Geralmente esse é um posicionamento de atores, que podem ocultar seus verdadeiros sentimentos desempenhando um papel. Se houver aspectos difíceis, você pode ser o seu pior inimigo; precisa aprender a servir e não deve deixar que a autopiedade tome conta de você. O Sol na décima segunda Casa funciona como o Sol em Peixes; esse posicionamento depende mais do conjunto do horóscopo do que qualquer outro posicionamento do Sol.

Escritora Zelda Fitzgerald, secretário de Estado Henry Kissinger, editor William Randolph Hearst, líder sindical James Hoffa, apresentador de TV Paul Lynde, comediante Jim Backus.

O Sol em Aspecto

Qualquer aspecto com o Sol enfatiza o *ser interior*, a *personalidade* e o *ego*.

A conjunção enfatiza o *self*.

A oposição dá *autopercepção* ou *percepção do outro*.

A quadratura *desafia o ego* e cria *tensão no nível da personalidade*.

O trígono *dá à personalidade uma oportunidade de fluir harmoniosamente*.

O sextil *facilita a expressão do ego*.

O quincunce lhe diz que *é preciso fazer um ajuste* antes que o ser interior possa se expressar positivamente.

Conjunções

☉ ♂ ☽ SOL EM CONJUNÇÃO COM A LUA

Esse aspecto pode ser limitador e mostrar extremos de temperamento, de acordo com o signo. Você tende a ser unilateral, por causa do estreitamento de sua perspectiva. Pode ser voluntarioso e ter garra, mas mantém os contatos pessoais à distância. O Sol em conjunção com a Lua indica uma Lua nova no seu nascimento.

Filósofo político Karl Marx, escritor Leon Tolstoi.

☉ ♂ ☿ SOL EM CONJUNÇÃO COM MERCÚRIO

Você é um pensador vigoroso, e é impulsivo, ambicioso e criativo. Às vezes você pode ser reflexivo e introspectivo, mas também egocêntrico, inflexível e teimoso, mostrando falta de imparcialidade.

Presidente Charles de Gaulle, atriz Liv Ullman.

☉ ♂ ♀ SOL EM CONJUNÇÃO COM VÊNUS

Você tem um temperamento encantador, um grande amor pela vida, é afetuoso e sociável. Pode retardar o casamento e, depois de casado, não ter

uma família grande, mas gosta de crianças. Você tem um forte senso de amor e de erotismo. É persuasivo, anseia ser amado e leva a vida com charme. Uma conjunção muito próxima pode levar ao egoísmo, a atitudes presunçosas e expectativas muito elevadas.
Atriz Carol Burnett, dramaturgo George Bernard Shaw.

⊙ ♂ ♂ SOL EM CONJUNÇÃO COM MARTE

Trabalhador e intrépido, você tem força de vontade e garra. Esse é um aspecto benéfico, porque o poder do Sol é expresso através da energia e da ação de Marte tanto na Casa em que esses planetas se encontram quanto nas Casas que regem. Você se zanga com facilidade mas a raiva passa com a mesma facilidade. É empreendedor, dramático e competitivo, com muita capacidade de liderança. Você não foge do perigo.
Magnata Andrew Carnegie, astronauta John Glenn, cantor Bobby Darin.

⊙ ♂ ♃ SOL EM CONJUNÇÃO COM JÚPITER

Este é um aspecto muito benéfico. Sugere sucesso, generosidade, sorte e gosto pela vida, o que pode levar a grandes realizações. Dá entusiasmo e otimismo, mas a falta de moderação pode levar a problemas físicos. Não é pessoa demasiadamente ambiciosa, mas certamente gosta de obter reconhecimento pelos seus esforços. Você precisa encontrar um campo que estimule a sua imaginação.
Cantora Maria Callas, escritor de TV Rod Serling.

⊙ ♂ ♄ SOL EM CONJUNÇÃO COM SATURNO

Você é sóbrio e diligente, e obtém merecido sucesso material, muitas vezes se empenhando em apenas uma coisa. Amadurece cedo e aprende com suas experiências. Podem surgir problemas emocionais ou mágoas pessoais por causa da ausência do pai ou por causa de um pai poderoso cujas expectativas você queira preencher. Como você é trabalhador, precisa de uma profissão que exija muitos esforços.
Governador George Wallace, escritor Somerset Maugham.

☉ ♂ ♅ SOL EM CONJUNÇÃO COM URANO

Talentoso porém imprevisível, você é um líder com uma queda pelo inusitado. Cônscio de si e imaginativo, pode ser que seja arrogante e teimoso, e às vezes pode ser acusado de comportamento errático. Pode ser que seja atraído por uma carreira moderna, principalmente na área política. Com esse aspecto, o divórcio é comum, já que a liberdade pessoal é necessária para você.
Escritor Arthur Conan Doyle, presidente Herbert Hoover, atriz Vivian Leigh.

☉ ♂ ♆ SOL EM CONJUNÇÃO COM NETUNO

Como você não tem certeza de suas capacidades, é difícil expressar-se com autoconfiança. Você é artístico, musical e interessado no oculto. Como tem uma entusiástica devoção ao dever, você se sai bem em carreiras assistenciais. Às vezes, adota pontos de vista fantasiosos e foge para um mundo só seu, em vez de encarar a si mesmo e à sua vida.
Escritor Horatio Alger, compositor Cole Porter.

☉ ♂ ♀ SOL EM CONJUNÇÃO COM PLUTÃO

Este é um ponto de grande força no mapa. Você tem desejos fortes em todos os níveis: físico, mental e espiritual, e pode ser um extremista impulsionado pela obsessão do poder. Você é incapaz de entender a fraqueza ou a falta de garra nos outros, de modo que precisa trabalhar a sua intolerância e egoísmo. Você vai lutar contra tudo que considere uma injustiça.
Escritor Emile Zola, editor William Randolph Hearst.

Quadraturas e Oposições

☉ □ ☽ SOL EM QUADRATURA COM A LUA
☉ ☍ ☽ SOL EM OPOSIÇÃO À LUA

O Sol é o princípio de auto-afirmação e a Lua é o impulso de sensibilidade e emoção, portanto existe um conflito entre o ego e as emoções.

Esse conflito pode se expressar através da personalidade, da saúde, dos pais e dos parceiros. Pode haver uma aguda desavença dentro do *self*, na tentativa de reconciliar os princípios masculino e feminino. Pode haver uma disputa entre os fatores profissional e doméstico, ou entre os pais. Talvez haja problemas com o parceiro, o que poderá levar a divórcio e riscos financeiros. Entretanto, essa tensão interna proporciona muito impulso interior e capacidade de realização. A quadratura ou a oposição podem indicar que os pais não estavam se dando bem na época da concepção do filho.

Bispo James Pike (□), apresentador de TV Merv Griffin (♂).

⊙ □ ☿ SOL EM QUADRATURA COM MERCÚRIO

⊙ ♂ ☿ SOL EM OPOSIÇÃO A MERCÚRIO

⊙ □ ♀ SOL EM QUADRATURA COM VÊNUS

⊙ ♂ ♀ SOL EM OPOSIÇÃO A VÊNUS

Como Mercúrio nunca está a mais de $28°$ de distância do Sol, e Vênus nunca mais de $46°$, eles não podem formar aspectos maiores além da conjunção.

⊙ □ ♂ SOL EM QUADRATURA COM MARTE

⊙ ♂ ♂ SOL EM OPOSIÇÃO A MARTE

Você é agressivo, arrebatado, entusiasmado e combativo. Gosta de assumir riscos e pode ser um pouco dado a acidentes. Pode ser um pouco convencido e se impor demais, deixando os outros zangados. Sua energia física é grande e você precisa encontrar um parceiro que possa acompanhar o seu ritmo. "Pense antes de falar" deveria ser a sua divisa.

Pugilista Muhammad Ali (□), compositor Ludwig van Beethoven (♂).

⊙ □ ♃ SOL EM QUADRATURA COM JÚPITER

⊙ ♂ ♃ SOL EM OPOSIÇÃO A JÚPITER

Você pode ser altivo e egoísta e achar que pode agir como lhe apetecer, mas uma vez que aprenda as suas prioridades, poderá atingir qualquer objetivo. Pode demonstrar otimismo cego, gosto pelo risco e tendência a exagerar na comida, no sexo e na bebida. Esse aspecto muitas vezes produz um trapaceiro ou um falsário.

O campo dos esportes ou da lei pode ser atraente para você. Um bom aspecto de Saturno pode ser valioso.

Escritor Gore Vidal (□), jogadora de tênis Billie Jean King (♂).

⊙ □ ♄ SOL EM QUADRATURA COM SATURNO

⊙ ♂ ♄ SOL EM OPOSIÇÃO A SATURNO

Com este aspecto, a sua auto-expressão fica limitada, principalmente na sua juventude, e você aprende tudo do jeito difícil. O seu discernimento é bom, principalmente em situações da profissão. Uma vez que você experimente o sucesso, pode adquirir autoconfiança. Esse aspecto muitas vezes impede uma ligação íntima com o pai, ou pode trazer sua morte prematura. Problemas dentários sérios ou de artrite podem ser a manifestação física da ação limitadora de Saturno sobre a efervescência natural do Sol. Esse aspecto muitas vezes leva ao casamento com uma pessoa viúva ou com diferença de idade.

Jogador de basquete Kareem Abdul Jabbar (□), escritor Upton Sinclair (♂).

⊙ □ ♅ SOL EM QUADRATURA COM URANO

⊙ ♂ ♅ SOL EM OPOSIÇÃO A URANO

Você é impulsivo, audacioso, excêntrico e às vezes sem princípios. Segue o seu caminho e faz as suas coisas sem muita consideração pelos sentimentos ou pensamentos dos outros. Você é original mas não é prático, e esse aspecto geralmente lhe dá um tremendo magnetismo pessoal. Nervoso e com tendência a acidentes, você parece atrair circunstâncias ou acontecimentos que causam transtornos.

Jóquei Steven Cauthen (□), regente de orquestra Guy Lombardo (♂).

⊙ □ ♆ SOL EM QUADRATURA COM NETUNO

⊙ ♂ ♆ SOL EM OPOSIÇÃO A NETUNO

Como você subestima a sua capacidade de alcançar o sucesso, muitas vezes é incapaz de prosseguir nos seus intentos, embora suas motivações sejam nobres. É sensível ao sofrimento, gosta de animais e é excessivamente emocional, o que tenta esconder. A sua tendência é se envolver em situações em que os outros se apóiam em você. Se Netuno for angular, você precisa se precaver contra decepções, já que pode ser que se torne vítima de fraudes ou escândalos.

Senador Howard Baker (□), general George Patton (♂).

☉ □ ♇ SOL EM QUADRATURA COM PLUTÃO

☉ ♂ ♇ SOL EM OPOSIÇÃO A PLUTÃO

Você tem força de vontade, e às vezes é jactancioso, arrogante e rebelde, com dificuldade para dirigir sua energia por canais construtivos. Os outros pensam que o conhecem, mas nunca o conhecem de verdade. Precisa aprender a controlar o seu gênio e a desenvolver a moderação nos seus relacionamentos. A gerência é o seu forte, mas primeiro você tem de aprender a transigir. Uma carreira teatral seria uma boa forma de desabafar.

Tenor Luciano Pavarotti (□), ator Henry Winkler (♂).

Trígonos e Sextis

☉ △ ☽ SOL EM TRÍGONO COM A LUA

☉ ✶ ☽ SOL EM SEXTIL COM A LUA

Popular, tranqüilo e alegre, você não é muito ambicioso, mas pode alcançar o sucesso sem muita luta. Possui um equilíbrio harmônico entre o seu ego e as suas emoções. Pode esperar ter uma vida fácil, um lar confortável e o auxílio dos outros. Seu maior problema é a tendência à apatia, quando você deveria se afirmar.

Comediante Will Rogers (△), jogador de baseball Willie Mays (✶).

☉ △ ☿ SOL EM TRÍGONO COM MERCÚRIO

☉ ✳ ☿ SOL EM SEXTIL COM MERCÚRIO

☉ △ ♀ SOL EM TRÍGONO COM VÊNUS

☉✳ ♀ SOL EM SEXTIL COM VÊNUS

Como Mercúrio nunca está a mais de 28° de distância do Sol, e Vênus nunca está a mais de 46° do Sol, não podem formar aspectos maiores além da conjunção.

☉ △ ♂ SOL EM TRÍGONO COM MARTE

☉ ✳ ♂ SOL EM SEXTIL COM MARTE

Você é corajoso e aventureiro, com um organismo forte e muita energia. Pode realizar o que quer que decida fazer. Tem grande senso de honra e integridade, e é capaz de tomar decisões rápidas e incisivas. As áreas do direito, da administração, dos esportes e da política podem atraí-lo. *Piloto de corridas Al Unser (△), jogador de baseball Stan Musial (✳).*

☉ △ ♃ SOL EM TRÍGONO COM JÚPITER

☉ ✳ ♃ SOL EM SEXTIL COM JÚPITER

A felicidade e o contentamento geralmente estão a seu lado e as pessoas gostam de você, mas você tem uma tendência a ser preguiçoso e apático, a não ser que Júpiter ou o Sol aspectem Saturno. É um pouco auto-indulgente e raramente passa necessidade, e se se aplicar pode ficar rico. Você é intelectual, sensato e quase sempre tem pontos de vista amplos. *Jornalista de TV Bill Moyers (△), ator Burt Reynolds (✳).*

☉ △ ♄ SOL EM TRÍGONO COM SATURNO

☉✳ ♄ SOL EM SEXTIL COM SATURNO

O seu sucesso na vida vem através dos seus próprios esforços, através da sua capacidade de se concentrar e de organizar. Você é responsável e leva uma vida moral e bem ordenada. Esse aspecto geralmente promete vida longa e boa saúde geral. No mapa de uma mulher, esse aspecto indica um pai ou marido bem-sucedido, ou ambos.

*Príncipe Rainier de Mônaco (△), jogador de golfe Gary Player (*).*

☉ △ ♅ SOL EM TRÍGONO COM URANO
☉ * ♅ SOL EM SEXTIL COM URANO

Sua capacidade de liderança, sua popularidade e seu talento atraem os outros. Embora nem sempre tenha tato, o seu entusiasmo, o seu otimismo e a sua risada são contagiantes. Pode ser que você espose uma causa ou um movimento, e nesse caso o fará com total dedicação. A sua intuição, seus pressentimentos e sua imaginação são fortes. No mapa de uma mulher, esse aspecto freqüentemente indica um casamento feliz com uma figura de autoridade.

*Astronauta Neil Armstrong (△), escritora cega Helen Keller (*).*

☉ △ ♆ SOL EM TRÍGONO COM NETUNO
☉ * ♆ SOL EM SEXTIL COM NETUNO

Você é visionário, imaginativo e criativo. Esse é um aspecto freqüentemente encontrado no horóscopo de escritores e artistas. Você também tem percepção em negócios e investimentos no mercado de ações e poderia se interessar por algum campo científico. É romântico e terno, e geralmente dedicado ao lar, ao seu parceiro e à sua família.

*Pintor Norman Rockwel (△), colunista Walter Winchell (*).*

☉ △ ♇ SOL EM TRÍGONO COM PLUTÃO
☉ * ♇ SOL EM SEXTIL COM PLUTÃO

Você é um líder nato. Com motivação fundamentada, intensa aplicação e oportunidades para progredir, você faz um uso positivo de suas energias criativas. Tem fortes capacidades recuperativas, concentração e força de vontade. Você pode lucrar com a perda dos outros, ou receber uma herança ou legado.

*Músico Al Hirt (△), jogador de futebol Joe Namath (*).*

Quincunces (Inconjunções)

☉ ⊼ ☽ SOL EM QUINCUNCE COM A LUA

É preciso que você faça ajustes na forma como você lida com suas necessidades emocionais e sua vontade consciente. Você pode abusar da saúde se se entregar a exigências esmagadoras em termos do seu tempo e de sua energia. A rejeição romântica é uma possibilidade até você parar de enxergar a pessoa amada através de lentes cor-de-rosa.
Ator Humphrey Bogart, atriz Helen Hayes.

☉ ⊼ ☿ SOL EM QUINCUNCE COM MERCÚRIO
☉ ⊼ ♀ SOL EM QUINCUNCE COM VÊNUS

Como Mercúrio nunca está a mais de 28°, e Vênus nunca está a mais de 46° de distância do Sol, o único aspecto maior que podem formar é a conjunção.

☉ ⊼ ♂ SOL EM QUINCUNCE COM MARTE

Existe um conflito entre vontade e desejo, criando pressão em tudo que você faz. Sem ter segurança de sua capacidade, muitas vezes você supercompensa, agindo da forma altiva e arrogante. Precisa aprender a lidar com sua raiva e seu ressentimento; quando você mostrar a sua dependência, os outros logo vão vê-lo sob uma luz diferente.
Atriz Lauren Bacall, ex-primeira dama Betty Ford.

☉ ⊼ ♃ SOL EM QUINCUNCE COM JÚPITER

Como você não se sente independente, tende a exagerar. Ou assume responsabilidades e ocupações demais, ou procura prazeres e *hobbies* demais. Como a educação é importante para você, deve estimulá-la. Se exercitar a moderação em tudo que faz, evitará problemas de saúde e de personalidade, que podem se manifestar na forma de tumores, obesidade ou ostentação.
Empresário Neil Bogart, senador Hubert Humphrey.

☉ ⊼ ♄ SOL EM QUINCUNCE COM SATURNO

A sua saúde pode ser prejudicada porque você se envolve demasiadamente com o seu trabalho, cumprindo os seus deveres ou deixando que os outros se aproveitem de você. Acha difícil agir com autoridade, e uma atitude hipócrita pode ser a sua ruína. Aprenda a descontrair e se tornar mais receptivo aos outros.
Atriz Lana Turner, nadador Mark Spitz.

☉ ⊼ ♅ SOL EM QUINCUNCE COM URANO

Como você acha que tem de se provar aos outros na sociedade, nas amizades e na sua profissão, parece estar sempre na defensiva. Por causa dessa necessidade, você tende a projetar uma atitude de eu-sei-tudo, com que os outros têm dificuldade em lidar. Você precisa aprender a enfatizar a sua engenhosidade, a sua criatividade e a sua originalidade, e não a sua necessidade de passar por cima dos outros.
Comediante Fred Allen, colunista Art Buchwald.

☉ ⊼ ♆ SOL EM QUINCUNCE COM NETUNO

Você tem uma tendência ao auto-sacrifício, e parece atrair aqueles que precisam de você de alguma forma; mais tarde, se ressente do que vê como a sua exploração pelos outros. Pode haver problemas debilitadores de saúde que necessitam de atenção imediata. Você precisa aprender a dizer *não*, porque ajudando sempre os outros exaure as suas próprias energias.
Comediante Jerry Lewis, cantora Sonny Bono.

☉ ⊼ ♇ SOL EM QUINCUNCE COM PLUTÃO

O seu trabalho pode envolver um grande perigo ou questões de vida ou morte. Você se esforça exaustivamente, e precisa aprender a cuidar de si, ou a sua saúde pode ser prejudicada devido à sua atividade inexorável. Essa atividade intensa pode ser baseada num sentimento interior de desapreço por si mesmo, que você precisa tentar superar, talvez com ajuda profissional.
Escritor Norman Mailer, presidente Mao Tse-tung.

Lição 9: A Lua

Alguns Comentários Gerais Sobre Esta Lição

Antes de começar a lição 9, esperamos que você tenha delineado o Sol no mapa de Judy Garland e confrontado com a nossa, no Apêndice. Neste manual para principiantes, não fizemos observações detalhadas sobre o Ascendente. Entretanto, o Ascendente descreve a forma como os outros o vêem. Queremos mostrar-lhe que, mesmo sem descrições, você pode ter uma boa idéia de como funciona o Ascendente.

O Ascendente de Judy Garland é Câncer (a cúspide da primeira Casa está a 4° 29' de Câncer), regido por sua Lua em Sagitário na sexta Casa. Assim, as pessoas a veriam como *simpática, disposta a ajudar, emocional, patriótica, com boa memória, melindrosa, com alguma facilidade para se magoar, com um pouco de pena de si mesma*. Por causa do Sol em Gêmeos, eliminamos algumas palavras: *tenaz, maternal* e *doméstica*. Como nem Gêmeos nem a Lua em Sagitário manifestam ressentimento, também eliminamos essa palavra. Agora acrescentamos um pouco da essência de Sagitário, como *amante da liberdade, otimista, entusiasmada, conversadora, exagerada etc.*, e temos uma noção mais ou menos boa de como ela se apresenta. Mais uma vez, seja discriminativo na escolha de palavras, mantendo o mapa todo em mente. Onde você encontra o regente do Ascendente nas Casas é onde o nativo realmente deseja estar. Como a Lua, regente do Ascendente, está na sexta Casa, do trabalho, faça uma observação mental de que o trabalho e todos os outros assuntos da sexta Casa são muito importantes para ela, e em seguida você entra em mais detalhes quando delineia a Lua.

Agora, comecemos com a lição 9, a Lua. Quando estiver familiarizado com ela, delineie a Lua de Judy Garland da mesma forma que fez com o seu Sol e confira a sua interpretação com a nossa, no Apêndice na página 269.

A Lua nos Signos

A Lua representa as *emoções*, os *instintos* e o *princípio feminino*. As descrições que se seguem devem ser consideradas dentro desse contexto.

☽ ♈ LUA EM ÁRIES

palavra-chave   *emocionalmente agressiva*

Você reage à vida como se fosse uma aventura, e está aberto a idéias novas. Relaciona-se com a experiência como um meio de auto-realização. Tem muito entusiasmo natural e sincero, mas precisa trabalhar conscientemente no sentido de desenvolver a paciência. O seu humor é irregular; você se inflama rapidamente mas logo esquece a causa da sua explosão. Muitas vezes você evidencia tendências para "eu primeiro". A sua mente rápida e mutável é brilhante e aguda, mas você também é suscetível a ter um temperamento esquentado, nervosismo e até dores de cabeça.

Você parece estar emocionalmente distanciado das pessoas à sua volta. Seus sentimentos são agudos e nítidos, e muitas vezes os utiliza como um instrumento consciente em seu próprio benefício. Você oculta um sentimento de insegurança por trás do exterior agressivo; deveria desenvolver a capacidade de pedir ajuda quando necessário. Sua natureza independente pode torná-lo corajoso a ponto de ser imprudente.

Quando você está interessado, é muito caloroso; quando não é despertado interiormente, é impessoal. Você sente com o seu ego.

Suas impressões e reações mentais são muito rápidas. Você confia nas percepções dos seus sentidos, e é capaz de agir imediatamente, sem reflexão; lança-se na ação, levado pelos seus sentimentos rápidos e não pela razão. Você não é metódico; ressente-se da autoridade e não gosta de conselhos.

Você se sobressai em situações em que as decisões rápidas sejam vitais. Seu entusiasmo é mutável (mais ainda do que os de uma pessoa com o Sol em Áries). Tem muita originalidade, inventividade e excitação, mas não tem muita persistência. Toma a iniciativa em muitas atividades, mostrando confiança excessiva e previsão insuficiente. Tenta dominar os outros emocionalmente e geralmente tem autoridade porque é melhor líder do que seguidor.

Ambicioso e pioneiro, você vive e lucra de maneira irregular. Não gosta de detalhes. Não ouve conselhos, e acha difícil aceitar a disciplina. Precisa cultivar a perseverança. Seus sentidos são bem desenvolvidos, principalmente a visão.

A sua atitude dinâmica e autoconfiante impressiona os outros.

Este posicionamento da Lua no mapa de uma mulher pode indicar ciúme e necessidade de dominar o parceiro. No mapa de um homem, geralmente atrai uma parceira dominadora.

Como a Lua no mapa representa a mãe, a sua mãe, a seus olhos, personifica muitos dos traços de Áries: resoluta, independente, ativa, franca e exercendo muita influência sobre você.

Maestro Leonard Bernstein, gangster Al Capone, presidente Charles de Gaulle, ator Marlon Brando, piloto de combate Eddie Rickenbacker.

☽ ♉ LUA EM TOURO
palavra-chave *emocionalmente estável* exaltação

Convergindo para o plano material, suas emoções se dirigem para o conforto e posses materiais. Com a Lua em Touro, você deseja o melhor de tudo, e raramente aceita menos. A Lua está exaltada em Touro; isso traz à tona o lado reflexivo e firme e desenfatiza o lado mutável da Lua. Você apega-se a seus ideais com unhas e dentes. É cegamente fiel, sentimental, afetuoso e basicamente tímido. A originalidade pode lhe faltar, portanto tente não ser muito intransigente.

Suas reações às impressões dos sentidos são lentas porém fortes. Você tem uma memória precisa. Pondera a respeito de alguma ação durante muito tempo, usando premissas, ética e ideais; assimila a informação e age com base nela de maneira lenta e firme. É difícil para você mudar de idéia, e se ressente de qualquer interferência depois de ter tomado uma decisão. Você é uma pessoa determinada, com intuição bem desenvolvida e ajuizada. Quer se sobressair em tudo que faz. É ambicioso — não apenas no que diz respeito a terras, artes e outras posses, mas também nas amizades.

Seu tato e seu paladar são altamente desenvolvidos, e é provável que você tenha uma voz agradável, falando ou cantando. Gosta de música, arte, dança e de tudo que torna a vida mais agradável, e precisa satisfazer seus apetites físicos.

Você só aceita as idéias compatíveis com o seu temperamento estável. Pode ser que tenha a mente estreita, que seja conservador e convencional. Cuidado para não ficar orgulhoso, preguiçoso, ciumento e teimoso demais. Depois de escolhido o rumo, você avança devagar mas sem se desviar.

Raramente abandona as tradições, a educação ou os ideais familiares passados a você por sua mãe, com quem tem uma ligação estreita, mas nem sempre feliz. Seus relacionamentos de amizade, amor e casamento são fiéis e duradouros.

Esta colocação da Lua pode indicar aptidão para a jardinagem. No mapa de um homem, atrai uma parceira leal, que estimula suas ambições. *Cantor Glen Campbell, pastor evangélico Billy Graham, cantora Mary Martin, ator Gregory Peck, escritor Oscar Wilde.*

☽ ♊ LUA EM GÊMEOS
palavra-chave *emocionalmente versátil*

Você se interessa por contatos íntimos efêmeros. Sua personalidade emocional exige variedade e novidade em vez de duração e profundidade de sentimentos. Em geral você é incapaz de sentimentos duradouros e de lealdade não-dividida. Embora à vezes possa ser insensível, suas percepções são rápidas e precisas. Você mantém as impressões no pensamento e não no sentimento.

Seus sentidos servem ao intelecto mais do que às emoções. A conseqüência disso é a capacidade de observação e raciocínio desapaixonados. Sua mente é mutável e às vezes caótica, mas você é capaz de assimilar uma quantidade enorme de detalhes. Sendo versátil e adaptável, pode ser que você tenha duas ou mais vocações, freqüentemente ao mesmo tempo.

Você gosta de ação e movimento, tanto física como mentalmente. Possui habilidade, destreza e rapidez manual e um bem desenvolvido sentido do olfato. Não é intuitivo mas é observador, forma suas impressões rapidamente e geralmente é capaz de verbalizá-las.

Você é atraído para as profissões artísticas e literárias e para qualquer área que envolva comunicações. Para seu bem-estar emocional, você prefere e até precisa fazer várias coisas ao mesmo tempo. A capacidade intelectual desse posicionamento muitas vezes faz de você um leitor voraz e um artesão talentoso.

É discreto nos seus assuntos pessoais, e os outros às vezes acham que você é frio; está mais interessado no aqui e agora do que no passado. Dilacerado por sentimentos mutáveis, você pode se interessar por muitas coisas ao mesmo tempo e dispersar suas forças, o que pode se manifestar através de tensão nervosa. Sabe lisonjear os outros e, às vezes, é perspicaz demais em seu próprio benefício. Sua natureza inquieta está sempre à procura de algo novo.

Esse posicionamento da Lua pode indicar superficialidade e falta de apego ao lar no mapa de uma mulher. Um homem com esse posicionamento se sente atraído por uma parceira intelectual que consiga se encaixar em qualquer papel social.

Você vê sua mãe como alguém emocionalmente distante, sociável e versátil, porém que apoiou a sua educação e o ajudou quando você começou a se comunicar.

Atriz Brigitte Bardot, dançarino Fred Astaire, escultor Auguste Rodin, pintor Andy Warhol, arquiteto Frank Lloyd Wright.

☽ ♋ LUA EM CÂNCER
palavra-chave   *emocionalmente tenaz*   dignidade

Maternal, simpático, algumas vezes protetor, você simplesmente confia nos seus sentimentos mas fica, às vezes, apreensivo em relação a assuntos que estejam fora do seu controle.

As impressões dos seus sentidos são muito corretas, mas nem sempre você age baseado nelas. Sua mente é meditativa e suas reações são lentas e incertas. Sensível às influências do exterior, você capta as vibrações negativas dos outros; isso pode torná-lo temperamental e infeliz, se essas emoções invadirem os seus relacionamentos pessoais. Você esconde seus verdadeiros sentimentos e suas fortes emoções por baixo de uma rígida carapaça.

Você tem muita tendência para tranqüilidade e passividade, o que resulta num amor especial pelo lar e pela família; essa é a sua ligação básica. Tende mais para um amor suave, pacífico e romântico do que para uma grande paixão. Essa colocação da Lua indica um laço muito profundo e muito forte com a mãe. Se o cordão umbilical não for cortado em tempo, os relacionamentos podem se tornar problemáticos.

Você é muito intuitivo e demasiadamente sensível às influências externas; sente o ambiente, tanto consciente quanto inconscientemente, e muitas vezes é psíquico. Aceita imposições com facilidade, mas quando isso acontece sente um profundo ressentimento.

Gosta do seu lar, e sempre precisa ter uma base para se refugiar, mas você viaja freqüentemente e faz mudanças em sua vida. A sua natureza doméstica, protetora, o inclina a tomar conta dos outros, e você é muito compreensivo em relação aos sentimentos dos outros.

A Lua em Câncer é parcimoniosa, econômica e cuidadosa com relação a dinheiro e propriedades. Você não gosta de ver essas coisas sendo utilizadas de maneira errada ou desperdiçadas. Artístico, criativo e dramático, você tem um pendor natural para música, poesia e teatro. Seu amor pelo lar e pela família também pode se expressar como autêntico patriotismo.

No mapa de um homem, esse posicionamento da Lua pode ser um pouco emocionalmente sensível demais. Quando procura uma parceira, ele se sente atraído por uma mulher que é mais mãe do que companheira. A mulher com a Lua em Câncer magoa-se facilmente e tende a dominar a cena doméstica.

Cantora Janis Joplin, cantora Liza Minelli, ator William Holden, comediante Will Rogers, jogador de baseball Babe Ruth.

☽ ♌ LUA EM LEÃO
palavra-chave   *emocionalmente dramático*

Auto-suficiente e autoconfiante, você não interfere nas situações a não ser que esteja pessoalmente envolvido. Depois de ter decidido agir, ofende-se se alguém interfere ou critica. Você se liga emocionalmente a qualquer coisa que lhe pertença ou que tenha influência direta no seu ego.

Suas impressões sensoriais são bem desenvolvidas, e você é capaz de fazer avaliações rápidas e precisas dos outros e de suas motivações. Seu temperamento é ígneo, e você sabe colocar os outros no seu devido lugar.

Egocêntrico e um tanto pretensioso, você pode carecer de objetividade e ter um ponto fraco em sua perspectiva emocional. Para desfrutar verdadeiramente de um relacionamento, o seu coração precisa estar envolvido.

Geralmente você não é curioso, mas quando está motivado aprende de maneira rápida e precisa, embora todo o seu aprendizado seja colorido por seus sentimentos. Leão dá nobreza às emoções, mas essa colocação também torna difícil voltar atrás ou chegar a um acordo. Você é difícil de ser convencido, mas, quando abre sua mente e seu coração, aprende mais rápido do que qualquer um.

Você tem necessidade de ser admirado e aplaudido. A despeito de sua lealdade básica, se não se sentir valorizado vai procurar aprovação e satisfação em outro lugar.

As pessoas com a Lua em Leão são sexualmente magnéticas e encantadoras, mas também podem ser dominadoras e arrogantes. No mapa de um homem, esse posicionamento torna-o romântico, divertido e sexy, ou pode dar-lhe a tendência a ser convencido, arrogante e dominador. Tanto os homens como as mulheres com essa colocação são atraentes e se sentem atraídos pelo sexo oposto. O homem vai procurar uma mulher de classe, entusiasmada e de bom gosto.

A Lua em Leão leva a posições de autoridade e liderança, que você aceita com seriedade e naturalmente. Você é ambicioso e preocupado com o seu status; deseja ter uma posição de destaque e receber aplausos. Tem uma honestidade franca e manifesta grande capacidade de organização; mas tome cuidado para que isso não se transforme em autoritarismo.

Você gosta de música, artes, luxo e crianças, e seu temperamento em geral é alegre e autoconfiante. Suas emoções são fortes e você dá afeto generosamente; em geral prefere os prazeres sofisticados.

Você vê sua mãe como uma forte personalidade que o dominou na juventude. Ela tentou transmitir-lhe sólidos valores morais e religiosos.

Escritora Pearl Buck, ministro da Defesa Moshe Dayan, líder hindu Mohandas Gandhi, corretor de motocicleta Evel Kneivel, cantora Barbra Streisand, cantor Graham Nash.

☽ ♍ LUA EM VIRGEM
palavra-chave   *emocionalmente discriminador*

Você reage ao estímulo e ao reconhecimento, e tem uma profunda ânsia de partilhar experiências e auto-realização com os outros. Entretanto, isso o torna emocionalmente demasiado ambicioso; pode dar-lhe a tendência para ditar o rumo de todos os seus relacionamentos. Você é insistente e pode mesmo ser petulante. É generoso com seu tempo e com seu serviço; deseja servir as pessoas, mas tem dificuldade para entender os sentimentos dos outros. Você quer o que quer e do jeito que quer.

Esse posicionamento da Lua enfatiza suas qualidades mentais, mas aqui as qualidades mentais inquietas de Gêmeos são substituídas por firmeza e praticidade. Você não valoriza o conhecimento em si, mas o procura para poder usá-lo e aplicá-lo. Sua memória é excelente. Você analisa e critica cuidadosamente todas as impressões dos sentidos. Esta não é a colocação mais sexual da Lua.

Você gosta de ciência e/ou do oculto. Pode ser clarividente ou psicométrico, e tem grandes capacidades, intuitivas, se quiser desenvolvê-las. Às vezes, você pode ser temperamental. Prefere sempre ser recompensado por sua capacidade mental e por sua fértil imaginação. Apesar da tendência virginiana para procurar defeitos e discutir, você aparenta ser tranqüilo, tímido e modesto. Embora seja basicamente certinho e conservador, suas inclinações religiosas são tolerantes. Com essa Lua mutável, você tem muitos conhecidos, muda freqüentemente a sua vida e faz numerosas pequenas viagens.

Você é um excelente professor. Não faz perguntas pessoais a não ser que seja necessário, e sua curiosidade só vem à tona em relação a trabalho e questões práticas. Interessa-se por dieta, saúde e higiene, tendendo a se preocupar e desenvolver nervosismo; como resultados, sua digestão pode ser prejudicada. Muitas vezes se dá a isso o nome de "Lua da caixa de remédios".

Você é perspicaz, com bom tino comercial e meticulosamente detalhista. Pode sair-se muito bem na psicanálise ou em qualquer tipo de diagnóstico. Tente neutralizar o excesso de detalhismo ou a falta de autoconfiança.

Esse posicionamento da Lua no mapa de uma mulher muitas vezes indica insegurança emocional, que se expressa como falta de calor e, às vezes, como inibição. No mapa de um homem, atrai uma parceira desprendida, não-possessiva, pois ele não deseja que lhe sejam feitas exigências emocionais.

Sua mãe pode parecer-lhe crítica e fria.

Princesa Anne, escritora Gertrude Stein, escritor William Faulkner, botânico Luther Burbank, ator Dustin Hoffman.

☽ ♎ LUA EM LIBRA
palavra-chave   *emocionalmente refinado*

Você vê a vida como uma maneira de se autoconhecer através do ensaio e erro. Procura partilhar a experiência em todas as ocasiões, e tem um sentimento natural, charmoso, afável e impessoal em relação à humanidade. Sente profunda necessidade de que os outros gostem de você; sua conduta é naturalmente cortês, encantadora e diplomática. Seu bem-estar emocional depende da aprovação dos outros, daí seu desejo de agradar.

Você tende a viver o momento presente e tem seus altos e baixos de acordo com as mudanças dos acontecimentos. É amistoso, desembaraçado e popular, mas se usar negativamente essa posição lunar pode ser caprichoso, inconstante e crítico. Como você se desarma facilmente diante do elogio, precisa conscientemente desenvolver a autoconfiança e aprender a dizer *não*. Você precisa refrear sua tendência à preguiça e à paquera. Suas impressões sensoriais são esteticamente fortes; você tem necessidade de dedicar-se à perfeição. Como Virgem, você vivencia as sensações através da mente, e avalia os fatos, mas não os critica ou analisa. A qualidade aérea de Libra carece da aplicação prática que vimos no signo de terra de Virgem. A mente de Libra é mais contemplativa; você tem idéias grandiosas, mas nem sempre as transforma em realidade. Para você, o julgamento é mais importante que a execução.

A decisão geralmente não é uma qualidade marcante com esse posicionamento, mas a sua cordialidade enganadora esconde uma grande força. Você gosta de música, poesia e artes. Embora tenha alguma aptidão nessas áreas, em geral é mais um apreciador do que um executante.

Afetuoso e de boa índole, é muito requisitado socialmente. As pessoas à sua volta o influenciam, e sua vida amorosa depende muito de quanto você é apreciado. Para você, os parceiros são importantes, já que trabalha melhor em conjunto com os outros e por depender de suas reações.

O homem com a Lua em Libra procura uma parceira refinada, sociável e amante do prazer, que seja atraente, bem arrumada e inteligente. A mulher com essa posição da Lua é sociável, boa anfitriã e gosta de ambientes, decoração e roupas bonitas.

A seus olhos, sua mãe deu muita atenção às suas maneiras e à sua conduta em geral, e tentou motivá-lo a apreciar a beleza nas artes e na natureza.

Herdeira/revolucionária Patricia Hearst, duquesa de Windsor, pintor Toulouse Lautrec, secretário da Justiça Oliver Wendell Holmes, jogador de tênis Arthur Ashe, ator Burt Reynolds, ator James Arness, dançarino Rudolf Nureyev.

☽ ♏ LUA EM ESCORPIÃO

palavra-chave   *emocionalmente possessivo*   queda

Suas emoções são intensas e muitas vezes se baseiam num desejo poderoso. Você é impaciente, temperamental e mesmo dado à meditação. Ofende-se facilmente e pode tornar-se ciumento, rancoroso e vingativo. Muitas vezes você julga os outros demasiado rapidamente e sente necessidade de dominá-los através de meios sutis.

Você não tolera que os outros interfiram em seus objetivos ou se oponham a eles, mas freqüentemente sacrifica muita coisa por bondade. Você tem capacidade executiva, é cheio de recursos e empreendedor. Embora seja brusco e impulsivo, tem autoconfiança e a capacidade de chegar ao sucesso. Geralmente consegue o que quer; entretanto, pode achar que obteve uma vitória sem qualquer valor.

Por ser tão ciumento, orgulhoso e possessivo, esse posicionamento da Lua não promete um casamento harmonioso. A vontade de dominar muitas vezes se reflete no relacionamento com os filhos; isso pode ser resultado da dominação de um dos genitores, ou da sua sublimação, em geral da mãe. Com esse posicionamento lunar, a mãe pode ser demasiadamente possessiva e ter dificuldade em proporcionar liberdade ao filho, principalmente se for menino.

Você se concentra emocionalmente na realização e na fruição de qualquer projeto — e, quando está assim absorto, pode parecer lhe faltar simpatia. Sua personalidade é profunda e você tem uma aguda percepção dos outros, muitas vezes, gosta de investigar áreas profundas e desconhecidas.

Você considera os sentidos como instrumentos de prazer e não de conhecimento, reagindo intensa e apaixonadamente à vida e ao sexo. Sua capacidade de observação é ilimitada. Muitas vezes a sua força de vontade é latente, mas quando você a usa, é para o aperfeiçoamento da humanidade.

O uso negativo da Lua em Escorpião pode levar ao excesso sexual, à inibição, à perversão ou ao alcoolismo. Sua maior necessidade é aprender a perdoar e esquecer. Você precisa aprender a lidar com seus sentimentos fortes e profundos. Como seus sentidos são tão importantes, deveria dar mais atenção a eles.

No mapa de uma mulher, a Lua em Escorpião pode indicar promiscuidade sexual, auto-indulgência e problemas de família. Um homem com esse posicionamento procura uma parceira sensual, porém suficientemente gentil para que ele possa possuí-la e usá-la. Reservado e calado, precisa de uma parceira intuitiva que consiga sentir seu estado de espírito.

Ator Charlie Chaplin, educadora Maria Montessori, psíquico Uri Geller, escritor Truman Capote, ator Jim Backus.

☽ ♐ LUA EM SAGITÁRIO
palavra-chave *emocionalmente idealista*

Socialmente, você é ingênuo e desconhece totalmente diferenças verdadeiras entre os seres humanos. Reage aos outros como se fossem parte de você; a sua tendência é misturar-se e fundir-se com os outros.

Você precisa, e quer, fazer tudo com todos, e é aberto e amistoso como um cãozinho. Tem um agudo senso profético e inspiracional. Está sempre em busca de alguma coisa, inquieto e muitas vezes sem persistência.

Suas impressões sensoriais são nítidas e mais precisas do que em quase qualquer outro signo; assim, seu julgamento é perspicaz. Mas você precisa aprender a pensar antes de falar.

A sua mente não gosta de confusão e rejeita qualquer coisa que seja irrelevante em relação ao que está em causa. Mas, quando você se concentra, é sobre uma *única* coisa, a ponto de parecer ter uma mente estreita. Agitado, mental e fisicamente, precisa de atividade e exercício físico. Tem necessidade de andar em liberdade e gosta de esportes, tanto participando como assistindo.

Suas tendências para o psíquico e o oculto são fortes, e você é mais sensível do que faz supor sua atitude livre e vigorosa. É um professor ou um pregador nato, com talento para religião, filosofia, poesia e música. Gosta de ajudar os outros.

Você tem um alto grau de independência, necessidade de liberdade e uma tendência a ser um pouco brusco. Precisa contrabalançar o descuido e a negligência com tato e consideração.

A Lua em Sagitário no mapa de um homem pode indicar casamento tardio, celibato ou que ele é um galanteador. Também pode significar a calvície precoce. No mapa de uma mulher, pode torná-la demasiado independente ou até libertina.

A sua mãe — ou assim lhe parece — vivia sua própria vida e o deixava bastante por sua conta, mas proporcionava generosamente o que achava que você precisava.

Cantora de ópera Joan Sutherland, presidente Gerald Ford, esquiador Dick Button, físico Albert Einstein, cantor Bing Crosby.

☽ ♑ LUA EM CAPRICÓRNIO
palavra-chave *emocionalmente reservado*   detrimento

Você quer ser reconhecido como alguém poderoso e importante. Emocionalmente, é supersensível, e ao mesmo tempo crítico dos outros; entretanto, é incansável e ponderado quando está interessado e envolvido.

A Lua está em detrimento em Capricórnio, em oposição ao caloroso e protetor Câncer. Essa posição lunar enfatiza a reserva e a frieza. Você é tímido e inseguro quanto ao próprio valor; tem muitos temores subconscientes, e pode ser demasiado sensível à falta de consideração real ou imaginária. Você procura se justificar agindo com dignidade pessoal e através da sua grande ambição de sucesso. Assim, não é autenticamente simpático nem muito emotivo.

A sua mente reage rapidamente às impressões sensoriais, porém freqüentemente com raiva ou antagonismo. Essa posição tem produzido pessoas com idéias ou causas fanáticas ou obsessivas (Napoleão, Hitler, Joseph Smith).

A combinação de Saturno, regente de Capricórnio, com a Lua pode se manifestar numa tendência mórbida e melancólica à meditação, mas também pode levar à popularidade e mesmo à fama.

Esta posição da Lua, mais do que qualquer outra, vai reagir ao resto do mapa. O sentimento pé-no-chão da Lua em Capricórnio vai captar o melhor de um mapa com aspectos favoráveis, ou o pior se houver muitos desafios. Bem aspectada, favorece liderança e a capacidade administrativa. Os aspectos desfavoráveis muitas vezes provocam a falta de energia criativa, embora a ambição seja poderosa. Se você não aprender a lidar com esta posição, pode ter uma tendência ao alcoolismo, se entregar à cobiça ou ao desejo calculista de chegar ao poder a qualquer custo, sem se preocupar com ninguém. Você faz inimigos com facilidade, quer mereça, quer não, o que pode trazer problemas à sua reputação.

A Lua em Capricórnio indica forte influência parental. A sua mãe foi bastante tradicional e conservadora na sua criação. Ela era prática e eficiente, embora sociável, e o estimulou no sentido de ter sucesso em todos os seus empreendimentos.

Você é cauteloso no que se refere a dinheiro, tem senso comum e praticidade. Esses traços podem se tornar exagerados, inclinando ao excesso de cautela, à melancolia e à austeridade. Você precisa cultivar o calor e a ternura, e aprender que dar livremente, sem pedir nada em troca, pode ser mais gratificante que fazer exigências interesseiras aos outros. No trabalho, você demonstra aplicação; assume a responsabilidade e pode chegar a um alto cargo através do seu esforço persistente.

As mulheres com a Lua em Capricórnio tendem a ficar tristes e achar que "ninguém no mundo gosta de mim". O homem com essa posição lunar procura uma parceira que possa ajudá-lo em suas ambições sociais, dirigir um lar confortável e controlar o talão de cheques da família.

Primeira-ministra Indira Gandhi, apresentador de TV Johnny Carson, atriz Lucille Ball, presidente Abraham Lincoln, senador Robert Kennedy, cantora Beverly Sills.

☽ ♒ LUA EM AQUÁRIO
palavra-chave   *emocionalmente desprendido*

Você considera a experiência o seu campo de provas. Reage a tudo num nível utilitarista e ao mesmo tempo idealista. Para você, é muito importante descarregar, já que tende a se sobrecarregar emocionalmente. Precisa de uma causa ou de um projeto onde descarregar a tensão, de outra forma você fica frustrado. Isso pode levar a uma busca e peregrinação incansável, ou à iluminação espiritual.

Suas impressões sensoriais são rápidas, e sua mente e suas emoções reagem juntas; assim, você dispõe de clareza e envolvimento mentais. A sua mistura de instintos religiosos, humanitários, sexuais e científicos é boa.

Você tem uma qualidade universal e está à frente do seu tempo. É um amigo encantador e bom companheiro, e um conversador interessante. As mulheres com a Lua em Aquário podem tornar-se demasiado excêntricas e experimentais, e os dois sexos precisam evitar serem muito impessoais ou distantes. Um homem com a Lua em Aquário procura uma parceira mais ou menos liberada, principalmente em questões sexuais.

Você pode ter uma inclinação para a política, a educação ou assuntos fora do comum, tais como a astrologia e o oculto. É possível que demonstre originalidade, engenhosidade, inventividade e capacidade científica. Sua imaginação é fértil, e você tem muita energia criativa; se não se cuidar, o seu excesso de energia emocional pode prejudicar o seu sistema nervoso. Você é um aglutinador nato, principalmente em torno de uma causa.

Você prefere o inconvencional e valoriza a sua independência pessoal. É idealista e tolerante mas, por trás de seu exterior amistoso e extrovertido, pode haver bastante egoísmo. Você precisa controlar conscientemente o comportamento errático, a frieza e a imprevisibilidade. A educação ética e os padrões morais aprendidos na infância trarão bons resultados.

Esse posicionamento da Lua dá muita ênfase à amizade, ao humanitarismo e à gentileza. A sua necessidade de independência emocional pode levar à solidão e à dificuldade nos relacionamentos emocionais; é possível que você os afaste com aparente indiferença. A sua natureza emocional pode ser fria porque você não entende as necessidades emocionais dos demais. Age de maneira calorosa e amistosa mas não particularmente íntima, sugestiva ou perspicaz.

Você vê sua mãe como amiga e companheira. Ela o educou para ser independente; é humanitária e seu comportamento geral não é rotineiro.
Escritor Taylor Caldwell, atriz Linda Lovelace, compositor George Gershwin, líder da contracultura Timothy Leary, escritora Charlotte Brontë.

☽ ♓ LUA EM PEIXES
palavra-chave *emocionalmente instintivo*

Você é muito suscetível às profundidades da experiência humana, é compreensivo e afetuoso em relação a todas as pessoas. Emocionalmente, é ingênuo e continuamente deixa de ver as falhas e deficiências dos outros. Entretanto, pode ser magoado com facilidade, e tende a chorar ou ter pena de si pelo menor motivo.

Não gosta de enfrentar os fatos fria e objetivamente, e seus relacionamentos vão ser prejudicados por causa da sensibilidade de suas emoções. Às vezes, pode carecer de humor e de senso comum, e ficar como o proverbial russo, que adora ficar triste.

Seus sentidos podem enganá-lo por causa do seu romantismo e otimismo superdesenvolvidos; você usa as autênticas lentes cor-de-rosa. Como quer acreditar no melhor a respeito de todas as coisas, a verdade e a realidade o pertubam. Geralmente tem talento musical, poético e artístico.

Dependendo dos aspectos, esta pode ser a pior ou a melhor posição da Lua. Se o posicionamento for favorável, proporciona a visão realista; se for desfavorável, pode causar total ilusão ou desilusão. Você é calmo, introvertido, afável e simpático com os desfavorecidos. É gentil, às vezes bonachão, irrealista e sonhador. Muda de idéia com freqüência; assim, pode ser difícil confiar em você, que se desencoraja e se deprime com facilidade.

Esta é a posição mais psíquica da Lua, embora possa haver sofrimento e muitos obstáculos no caminho para atingir seus objetivos. Você precisa se sentir amparado e amado, e gosta de ter beleza, harmonia e conforto à sua volta, pois sofre em ambientes adversos.

No mapa de uma mulher, o excesso emocional pode causar problemas de saúde. Uma mulher com esse posicionamento lunar pode casar tarde. Essa posição muitas vezes contribui para um silencioso magnetismo que atrai os homens.

Um homem com a Lua em Peixes necessita de uma parceira devotada, afetuosa e simpática, que provavelmente terá uma influência forte e indispensável em sua vida privada, mas não necessariamente em sua carreira.

Você vê a sua mãe como uma pessoa simpática, mas talvez demasiadamente envolvida com sua própria vida. Nem sempre você a enxerga com clareza, às vezes supervalorizando-a e às vezes subestimando-a.

Cientista Marie Curie, costureira Coco Chanel, escritor Edgar Allan Poe, compositor Maurice Ravel, pintor Paul Cézanne, jogador de baseball Joe DiMaggio.

A Lua nas Casas

LUA NA PRIMEIRA CASA
palavra-chave   *ambiental*

Você é emocional, sensível e mutável, e tudo depende de como se sente; assim, tende a ser instável. Você pode ser bem sucedido com o público, depois que vencer sua timidez básica. Sua necessidade de reconhecimento torna-o ansioso por agradar e ressentido se acha que seus esforços não são apreciados. Você tem fortes laços com sua mãe, e se a Lua estiver em conjunção com o Ascendente pode ter um complexo materno. Sua imaginação é forte e você é muito sensível ao ambiente. Fisicamente, é ativo, e se a sua Lua estiver num signo cardeal ou mutável pode causar inquietação.

Colonista William F. Buckley, comediante Will Rogers, jogador de baseball Babe Ruth, escritor Marcel Proust.

LUA NA SEGUNDA CASA
palavra-chave *aquisitivo* exaltação acidental

Você tem um agudo tino comercial, é possessivo e capaz de mudar os valores dos outros. Sua situação financeira vai passar por muitas mudanças. Em alguns casos, você pode lucrar através da mãe ou da esposa; esta posição é boa para contatos de negócio com o público e com mulheres. O dinheiro e as posses materiais são importantes para sua segurança emocional. Pode ser que você seja muito mesquinho ou extremamente generoso, e é preciso que tente evitar esses extremos. Se a Lua estiver num signo fixo, você tem a tendência a se apegar às pessoas e ao dinheiro.
Líder religiosa Mary Baker Eddy, editor Hugh Hefner, atriz Elizabeth Taylor, ex-vice-presidente Spiro Agnew, ator Mickey Rooney.

LUA NA TERCEIRA CASA
palavra-chave *expressivo*

Você é dramático, retrospectivo e intelectualmente curioso; isso lhe dá uma personalidade fascinante. É inquieto, gosta de viajar e se deixa dominar facilmente pelo ambiente. Seus irmãos são importantes para você, e muitas vezes eles o ajudam. Você pode mudar muitas vezes de escola, e geralmente não tem concentração para estudar. Aprende melhor ouvindo os outros; sua memória é boa mas você detesta a rotina.
Magnata Henry Ford, poeta Robert Browning, atriz Suzanne Somers, ator Jack Nicholson, cantor Elvis Presley.

LUA NA QUARTA CASA
palavra-chave *amante do lar* dignidade acidental

Você é intuitivo e protetor, gosta do seu lar, de sua família e do seu país; entretanto, com muitos aspectos desafiadores, pode ser separado deles. A Lua nesta Casa indica uma forte ligação com um dos genitores. Você gosta de colecionar e, em especial, de antigüidades, da tradição e da ancestralidade. Pode ser que mude muitas vezes de casa, principalmente se a Lua estiver num signo mutável. Você tende a ser egocêntrico, tendo o "eu" e o "meu" como forças motivadoras. Você é capaz de se isolar da realidade.
Comediante Bob Hope, líder sindical John L. Lewis, general Douglas MacArthur, escritor Truman Capote.

LUA NA QUINTA CASA
palavra-chave *teatral*

Suas emoções são fortes, quer você as expresse através do amor ou do desejo de ter filhos. É romântico e inclinado a ter muitos casos na sua constante procura do prazer, a não ser que haja muitos planetas em signos fixos no seu mapa. Você tem muito charme e imaginação poética. Sua criatividade vai se manifestar de acordo com o signo da Lua e com os aspectos que esta forma. Esse posicionamento promete um casamento fecundo. É um bom pai, mas é capaz de fazer com que seus filhos dependam de você. A Lua aqui pode indicar sucesso precoce, e sugere uma carreira no ensino, nos esportes ou no teatro. A sua sorte nas especulações está sujeita a flutuações.

Cineasta Federico Fellini, pediatra Benjamin Spock, pastor evangélico Billy Graham, rei Juan Carlos I da Espanha.

LUA NA SEXTA CASA
palavra-chave *adaptável*

O posicionamento da Lua no mapa mostra uma área de muitas mudanças; assim, a Lua na sexta Casa reflete mudanças na sua ocupação. Você é atencioso com os outros, principalmente com os empregados, mas é trabalhador, e espera que os outros trabalhem tanto quanto você. Tem uma forte tendência a cuidar dos outros e a servi-los. É um bom cozinheiro, e se sairia bem em qualquer negócio que atenda o público, como mercados e restaurantes. A não ser que a Lua esteja num signo fixo, você tem uma tendência a mudar de hábitos. Seu nervosismo pode se expressar através de doenças, que muitas vezes podem ser psicossomáticas.

Costureira Coco Chanel, jogador de baseball Jackie Robinson, escritor William Saroyan, ator Robert Redford, pugilista Muhammad Ali, governador John Connally.

LUA NA SÉTIMA CASA
palavra-chave *popular*

Você é popular socialmente, e esse posicionamento acentua os relacionamentos interpessoais. É muito sensível e freqüentemente reage às necessidades do público. É difícil para você decidir se casar, e geralmente tem muitas oportunidades para isso. Muitas vezes, devido à dependência emocional, você pode se casar cedo; isso nem sempre funciona, por causa da sua necessidade de desenvolver a maturidade nos relacionamentos pessoais. Pode ser que atraia um parceiro sensível e instável, principalmente se a Lua receber aspectos desafiadores no seu mapa.

Atriz Shirley Temple, ditador Benito Mussolini, atriz Marilyn Monroe, astronauta Neil Armstrong.

LUA NA OITAVA CASA
palavra-chave *intuitivo*

Você tem uma necessidade inerente de segurança. Muitas vezes, é psíquico e interessado em assuntos que os outros consideram mórbidos, tais como a vida após a morte. Afeto, amor e sexo são muito importantes para você; se a Lua receber aspectos muito desfavoráveis, pode fazer mau uso de sua sexualidade. O dinheiro pode vir através de um parceiro, de sua mãe ou das mulheres em geral. Freqüentemente você se envolve com a administração do dinheiro dos outros.

General George Patton, líder sindical Caesar Chavez, cineasta Alfred Hitchcock, dramaturgo Noel Coward.

LUA NA NONA CASA
palavra-chave *filosófico*

Você desenvolve uma filosofia através dos seus sentimentos e da devoção a seus ideais; sua perspectiva religiosa geralmente é ortodoxa. O estudo das coisas mais profundas da vida é importante para você, que é receptivo aos reinos do superconsciente. É imaginativo e gosta de viajar. Também pode ser um nômade, um sonhador e muito inquieto. Você é um professor nato em quase todas as áreas.

Primeiro-ministro Benjamin Disraeli, cientista Galileu Galilei, pianista Van Cliburn, secretário de Estado John Foster Dulles.

LUA NA DÉCIMA CASA
palavra-chave *social*

É provável que você experimente muitas mudanças na sua carreira. Vo-

cê precisa lidar com o público de alguma forma, com mulheres ou em campos relacionados com as mulheres. Esse posicionamento da Lua é bom para todas as ocupações lunares: marketing, comércio, navegação, assim como qualquer área relacionada com o público. A sua reputação é importante para você; seus sentimentos muitas vezes são dominados pela ambição e pelo seu desejo de subir. Como você precisa ter o mundo como platéia, essa colocação pode provocar escândalos. Você tem pouca vida privada e pode se sentir como se vivesse num aquário. Precisa se sentir socialmente útil.
Líder hindu Mohandas Ghandi, bilionário J. Paul Getty, cantor Bob Dylan, atriz Vivian Leigh, cantor Graham Nash.

LUA NA DÉCIMA PRIMEIRA CASA
palavra-chave   *amistoso*

Seus pontos de vista são imparciais, desprendidos e objetivos, mas você muda com freqüência seus alvos. Tem a tendência a ser um aglutinador, e se sai bem no trabalho organizacional. Você tem muitos amigos e conhecidos que lhe são úteis, com quem tem um relacionamento fácil. Entretanto, se a sua Lua tiver aspectos desfavoráveis, tome cuidado para não ser usado por falsos amigos.
Presidente John F. Kennedy, cineasta Orson Welles, atriz Sarah Bernhardt, escritora Zelda Fitzgerald, astro das pistas de corridas Guy Drut.

LUA NA DÉCIMA SEGUNDA CASA
palavra-chave   *isolado*

Você é inquieto, tímido, sensível, muito retraído e não gosta de ambientes estranhos. Precisa ficar sozinho para recarregar suas baterias emocionais. Gosta de trabalhar em isolamento ou solidão, e muitas vezes vive no mundo da imaginação. Você se sacrifica; se não se envolver demasiadamente com seus pacientes, pode tornar-se um bom enfermeiro. A Lua aqui muitas vezes indica casos amorosos secretos. Seu subconsciente é ativo e você pode se ressentir por faltas de consideração imaginárias.
Líder cubano Fidel Castro, líder nazista Hermann Goering, ator Gregory Peck, piloto de corridas Jim Clark, suposto assassino Alfred Bremer.

A Lua em Aspecto

Qualquer aspecto da Lua acentua as *emoções*.
A conjunção enfatiza as *emoções*.
A oposição dá consciência da *configuração emocional* sua e dos outros.
A quadratura *desafia* e *cria tensão emocional.*
O sextil fornece a *oportunidade para a expressão emocional positiva.*
O trígono dá *fluidez e desembaraço à sua condição emocional.*
O quincunce sugere *um ajuste emocional a ser feito.*

Conjunções

☽ ☌ ☿ LUA EM CONJUNÇÃO COM MERCÚRIO

Quando o planeta das emoções (☽) está conjunto ao planeta da razão e da comunicação (☿), a ênfase é sobre a imaginação, a intuição, a fala, a voz e a percepção intelectual. Você é sensível às reações dos outros. Essa conjunção enfatiza os assuntos domésticos e de saúde.
Bilionário Howard Hughes, cantora de ópera Joan Sutherland.

☽ ☌ ♀ LUA EM CONJUNÇÃO COM VÊNUS

Você é charmoso, gentil e popular; essa conjunção enfatiza a importância da beleza para o seu contentamento emocional. Você é criativo, sensível, diplomático e naturalmente amistoso; gosta de arte, música e beleza. Às vezes, pode ser auto-indulgente e se envolver demais com o luxo.
Patinadora Sonja Henie, compositor Peter Tchaikovsky.

☽ ☌ ♂ LUA EM CONJUNÇÃO COM MARTE

Você é impaciente e socialmente intransigente; embora seja sensível à crítica, também pode ser insensível aos sentimentos dos outros. É ousado e assume grandes riscos. Esse aspecto proporciona força de vontade, capacidade criativa e de liderança.
Sismólogo Charles Richter, presidente soviético Nikita Khrushckev.

☽ ☌ ♃ LUA EM CONJUNÇÃO COM JÚPITER

Você é simpático, prático e generoso; atinge facilmente o sucesso, mas muitas vezes tem uma necessidade interior de mudança. A não ser que lide bem com este aspecto, você pode pender para o sentimento de autovalorização e de vaidade. A religião é importante para você, e, a não ser que esta conjunção esteja em signos fixos, ela o motiva a viajar bastante.
Escritor Júlio Verne, psíquico Uri Geller.

☽ ☌ ♄ LUA EM CONJUNÇÃO COM SATURNO

Essa conjunção enfatiza as suas qualidades de trabalhador, reservado, apreensivo e melancólico; você tem dificuldade em se comprometer. Carece de autoconfiança e acha que um de seus genitores ou os dois lhe negaram amor e ternura. O reconhecimento do seu próprio valor e a realização emocional chegam com a maturidade. Seus distúrbios e frustrações emocionais podem manifestar-se fisicamente através de quistos, gota, artrite etc., se você for incapaz de lidar com esse aspecto.
Atriz Rosalind Russel, ator James Arness.

☽ ☌ ♅ LUA EM CONJUNÇÃO COM URANO

Excitante e independente, você expressa uma alta energia emocional e uma aversão pelas convenções e pela acomodação. É cheio de recursos, determinado e às vezes perverso. É altamente individualista e freqüentemente tem mais facilidade para resolver os problemas dos outros do que os seus. Você tende a uma vida doméstica incomum ou a uma abordagem incomum da sua família.
Cineasta Orson Welles, líder nazista Hermann Goering.

☽ ☌ ♆ LUA EM CONJUNÇÃO COM NETUNO

Você é inquieto, instável, extremamente sensível, romântico, idealista, simpático e facilmente influenciável. Essa conjunção enfatiza as tendências místicas e religiosas; também enfatiza as inclinações musicais ou criativas. Emocionalmente, é difícil para você distinguir a ilusão da realidade. *Compositor Johann Sebastian Bach, stripteaser Gypsy Rose Lee.*

☽ ☌ ♀ LUA EM CONJUNÇÃO COM PLUTÃO

Esta conjunção freqüentemente enfatiza a obsessão por assuntos emocionais e sexuais; talvez você deseje dominar os outros nessas áreas. Suas emoções são intensas a ponto de chegar à rudeza e à tirania, entretanto o amor é muito importante para você, que está constantemente à procura da realização emocional. Você poderá encontrá-la nos campos criativos. *Cantora Barbra Streisand, princesa Margaret.*

Quadraturas e Oposições

☽ □ ☿ LUA EM QUADRATURA COM MERCÚRIO
☽ ☍ ☿ LUA EM OPOSIÇÃO A MERCÚRIO

Você pode ser injusto, já que seus sentimentos estão sempre misturados com seus julgamentos. É inteligente, sarcástico e demasiadamente sensível. Também é leal aos amigos e às causas. Impressionável, agitado e excitável, você precisa aprender a transigir e a controlar o seu poderoso ego. *Líder religiosa Mary Baker Eddy (□), músico John Lennon (☍).*

☽ □ ♀ LUA EM QUADRATURA COM VÊNUS
☽ ☍ ♀ LUA EM OPOSIÇÃO A VÊNUS

Esses aspectos muitas vezes revelam sofrimento nos afetos ou negligência para com eles. Seus pais fazem objeções a seu parceiro, ou você vivencia a falta de harmonia doméstica. Você é instável, crédulo e tolerante em excesso. Muitas vezes sente um forte impulso para se pôr em evidência, como compensação por seu sentimento de inferioridade. No mapa de uma mulher, pode haver má saúde periódica e/ou divórcio. *Poeta Robert Browning (□), escritor James Joyce (☍).*

☽ □ ♂ LUA EM QUADRATURA COM MARTE
☽ ☍ ♂ LUA EM OPOSIÇÃO A MARTE

Você precisa cultivar conscientemente o autocontrole para lidar com o seu gênio esquentado e a sua tendência à indiscrição. As suas exigências, a sua tendência ao comodismo, a sua intolerância, o seu vigor e o seu sarcasmo cortante podem afastar os outros de você e deixá-lo sozinho e amargurado. Adequadamente canalizada, a sua energia é ilimitada, tornando-o capaz de mover montanhas. Você passa constantemente por crises emocionas que podem levar a problemas de saúde, se não aprender a lidar com elas corretamente.

Magnata Henry Kaiser (□), assessor da Casa Branca John Dean (☍).

☽ □ ♃ LUA EM QUADRATURA COM JÚPITER
☽ ☍ ♃ LUA EM OPOSIÇÃO A JÚPITER

Você é emocionalmente expansivo, muitas vezes é generoso demais e de vez em quando é ludibriado. Evite a especulação financeira. Um pouco apático, você tende a deixar as coisas correr. Pode ser que haja mal-entendidos com um genitor muito tolerante, ou que você se separe dele. Você precisa conscientemente tentar lidar com sua tendência a perambular, o seu excesso de tolerância e a sua apatia, que podem se manifestar fisicamente como problemas de peso, de fígado ou tumores. Você também pode ser defrontar com conflitos morais.

Místico russo Grigori Rasputin (□), escritor Jean Cocteau (☍).

☽ □ ♄ LUA EM QUADRATURA COM SATURNO
☽ ☍ ♄ LUA EM OPOSIÇÃO A SATURNO

Este aspecto indica insegurança; você trabalha mais que a maioria das pessoas para se provar. Precisa aprender a lidar com a sua frustração, a sua depressão e o seu descontentamento, assim como com a sua tendência a se apegar ao passado. Geralmente esta é indicação de uma infância infeliz; talvez houvesse desentendimentos com um genitor dominador. A falta de autoconfiança e a sensação de martírio precisam ser vencidas para que você possa realmente chegar à maturidade. É possível que se case com uma pessoa mais velha e tenha poucos filhos.

Ator Laurence Olivier (□), cientista Galileu Galilei (☍).

☽ ☐ ♅ LUA EM QUADRATURA COM URANO
☽ ☍ ♅ LUA EM OPOSIÇÃO A URANO

Esse aspecto revela grande capacidade intelectual, mas você também é teimoso, fanático e emocionalmente tenso. Inquieto, melindroso e impulsivo, você precisa aprender a transigir no trato com os outros. O aspecto indica ligações emocionais fora do comum, pode mostrar infidelidade e dificuldades com o sexo oposto. Você vai mudar de cada muitas vezes, e suas súbitas mudanças de atitude muitas vezes vão fazer com que os outros tenham dificuldde em compreendê-lo.

Líder sindical John L. Lewis (☐), corredor de motocicleta Evel Knievel (☍).

☽ ☐ ♆ LUA EM QUADRATURA COM NETUNO
☽ ☍ ♆ LUA EM OPOSIÇÃO A NETUNO

Você se envolve em relacionamentos emocionais complicados, devido à sua tendência em confundir a realidade com a auto-ilusão. Muitas vezes esses aspectos mostram uma necessidade de fugir através da bebida, das drogas ou da fantasia. Você é criativo e artístico, mas subestima o seu potencial. Podem surgir problemas de saúde se você não lidar bem com a quadratura; se for em signos cardeais, você pode desenvolver problemas circulatórios; em signos fixos, pode desenvolver problemas glandulares; em signos mutáveis, pode desenvolver problemas do cérebro e do sistema nervoso. Esses aspectos também podem significar um genitor áspero.

Escritor Hans Christian Andersen (☐), cantora Janis Joplin (☍).

☽ ☐ ♀ LUA EM QUADRATURA COM PLUTÃO
☽ ☍ ♀ LUA EM OPOSIÇÃO A PLUTÃO

Você tende a ser um solitário. É intensamente emotivo, mas seu fluxo emocional está bloqueado de alguma forma, e você se beneficiaria com o uso positivo do seu potencial criativo. Esses aspectos indicam ciúme, impulsividade e sensualidade. Devido ao relacionamento com seus pais, talvez você possa às vezes se sentir rejeitado e procurar soluções drásticas para os problemas. Precisa aprender a lidar com sua intolerância e fanatismo.

Líder religioso e assassino Charles Manson (☐), escritor Jack London (☍).

Trígonos e Sextis

☽ △ ☿ LUA COM TRÍGONO COM MERCÚRIO
☽ ✶ ☿ LUA EM SEXTIL COM MERCÚRIO

Você tem uma mente sagaz, cuidadosa, sólida, lógica e sensata, e uma forma agradável de se expressar. Esses aspectos mostram muito senso comum e indicam pouca ansiedade emocional, se houver. Esses aspectos são muito bons para os assuntos da terceira e quarta Casas e para os assuntos domésticos. No mapa de um homem, podem propiciar um bom casamento e/ou uma esposa inteligente.
Regente Henry Mancini (△), cantor Maurice Chevalier (✶).

☽ △ ♀ LUA EM TRÍGONO COM VÊNUS
☽ ✶ ♀ LUA EM SEXTIL COM VÊNUS

Você é calmo, otimista, alegre e talentoso, e tem pontos de vista firmes, que lhe dão uma boa percepção dos valores. Lida bem com as pessoas, e tem um charme magnético que atrai crianças e animais. Você é refinado, encantador e sociável. Esse aspecto é encontrado com freqüência nos mapas de militares.
General Robert E. Lee (△), treinador de futebol Knute Rockne (✶).

☽ △ ♂ LUA EM TRÍGONO COM MARTE
☽ ✶ ♂ LUA EM SEXTIL COM MARTE

Você é ambicioso, firme, resoluto e rápido; é um trabalhador, não um vadio. Intensamente emotivo, muitas vezes aplica a sua energia em empreendimentos criativos. Esses aspectos podem compensar problemas debilitadores de saúde, já que dão muita força física.
Cantor Harry Belafonte (△), aviador Billy Mitchell (✶).

☽ △ ♃ LUA EM TRÍGONO COM JÚPITER
☽ ✶ ♃ LUA EM SEXTIL COM JÚPITER

Você tem boa índole, é amistoso, prestativo, seu raciocínio e julgamento são sensatos. Esses aspectos favorecem os assuntos da nona e décima segunda Casas. Você se interessa por religião, esportes, jornalismo e viagens. É um bom aspecto para escritores e filósofos. As mulheres são atraídas por um homem jupiteriano, e os homens com esses aspectos se beneficiam através das mulheres. Como pode indicar valores morais fracos, muitas vezes são encontrados nos mapas de criminosos violentos.

Filósofo político Karl Marx (△), compositor Wolfgang Amadeus Mozart (✳).

☽ △ ♄ LUA EM TRÍGONO COM SATURNO
☽ ✳ ♄ LUA EM SEXTIL COM SATURNO

Você é solícito, sério, prudente, conservador e cauteloso. Tem muita dignidade pessoal, e vai ter oportunidades de subir na vida pública. Geralmente são uma indicação de vida longa, embora não necessariamente saudável. Talvez você se beneficie através de um dos genitores, geralmente a mãe. Você é um bom gerente, e esse aspecto freqüentemente garante um certo grau de sucesso mudano.

Jogador de tênis Arthur Ashe (△), cantor James Taylor (✳).

☽ △ ♅ LUA EM TRÍGONO COM URANO
☽ ✳ ♅ LUA EM SEXTIL COM URANO

Você é mentalmente alerta e está sempre à procura de novas e diferentes formas de auto-expressão. Empreendedor, científico e intuitivo, você se interessa pelo oculto, pelo espiritualismo, pela astrologia e pela metafísica. O aspecto indica transferências e mudanças vantajosas, e favorece as viagens se estiverem envolvidas a terceira e a nona Casas. Se a quarta Casa estiver envolvida, você vai mudar de residência muitas vezes.

Escritor Edgar Allan Poe (△), escritor Guy de Maupassant (✳).

☽ △ ♆ LUA EM TRÍGONO COM NETUNO
☽ ✳ ♆ LUA EM SEXTIL COM NETUNO

Esses dois planetas afetam a natureza emocional. Esses aspectos alargam o âmbito de sua vida e muitas vezes indicam desejos fora do comum, mas

também podem trazer uma tendência à supervalorização, e assim ao engano. Você é caloroso e autêntico e é atraído pela arte, pela música, pelo canto e pela dança. É muito bom para todos os empreendimentos netunianos: petróleo, líquidos, navegação, filmes e teatro.
Bilionário John D. Rockefeller, Sr. (△), cantora Mary Martin (✶).

☽ △ ♀ LUA EM TRÍGONO COM PLUTÃO
☽ ✶ ♀ LUA EM SEXTIL COM PLUTÃO

Esses aspectos indicam que você é profundamente emotivo, porém controlado; aprecia o contato pessoal com os outros, mas não perde o seu tempo com relacionamentos casuais. Às vezes, pode se retrair muito, afastando os outros. Psíquicos e mediúnicos, esses aspectos freqüentemente indicam a capacidade de regeneração emocional.
Líder revolucionário Maximilien Robespierre (△), enfermeira Florence Nightingale (✶).

Quincunces (Inconjunções)

☽ ⚻ ☿ LUA EM QUINCUNCE COM MERCÚRIO

Você pode ter dificuldade para resolver seus problemas porque as suas emoções e o seu intelecto estão desalinhados. Você tem dificuldade em guardar segredos, e muitas vezes diz coisas sem pensar. Sua ansiedade e sua inquietação podem causar problemas e distúrbios digestivos.
Violonista Jascha Heifetz, compositor George Gershwin.

☽ ⚻ ♀ LUA EM QUINCUNCE COM VÊNUS

Na tentativa de afirmar o seu ego, você se curva muito diante da opinião que outros têm a seu respeito. Você parece atrair pessoas que querem que prove seu amor por elas. A tolerância em excesso pode causar má saúde. Você precisa aprender a avaliar o que é importante e o que é desnecessário.
Cantora Janis Joplin, piloto Eddie Rickenbacker.

☽ ⊼ ♂ LUA EM QUINCUNCE COM MARTE

Esse aspecto indica um conflito entre suas emoções e seus desejos; você precisa aprender a controlar esse conflito. Sua irritação nervosa e sua ansiedade emocional podem causar acidentes e distúrbios digestivos. Você freqüentemente se envolve com os problemas dos outros para evitar encarar os seus.
Jornalista Lowell Thomas, cantor Bing Crosby.

☽ ⊼ ♃ LUA EM QUINCUNCE COM JÚPITER

Você se dá por inteiro sem pensar duas vezes naquilo em que está se envolvendo. É preciso organizar as coisas de antemão e adquirir paciência e calma quando for prestar serviços aos outros.
Chanceler Konrad Adenauer, apresentador de TV Paul Lynde.

☽ ⊼ ♄ LUA EM QUINCUNCE COM SATURNO

Você age com sentimento de culpa e pouco à vontade até descobrir uma forma de mostrar aos outros que realmente se importa com eles. É um trabalhador aplicado e dedicado, porém não aceita facilmente formas novas de fazer as coisas. Tende à autocomiseração. Tem a capacidade de servir de inspiração para os outros através da seriedade da sua dedicação.
Pastor evangélico Billy Sunday, poeta Walt Whitman.

☽ ⊼ ♅ LUA EM QUINCUNCE COM URANO

Sua tendência é agir sem suficiente firmeza e ter reações emocionais exageradas quando se sente pressionado. Você precisa desenvolver a continuidade de propósitos. O descanso e o relaxamento são muito necessários, já que você vai ter de lidar com problemas imprevisíveis que esse aspecto pode causar na área profissional e doméstica.
Atriz Bette Davis, cientista Pierre Curie.

☽ ⚻ ♆ LUA EM QUINCUNCE COM NETUNO

Você é simpático e demasiadamente disposto a ajudar os outros, mesmo que não desejem ou não precisem. Sua simpatia pode deixá-lo exposto a hostilidades e às vezes mesmo a traições. Você precisa aprender a ver as pessoas como elas realmente são e a não romantizar as alianças que faz. Tente superar a tendência a ser levado e ser mais confiável.
Bilionário Howard Hughes, colunista William F. Buckley.

☽ ⚻ ♇ LUA EM QUINCUNCE COM PLUTÃO

Emocionalmente, você é compulsivo e intransigente, e deve evitar se envolver com pessoas que podem tentar seduzi-lo com as idéias delas. O seu zelo em ser produtivo e útil faz com que os outros facilmente se aproveitem de você.
Pintor Leonardo da Vinci, bilionário J. Paul Getty.

Lição 10: Mercúrio

Alguns Comentários

A esta altura você já deve ter uma noção geral do delineamento. Não deixe de conferir suas interpretações com as nossas no Apêndice; veja que deixamos de usar várias frases, e tente descobrir por que as omitimos.

Provavelmente já deve ter visto que muitos traços e características se repetem várias vezes sob os diferentes aspectos ou posicionamentos. Este é um dos mais importantes fatores no delineamento. O potencial e o caráter mais básico de uma pessoa são mostrados pelos fatores que mais se repetem. Quanto mais certos traços se repetirem, mais você pode estar certo de que essas são as verdadeiras características da pessoa. Os potenciais que só aparecem uma ou duas vezes podem ser desenvolvidos mas falta a ênfase da repetição, e pode ser que a pessoa nem mesmo saiba que tem esses potenciais.

Vamos prosseguir com a lição 10; primeiro vamos estudar o planeta Mercúrio em geral, depois você pode trabalhar com o Mercúrio de Judy Garland, especificamente.

Nossas respostas podem ser encontradas no Apêndice na página 270.

Mercúrio representa a sua *capacidade de raciocínio*, a sua *mente* e a *forma como você se comunica*. Lembre-se disso quando ler as descrições que se seguem.

Mercúrio nos Signos

☿ ♈ MERCÚRIO EM ÁRIES
palavra-chave   *impulsivo*

Você é imaginativo, muito prudente e quer ser o primeiro em tudo. Tem facilidade para se expressar e é capaz de improvisar maravilhosamente. Às vezes, usa as suas vigorosas energias de forma mordaz ou mesmo sarcástica. Impetuoso e impulsivo, pode ter a tendência a mudar de ponto de vista de uma hora para outra. Esse posicionamento não se adapta bem ao esforço mental prolongado; portanto, é preciso que você cultive a paciência e aprenda a não se impacientar com demoras. Espirituoso, inventivo e rápido, você tem idéias originais. Combativo, gosta de um bom debate. Às vezes, pode ser muito obstinado ou muito egocêntrico. Se houver aspectos desafiadores entre Mercúrio e Júpiter no mapa, você é dado a exageros. Sua tendência é enxergar o mundo como você queria que fosse, não como realmente é. Muitos planetas fixos no mapa vão ajudar a estabilizar esse posicionamento de Mercúrio.

Ator Marlon Brando, ator Charlie Chaplin, rainha Elizabeth II, maestro Arturo Toscanini, físico Albert Einstein.

☿ ♉ MERCÚRIO EM TOURO
palavra-chave   *factual*

Você é teimoso e tem gostos e aversões definidos. Ganancioso, apreciador tanto do dinheiro como dos bens materiais, você se interessa pelas artes e pelo sexo oposto. Sua mente não reage prontamente a idéias novas e, uma vez que você começa um projeto, raramente desiste. Você nunca tira conclusões apressadas; gosta de examinar todas as provas primeiro. Mentalmente, é conservador, cauteloso e construtivo. Depende mais da experiência da vida do que aprende nos livros. Sua memória é boa, sua abordagem é tradicional. Sua mente é prática, e esta é uma excelente posição para negócios e administração. Se esse posicionamento receber aspectos desfavoráveis, você pode tender à inércia mental, mas não vai adiantar nada tentar forçá-lo a agir; você precisa trabalhar no seu próprio ritmo.

Magnata Henry Kaiser, cantora Barbra Streisand, violonista Yehudi Menuhin, poeta Elizabeth Barret Browning, presidente John F. Kennedy.

☿ ♊ MERCÚRIO EM GÊMEOS
palavra-chave   *fluente*   dignidade

Aqui, o puro raciocínio lógico pode alcançar sua mais alta expressão, principalmente se Mercúrio estiver bem aspectado. Você é versátil, imparcial e impessoal na sua capacidade de compreender a verdade. Dispõe de um excelente vocabulário; gosta de aprender e é capaz de se comunicar bem e com facilidade. Um sistema nervoso altamente sensível é a base de sua mente ágil. Você é espirituoso, falador, charmoso e interessado nos assuntos do dia-a-dia. Seu raciocínio é ousado, vistoso e brilhante, e muitas vezes você usa as mãos para se expressar. Amante dos empreendimentos intelectuais, pode ser um escritor ou um orador. Vigie a sua necessidade de mudanças e novidades, já que isso pode levar à superficialidade e à falta de rigor.

Escritora George Sand, escritor Jean Cocteau, secretário de Estado Henry Kissinger, colunista Hedda Hopper, presidente Harry Truman.

☿ ♋ MERCÚRIO EM CÂNCER
palavra-chave   *receptivo*

Você é muito emotivo e pode se deixar levar muito facilmente pelos sentidos. As discussões despertam a sua teimosia, porque depois que toma uma decisão, você a mantém. Impressionável e mutável, é sensível ao ambiente; a gentileza e o elogio são as melhores maneiras de chegar até você. Sua mente é retentiva e seu raciocínio é criativo. Você tem rasgos de intuição e gosta de poesia. É um ouvinte sensível, cheio de simpatia pelo sofrimento dos outros, mas pode ter dificuldade em pensar objetivamente, já que suas emoções estão sempre envolvidas. Isto pode levar a um sentimento de autopiedade. Você é diplomático e tem boa habilidade para negócios, embora se oriente muito em termos de lar e família. Se o seu Mercúrio tiver muitos aspectos desafiadores, você pode ser mais evasivo do que honesto.

Escritora Pearl Buck, escritor Thomas Mann, advogado F. Lee Bailey, bilionário John D. Rockefeller, Sr., poeta Anne Morrow Lindbergh.

☿ ♌ MERCÚRIO EM LEÃO
palavra-chave   *positivo*   queda

Você pensa dramaticamente, e sempre com o coração; por ser visionário e idealista, grande parte da sua concentração se dirige para as ligações românticas. Você tem dignidade, um senso inato de refinamento e gosta de causar boa impressão nos outros. Sua vontade é ser considerado uma autoridade no seu campo, e embora tenha muita capacidade de resolver problemas, às vezes ignora os detalhes. Você é ambicioso e tem boa habilidade executiva; é um excelente professor e pode ter sucesso no teatro, nas belas-artes, na educação ou no mercado de ações. Com aspectos desfavoráveis de Mercúrio, você pode ser muito teimoso, tolerante consigo mesmo e de gênio esquentado, ou pode ter a tendência ao exagero e ao egocentrismo.

Ex-primeira dama Jacqueline Kennedy Onassis, líder cubano Fidel Castro, ditador Benito Mussolini, escritor Ernest Hemingway, atriz Susan St. James.

☿ ♍ MERCÚRIO EM VIRGEM
palavra-chave   *metódico*   dignidade

Você é crítico, analítico e prático, e seu raciocínio é frio, lógico e impessoal. Seu julgamento é imparcial; sua mente classifica e cataloga todas as idéias, que ficam prontas para serem postas em prática quando você precisar delas. Como sua mente é versátil, é um orador convincente. Você se interessa por literatura e se sai bem na pesquisa e no trabalho científico detalhado; pode ser um erudito. Você se interessa por medicina, higiene, matemática e todo trabalho que envolva detalhes. Sabe transformar conhecimento em vantagem material. Seu senso comum é desenvolvido, você é honesto mas pode ser intolerante em relação aos que são menos inteligentes, ou pode ser muito cético. Com aspectos desafiadores de Mercúrio, você é crítico demais e precisa tomar cuidado para não deixar os detalhes interferirem nos planos e objetivos mais amplos. Também é recomendável combater a tendência a classificar tudo que existe no universo.
Presidente Lyndon B. Johnson, líder sindical Walter Reuther, princesa Anne, maestro Leonard Bernstein.

☿ ♎ MERCÚRIO EM LIBRA
palavra-chave   *diplomático*

Embora seja amistoso, de mente aberta e racional, você pode ser rigoroso quando os seus princípios estão envolvidos. Você abomina a injustiça; sua vontade é pesar e julgar todas as coisas com total justiça. É incapaz de tomar decisões apressadas. Detesta discussões; prefere conversar sobre as coisas e raciocinar em conjunto. Quer realizar-se intelectualmente; gosta das artes; seu tato é delicado e você gosta de se rodear de pessoas bem-educadas, refinadas e honestas. A conduta grosseira ou gente que se veste mal realmente lhe desagradam; o seu desejo de perfeição pode torná-lo uma pessoa de convivência difícil. Você tem curiosidade a respeito da maneira de pensar e de se comportar dos outros; assim, esse posicionamento de Mercúrio é bom para qualquer tipo de trabalho que envolva relações humanas, principalmente a psicologia; também é excelente para diplomatas e mediadores. Sem o estímulo de quadraturas e outros desafios a Mercúrio, você pode tornar-se demasiadamente social, leviano e superficial.

Presidente Dwight D. Eisenhower, dramaturgo Oscar Wilde, cantor Maurice Chevalier, escritora Fannie Hurst, esquiador Jean-Claude Killy.

☿ ♏ MERCÚRIO EM ESCORPIÃO
palavra-chave *incisivo*

Você é crítico, cético e às vezes mesmo misterioso ou desconfiado. Você se fixa em suas opiniões e é difícil convencê-lo a mudar de idéia. É sagaz, vigoroso e capaz de ser incisivo demais, falando ou escrevendo. Você tanto é capaz de ferir os outros sem necessidade quanto de transformar esse sarcasmo num humor fino. Esse posicionamento investigativo e inquisidor de Mercúrio é bom para todas as profissões curativas; também é bom para química, fotografia, trabalho de detetive, ocultismo, pesquisa e grandes negócios. A sua mente é profunda, mas raramente é caridosa; sua determinação não tem fronteiras e a sua mentalidade é tão fixa que você é capaz de superar todos os obstáculos para conseguir o que deseja. Se o seu Mercúrio tem aspectos desfavoráveis, você precisa aprender a superar sua tendência de usar a fraqueza dos outros em seu próprio benefício; evite, também, julgar os que são menos afortunados.

Líder hindu Mohandas Gandhi, cientista Marie Curie, estadista Winston Churchill, atriz Suzanne Somers, rei Hussein.

☿ ♐ MERCÚRIO EM SAGITÁRIO
palavra-chave *independente* detrimento

Você é sincero e tem muito senso de humor. Impulsivo, muitas vezes fala sem pensar nas conseqüências. Você tem rasgos intuitivos da verdade mas, devido a um número exagerado de interesses, é capaz de dispersar sua força mental. A sua mente não precisa ser aguçada, mas sim direcionada. Generoso, progressista e honesto, você detesta enganar os outros. Como se preocupa mais com atitudes do que com fatos, você se interessa por educação superior, filosofia e religião. Valoriza o status intelectual, tende a ser um falador incansável e adora qualquer tipo de viagem. Se houver muitos aspectos desfavoráveis de Mercúrio, você pode ter a tendência a fazer sermões morais ou a ser demasiado pedante.

Psíquico Uri Geller, pastor evangélico Billy Graham, primeira-ministra Indira Gandhi, presidente Charles de Gaulle, senador Howard Baker, antropóloga Margaret Mead.

☿ ♑ MERCÚRIO EM CAPRICÓRNIO
palavra-chave   *sério*

Trabalhador, cauteloso e zeloso, sua mente é penetrante; sua memória para fatos e números é excelente, e o trabalho detalhista faz o seu gênero. Quando quer expor alguma coisa, você pode ser cheio de tato e diplomacia, mas basicamente tende ao esnobismo intelectual. Você tem senso comum e é capaz de dar uso prático às idéias. Tem autodisciplina e sabe disciplinar, mas precisa se lembrar de acrescentar o coração à cabeça. Seu pensamento e seus procedimentos são metódicos, o que lhe proporciona habilidade executiva e política. Você aprova as idéias tradicionais; é mais realista do que idealista. Também tem uma aguda percepção e bons poderes de concentração. Pode carecer da capacidade de rir de si mesmo, mas se tiver senso de humor vai ser um pouco satírico. Se houver aspectos desfavoráveis de seu Mercúrio, você pode ser muito materialista, ambicioso, dogmático e até desconfiado.

Presidente Richard Nixon, presidente Ronald Reagan, atriz Zsa Zsa Gabor, escritor Charles Dickens, cientista Louis Pasteur, ator Paul Newman.

☿ ♒ MERCÚRIO EM AQUÁRIO
palavra-chave   *original*   exaltação

Você tem muitos recursos, é observador, intuitivo e geralmente conhece bem a natureza humana. Sua mente é aguda, original, independente, humanitária e espirituosa. Você é capaz de assimilar idéias abstratas; tem uma tendência para o oculto. É estudioso, sociável e muitas vezes um autodidata. Interessado em ciência, no estudo da personalidade e nas questões de interesse humano, também gosta de ler e muitas vezes se envolve com grupos ou organizações. Fala e escreve com facilidade, mas pode ser muito tagarela. Embora esteja aberto a qualquer ponto de vista, não muda de opinião sem a devida reflexão e a análise lógica. Respeitador da verdade e objetivo, você não liga muito para a tradição ou para a aceitação social. Com aspectos desafiadores do seu Mercúrio, pode ser que pense muito mas realize pouco, ou que seja teimoso e excêntrico.

Compositor Wolfgang Amadeus Mozart, nutricionista Adelle Davis, líder dos direitos civis Martin Luther King, inventor Thomas A. Edison, escritor Norman Mailer.

☿ ♓ MERCÚRIO EM PEIXES
palavra-chave   *reflexivo*   detrimento

Você é psíquico e intuitivo, e aprende mais por assimilação do que por estudo. Sua memória é retentiva; sua mentalidade é reflexiva, romântica e poética. É possível que você oculte seus pensamentos reais e só os expresse quando está na companhia de amigos íntimos ou parentes. Esse posicionamento de Mercúrio mostra uma dualidade evidenciando qualidades contraditórias; isso, combinado à sua receptividade às influências externas, faz com que muitas vezes você seja acusado de ser caprichoso e sensível. Você se magoa com facilidade. Um ambiente harmonioso é importante para você, que reage mais subconscientemente do que racionalmente. Gosta de ser bem informado e muitas vezes adora música ou tem talento artístico de algum tipo. Com aspectos desfavoráveis, seu senso de realidade pode ser distorcido e sua mente pode vacilar; você pode ter uma tendência a ficar no mundo da Lua ou sonhar acordado; pode ficar pessimista, melancólico ou confuso. Muitos aspectos desfavoráveis podem dar-lhe uma imaginação mórbida, complexo de perseguição ou outras neuroses ou fobias. Acautele-se contra a autopiedade ou o ressentimento pessoal; concentre-se em ver e pensar claramente. Use seus muitos talentos e sua inata atitude espiritual para combater o seu negativismo potencial.

Psíquico Edgar Cayce, dançarino Vaslav Nijinsky, mímico Marcel Marceau, compositor Nikolai Rimsky-Korsakov, ator Steve McQueen.

Mercúrio nas Casas

MERCÚRIO NA PRIMEIRA CASA
palavra-chave   *cônscio de si*

Você é curioso, adaptável, inquieto e muitas vezes nervoso. Com aspectos favoráveis, é provável que seja bastante eloqüente; com muitos aspectos desafiadores, pode gaguejar ou ter algum defeito da fala. Você tem uma poderosa energia intelectual e mente rápida. Seu pensamento é muito orientado para você mesmo, que tem dificuldades em compreender de fato os sentimentos dos outros. É inteligente, e esse é um bom posicionamento para escritores, médicos, cientistas, acadêmicos e bibliotecários. Você tem uma profunda necessidade de se expressar, e algumas vezes fala antes de pensar. Mas, em geral, aborda os seus assuntos pessoais de maneira muito racional.

Pastor evangélico Billy Sunday, cantora Barbra Streisand, escritora Zelda Fitzgerald, pintor Toulouse Lautrec.

MERCÚRIO NA SEGUNDA CASA
palavra-chave   *cônscio dos valores*

Você valoriza aquilo que acha que pode dar resultados práticos; é voltado para dinheiro e negócios, e tanto pode ser sovina como muito gastador, dependendo do signo e dos aspectos de Mercúrio. Você gosta de tomar decisões rápidas e sua mente é boa para ocupações racionais, comerciais, administrativas ou educacionais. Esse é um bom posicionamento para economistas, encarregados de planejamento de negócios, vendedores, escritores que atraem o público, editores e qualquer profissão que envolva comunicações.

Líder nazista Hermann Goering, primeiro-ministro Benjamin Disraeli, advogado dos consumidores Ralph Nader, presidente Ronald Reagan.

MERCÚRIO NA TERCEIRA CASA
palavra-chave cônscio da comunicação   dignidade acidental

Você é muito inteligente, com bons poderes de raciocínio e conversação. É capaz de tomar decisões rápidas; seu raciocínio é correto e exato. Tem talento literário, é um bom secretário, gosta de escrever cartas e é um excelente repórter. A pesquisa e a investigação o atraem. Os assuntos relativos a seus irmãos e vizinhos são importantes para você; na verdade, pode ser que trabalhe para um parente. Você tem curiosidade a respeito de todas as facetas da vida. É conveniente escolher uma profissão que o mantenha em movimento, pois você é inquieto por natureza. Com aspectos desafiadores, pode exagerar e depauperar seus nervos trabalhando demais ou se preocupando demais; também pode desenvolver problemas intestinais, ou tender ao exagero e mesmo ao engano. Com um Mercúrio desfavorável, é melhor estudar todos os documentos e contratos antes de assinar. Fumar é proibido.

Escritor Charles Dickens, dramaturgo Eugene O'Neill, psíquico Uri Geller, ator Cary Grant.

MERCÚRIO NA QUARTA CASA
palavra-chave cônscio do lar

Você é determinado, sua memória é retentiva e seu raciocínio é cuidadoso. Orgulhoso de sua família e interessado em seus antepassados, você adora antiguidades e pode ser um colecionador de livros, selos ou moedas. Provavelmente seus pais são educados e cultos. Este é um bom posicionamento para imóveis, agricultura, ecologia, arqueologia, geologia e outras profissões relacionadas com a terra. É possível que trabalhe dentro do seu próprio lar. Pode ser que mude de residência muitas vezes, ou que haja muita atividade em seu lar. Talvez um parente more com você. Com aspectos desafiadores, você se irrita facilmente, pois é bastante excitável. *Poeta Emily Dickinson, presidente Gerald Ford, pintor Pablo Picasso, vice-presidente Nelson Rockefeller, pugilista Max Baer, jogador de basquete Wilt Chamberlain.*

MERCÚRIO NA QUINTA CASA
palavra-chave   *cônscio do prazer*

Seu pensamento é criativo e você se expressa dramaticamente. Tem boa capacidade oratória. Pode ser autocrático e gosta de especulação. Você se ocupa com o amor, o prazer e os empreendimentos artísticos. Gosta de crianças, mas não terá filhos, necessariamente. Você se sente atraído por tudo que estimula sua mente, como xadrez ou palavras cruzadas. A educação é importante para você, que pode ser um excelente professor, ator, teatrólogo ou crítico de arte. Se Mercúrio estiver forte e fixo, você pode ser muito dogmático ou convencido.
Dançarina Leslie Caron, ator Marlon Brando, poeta Robert Browning, financista Diamond Jim Brady, pugilista George Foreman.

MERCÚRIO NA SEXTA CASA
palavra-chave   *cônscio do trabalho*   dignidade acidental

Você é prático, reservado, sistemático, eficiente, gosta de trabalho mental e é muito observador. Interessa-se por educação, saúde, higiene, medicina, literatura e engenharia. É trabalhador e deve se cuidar para não trabalhar demais. Como é um excelente planejador, esse posicionamento é bom para empreendimentos comerciais ou trabalho de secretariado. Você gosta de uma série de empregos, e corre o risco de se dispersar. Aspectos desfavoráveis podem fazer com que se preocupe desnecessariamente, o que pode causar má saúde. Os problemas de saúde nessa Casa geralmente derivam de pensamento errado, e não de alguma coisa física. Uma boa dieta ajuda.
Presidente Dwight D. Eisenhower, jogador de baseball Hank Aaron, ator Charlie Chaplin, general George Patton.

MERCÚRIO NA SÉTIMA CASA
palavra-chave   *cônscio dos outros*

A não ser que haja muitos aspectos desfavoráveis de Mercúrio, o relacionamento com o seu parceiro vai ser honesto e refinado. Seu casamento po-

139

de ser mais mental que emocional, e pode ser que se case mais de uma vez. Pode ser que se case com alguém mais jovem do que você, ou se case bem cedo. É possível que escolha um parceiro rápido, espirituoso e talentoso. As pessoas são importantes para você, que tem um bom relacionamento com o público em geral. Esse é um bom posicionamento para relações públicas, aconselhamento, psicologia e direito. Os aspectos desafiadores podem ocasionar a tendência à discussão. Seria melhor resolver os problemas legais fora dos tribunais, e estudar cuidadosamente contratos e documentos antes de assinar qualquer coisa.

Ator Charles Boyer, ex-primeira dama Betty Ford, maestro Leonard Bernstein, cantora Anita Bryant, cantor Bob Dylan.

MERCÚRIO NA OITAVA CASA
palavra-chave *cônscio da motivação*

Sua percepção é penetrante e você se sente atraído pelo oculto. Intuitivo, misterioso e psíquico, você gosta de tramas; às vezes pode ser matreiro ou sarcástico. Como tem a capacidade de lidar com os assuntos e posses dos outros, esse é um bom posicionamento para bancos, finanças de empresas, impostos e seguros. Essa posição é particularmente boa para a política; os políticos não apenas lidam com os negócios dos outros, mas também precisam da ajuda e do apoio dos outros. Sua primeira experiência sexual pode ser precoce. Com Mercúrio nessa posição, a morte de um parente ou de um amigo próximo pode afetá-lo profundamente. Aspectos desfavoráveis indicam, muitas vezes, que você guarda rancor. Evite fumar, já que seus pulmões precisam de muito oxigênio.

Bispo James Pike, senador Robert Kennedy, presidente John F. Kennedy, presidente Harry Truman, cantor Frank Sinatra, assessor da Casa Branca John Dean.

MERCÚRIO NA NONA CASA
palavra-chave *cônscio da educação*

Você é zeloso e religioso, embora com aspectos desfavoráveis possa duvidar de tudo. Você se interessa por educação superior, filosofia, países estrangeiros e culturas estrangeiras. Adora viajar e tem facilidade para aprender línguas. Você se sai bem em propaganda ou publicidade; esse posicionamento também é bom para professores, historiadores e antropólogos. Você pode ser muito intuitivo e até mesmo visionário. Com aspectos desafiadores, pode ser muito dogmático, obstinado ou rude, ou mudar muito freqüentemente de ponto de vista. Pode ter problemas com seus sogros, e é melhor viver longe deles.

Ex-primeira dama Jacqueline Kennedy Onassis, ditador Benito Mussolini, líder dos direitos civis Angela Davis, cantora Mary Martin, presidente Charles de Gaulle.

MERCÚRIO NA DÉCIMA CASA
palavra-chave *cônscio da realização*

Você gosta de fatos, é muito rápido mas nem sempre minucioso. Em geral é alegre, bem-sucedido e extrovertido. Gosta de mudar de emprego e pode ter mais de um emprego ao mesmo tempo. Sua carreira é importante para você, que se sente atraído para a política ou para profissões que envolvam a vida pública. Em geral é um orador em público bem-sucedido, sabendo comunicar suas idéias de muitas formas diferentes. Esperto e ativo, tem capacidade de organização. A educação o interessa, mas somente como um meio de incrementar sua carreira. Com muitos aspectos desafiadores, você pode deixar para trás os princípios e se tornar calculista para realizar suas ambições pessoais.

Líder cubano Fidel Castro, imperador Napoleão Bonaparte, governador Edmund G. Brown, compositor Igor Stravinsky.

MERCÚRIO NA DÉCIMA PRIMEIRA CASA
palavra-chave *cônscio do grupo* exaltação acidental

Sua mente é ativa e original. Você gosta de amigos cultos, adora idéias novas, é intuitivo e muitas vezes idealista. Os amigos e os grupos são muito importantes para você, que gosta de se juntar a eles para atingir objetivos comuns. Gosta de partilhar seu conhecimento com seus amigos, já que suas amizades são mais mentais que emocionais. Muito sociável e sem preconceitos, provavelmente tem muitos amigos mais jovens. Com aspectos desafiadores, você tende a ser crítico, cínico, sem praticidade e às vezes excêntrico. Se não escolher seus amigos com cuidado, poderá haver problemas ou escândalos.

Pugilista Joe Louis, princesa Anne, pintor Salvador Dali, pastor evangélico Aimee Semple McPherson.

MERCÚRIO NA DÉCIMA SEGUNDA CASA
palavra-chave   *cônscio do interior*

Você é bom para analisar os problemas dos outros; interessa-se pelo reino psíquico, e seu pensamento pode ser misterioso. Sua mente é sutil e você gosta de trabalhar isoladamente. Às vezes, pode ter dificuldade em se expressar. Carece de autoconfiança mas esconde a sua insegurança; precisa se acautelar para não viver num mundo de sonhos. Baseia suas decisões mais nos sentimentos do que na razão. Se o seu Mercúrio estiver próximo do Ascendente, vai assumir uma característica de primeira Casa, tornando-o muito comunicativo e menos introvertido. Com aspectos desfavoráveis, pode ser que você tenha tido problemas de leitura quando criança, ou uma infância incomum; talvez tenha sido criado por pais adotivos, num orfanato ou num internato.
Pastor evangélico Billy Graham, líder da contracultura Timothy Leary, compositor Johanes Brahms, escritor Ernest Hemingway.

Mercúrio em Aspecto

Qualquer aspecto com Mercúrio deve ser considerado como *mental*.
A conjunção dá *ênfase mental*.
A oposição proporciona *percepção ou falta de percepção mental*.
A quadratura cria *tensão mental*.
O trígono e o sextil dão *fluxo e facilidade mentais*.
O quincunce sugere *um ajuste mental a ser feito*.

Conjunções

☿ ♂ ♀ MERCÚRIO EM CONJUNÇÃO COM VÊNUS

Aqui temos o planeta da mente e das comunicações em conjunção com o planeta dos afetos e do amor; a ênfase aqui é em fazer e dizer a coisa certa na hora certa. Você é charmoso, afável e bonachão. Tem muitos talentos artísticos, bem como a capacidade de expressá-los.
Poeta Rod McKuen, cantor Harry Belafonte.

☿ ♂ ♂ MERCÚRIO EM CONJUNÇÃO COM MARTE

Você tem muita energia mental, é inquieto, curioso e impaciente, e às vezes pode precisar diminuir seu ritmo. Sua mente é clara e incisiva, constantemente caminhando para a frente e raramente olhando para trás. Você adora debates e discussões e tem boa habilidade para escrever. Pode ser satírico, controvertido e julgar os outros apressadamente.

Cantor Johnny Cash, sismólogo Charles Richter.

☿ ♂ ♃ MERCÚRIO EM CONJUNÇÃO COM JÚPITER

Você pensa grande e tem uma curiosidade insaciável. É entusiasmado, interessado em muitas áreas e dado a exageros. Sua inteligência é acima da média. Gentil e otimista, tem muita habilidade verbal. Embora imponha respeito, você precisa desenvolver a autodisciplina. Essa conjunção enfatiza a educação, a história e o trabalho em relações públicas.

Escritor Marcel Proust, ator Paul Newman.

☿ ♂ ♄ MERCÚRIO EM CONJUNÇÃO COM SATURNO

Você é cuidadoso, sóbrio, lógico, metódico, tenaz, preciso e responsável; pode ser a voz da autoridade. É um bom ouvinte e geralmente prefere trabalhar sozinho. Essa conjunção é boa para gerência empresarial, matemática e arquitetura. Com aspectos desfavoráveis, você pode ser pessimista, abatido ou deprimido.

Físico Albert Einstein, seqüestrador Bruno Hauptmann.

☿ ♂ ♅ MERCÚRIO EM CONJUNÇÃO COM URANO

Você sabe o que quer, é dramático, brilhante, inventivo, criativo, articulado, individualista, progressista e independente. Interessa-se por astrologia, ciência, comportamento humano, psicologia e eletrônica. Precisa de uma boa educação. Não gosta de interferências, e com aspectos desafiadores à conjunção pode ser excêntrico e sem tato.

Psicanalista Sigmund Freud, cientista Louis Pasteur.

☿ ♂ ♆ MERCÚRIO EM CONJUNÇÃO COM NETUNO

Essa conjunção torna-o anormalmente sensível; você é sonhador, poético, gosta de música, de dançar, dos esportes aquáticos e de fotografia. Tem uma imaginação vívida e é visionário, mas pode sonhar demasiadamente. Tende a fugir de experiências desagradáveis através da fantasia e do engano. Evite os estimulantes artificiais, principalmente as drogas e o álcool.
Astronauta Neil Armstrong, poeta Anne Morrow Lindbergh.

☿ ♂ ♇ MERCÚRIO EM CONJUNÇÃO COM PLUTÃO

Sua mente é profunda, sutil, persuasiva e inclinada ao extremismo. Você tem muitos recursos, é investigador, persistente e fascinado pelo misterioso e pelo desconhecido. Esse é um bom aspecto para pesquisa, análise, cirurgia, química ou exploração. Pode ser que você seja falso. Pode ter complexo de poder ou se envolver com pessoas indesejáveis.
Escritor Arthur Conan Doyle, cientista Galileu Galilei.

Quadraturas e Oposições

☿ □ ♀ MERCÚRIO EM QUADRATURA COM VÊNUS
☿ ♂ ♀ MERCÚRIO EM OPOSIÇÃO A VÊNUS

Como a maior distância possível entre Mercúrio e Vênus é de 74°, eles não fazem aspectos maiores entre si além da conjunção e do sextil.

☿ □ ♂ MERCÚRIO EM QUADRATURA COM MARTE
☿ ♂ ♂ MERCÚRIO EM OPOSIÇÃO A MARTE

Você tem um bom intelecto mas pode ser demasiadamente impulsivo e, de vez em quando, tirar conclusões apressadas. Você é curioso e, se não tomar cuidado, seu gasto de energia mental pode levar à exaustão. Precisa aprender a se concentrar e a conciliar. Você é combativo, dogmático, tem a língua afiada, é crítico e com propensão a ter dores de cabeça. Esse aspecto é bom para direito, estratégia, teatro, esportes e administração.
General George Patton (□), cantor James Taylor (♂).

☿ □ ♃ MERCÚRIO EM QUADRATURA COM JÚPITER
☿ ☍ ♃ MERCÚRIO EM OPOSIÇÃO A JÚPITER

Você quer começar do alto, espera demais dos outros ou tenta escapar do jeito mais fácil. Pode ser um blefador. A educação é importante para você, mas ela pode ser interrompida. Curioso e impulsivo, suas intenções freqüentemente são melhores que seus atos. Você tem dificuldade em discernir suas crenças, sua filosofia, ou sua capacidade de comunicar-se, mas pode vencer esses problemas. Pode ser competente em direito, educação, literatura ou relações públicas. Esse é um bom aspecto para políticos.
Escritor Ralph Waldo Emerson (□), primeira-ministra Indira Gandhi (☍).

☿ □ ♄ MERCÚRIO EM QUADRATURA COM SATURNO
☿ ☍ ♄ MERCÚRIO EM OPOSIÇÃO A SATURNO

Você é tradicionalista, reservado, tímido, trabalhador, responsável e ambicioso. Pode ter uma infância difícil devido a problemas com seu pai, que causam inseguranças, defensividade, natureza desconfiada ou depressões. Problemas dentários ou de audição são comuns com esse posicionamento. Esse é um bom aspecto para os altos negócios e a política.
Financista Bernard Baruch (□), presidente Calvin Coolidge (☍).

☿ □ ♅ MERCÚRIO EM QUADRATURA COM URANO
☿ ☍ ♅ MERCÚRIO EM OPOSIÇÃO A URANO

Sua mente é alerta e engenhosa; seu pensamento é excêntrico. Você é intelectual e é difícil enganá-lo. Um "rebelde com uma causa", você gosta de desafiar a autoridade e raramente aceita conselhos. É arrogante, nervoso, ousado e descontente. Suas crenças são auto-enaltecedoras. Esse aspecto é bom para ciência, filosofia, política e para escrever.
Imperador Napoleão Bonaparte (□), escritor Johann Wolfgang von Goethe (☍).

☿ □ ♆ MERCÚRIO EM QUADRATURA COM NETUNO
☿ ☍ ♆ MERCÚRIO EM OPOSIÇÃO A NETUNO

A sua abordagem do amor, do romance e do casamento é irrealista, e você vê a vida através de lentes cor-de-rosa. Criativo, sensível, perceptivo e

145

imaginativo, pode ser um ingênuo ou um farsante, e se distrai facilmente. Tende a se abstrair e teme a competição. A escrita, a música, a dança, a pintura, o teatro ou os programas sociais o atraem.
Poeta Elizabeth Barrett Browning (□), atriz Elizabeth Taylor (♂).

☿ □ ♇ MERCÚRIO EM QUADRATURA COM PLUTÃO
☿ ♂ ♇ MERCÚRIO EM OPOSIÇÃO A PLUTÃO

Sua fala é incisiva, você diz as coisas como elas são, mas também é capaz de demonstrar extraordinário tato e diplomacia. Gosta de converter os outros às suas idéias. Raramente demonstra equilíbrio mental; oscila da devoção e do zelo cego ao pessimismo, ao resmungo e altercações. Assume riscos desnecessários. Pode sair-se bem em pesquisa, investigação criminal, medicina ou psicologia. Esse aspecto é bom para novos modos de expressão em qualquer área.
Médico Charles Mayo (□), pintor Pablo Picasso (♂).

Trígonos e Sextis

☿ △ ♀ MERCÚRIO EM TRÍGONO COM VÊNUS

Como a maior distância possível entre Mercúrio e Vênus é de 74°, eles não formam aspectos maiores além da conjunção e do sextil.

☿ ✳ ♀ MERCÚRIO EM SEXTIL COM VÊNUS

Você é agradável socialmente e tem muito charme. Sabe conciliar. Refinado e bonachão, tem um estilo imaginativo. Julga com imparcialidade e recebe cooperação dos outros. Pode ganhar dinheiro como orador, escritor, ator ou animador.
Ator Gregory Peck, pianista Liberace.

☿ △ ♂ MERCÚRIO EM TRÍGONO COM MARTE
☿ ✳ ♂ MERCÚRIO EM SEXTIL COM MARTE

Esse aspecto fortalece a mente; você nunca pára de aprender. É rápido, prático, perceptivo, leal e corajoso. Sabe detectar a fraqueza dos outros, e é capaz de se aproveitar disso. É convincente nos debates e tem um discurso dramático. É criativo, literário e um bom artesão. Também pode ser um bom repórter, político ou relações públicas. Gosta de crianças, mas freqüentemente não tem filhos.

Presidente Franklin Delano Roosevelt (△), atriz Leslie Caron (✳).

☿ △ ♃ MERCÚRIO EM TRÍGONO COM JÚPITER
☿ ✳ ♃ MERCÚRIO EM SEXTIL COM JÚPITER

Você é de boa índole, conciliador e de gestos vivos. Sua mente é boa, mas não necessariamente original. Você tem excelente domínio da língua, boa compreensão e muita integridade. É honrado, justo, otimista, bonachão, filosófico e tímido. As viagens em geral são gratificantes para você. Esse aspecto é bom para literatura, jornalismo, publicações, ensino, empresas relacionadas com o exterior, oratória e aconselhamento.

Colunista Hedda Hopper (△), psicanalista Sigmund Freud (✳).

☿ △ ♄ MERCÚRIO EM TRÍGONO COM SATURNO
☿ ✳ ♄ MERCÚRIO EM SEXTIL COM SATURNO

Você tem boa memória e é prático, lógico, estudioso, mundano e cheio de recursos. Devido à sua mente disciplinada, é capaz de se concentrar com facilidade. Você é metódico, responsável, sério e sensato. Na juventude, prefere a companhia dos mais velhos. Esse aspecto é excelente para generais, políticos, historiadores, cientistas, escritores, pesquisadores e pessoas engajadas nos altos negócios.

Escritor Ernest Hemingway (△), ditador Benito Mussolini (✳).

☿ △ ♅ MERCÚRIO EM TRÍGONO COM URANO
☿ ✳ ♅ MERCÚRIO EM SEXTIL COM URANO

Você é original, talentoso, independente e brilhante a ponto de atingir a genialidade. É fascinante, muito eloqüente e tem grande senso dramático. Singular, empreendedor, intuitivo e progressista, você se impacienta com a

ignorância. Tem excelente memória. Você derruba e lança tendências. Esse aspecto é bom para filosofia, psicologia, educação, literatura e teatro.
Escritora George Sand (△), atriz Marilyn Monroe (✳).

☿ △ ♆ MERCÚRIO EM TRÍGONO COM NETUNO
☿ ✳ ♆ MERCÚRIO EM SEXTIL COM NETUNO

Esse aspecto indica o supervendedor. Você é meticuloso, sutil e idealista, tem muita imaginação e é receptivo a novas idéias e novos métodos. Tem talento para o teatro, a música, o jornalismo e para escrever discursos; você consegue pintar quadros com palavras.
Atriz Tallulah Bankhead (△), advogado F. Lee Bailey (✳).

☿ △ ♇ MERCÚRIO EM TRÍGONO COM PLUTÃO
☿ ✳ ♇ MERCÚRIO EM SEXTIL COM PLUTÃO

Você é espirituoso, diplomático, analítico e individualista. Tem uma compreensão profunda e bons poderes de concentração; usa inteligentemente a sua força de vontade. Pode exercer influência sobre os outros, é corajoso e gosta de competir. Pode ser que você espere demais dos outros. Esse aspecto é bom para análise, ensino, medicina, pesquisa e administração financeira.
Financista Bernard Baruch (△), inventor Thomas Edison (✳).

Quincunces (Inconjunções)

☿ ⚻ ♀ MERCÚRIO EM QUINCUNCE COM VÊNUS

Como a maior distância possível entre Mercúrio e Vênus é de 74°, os únicos aspectos maiores que podem fazer são a conjunção e o sextil.

☿ ⚻ ♂ MERCÚRIO EM QUINCUNCE COM MARTE

Você é bem informado, mas nem sempre capaz de usar essa informação, porque assume responsabilidades demais. Seus esforços muitas ve-

zes não são valorizados. Embora seja trabalhador, precisa burilar o seu senso de prioridades. É mentalmente impaciente, muito impulsivo e às vezes rebelde e irritante. A não ser que modere suas atividades, sua saúde pode ser prejudicada.
Teosofista Annie Besant, marechal-de-campo Henri Pétain.

☿ ⊼ ♃ MERCÚRIO EM QUINCUNCE COM JÚPITER

Você é generoso com os outros a expensas do seu próprio tempo. Sua tendência é assumir muitos compromissos, frustrando-se facilmente em seguida. Embora sua educação possa ser interrompida, você precisa de uma boa educação para atingir os seus objetivos. Pode tornar-se um típico benfeitor. Pode adorar fugir viajando ou perambulando pelo mundo.
Advogado dos consumidores Ralph Nader, poeta Lord Byron.

☿ ⊼ ♄ MERCÚRIO EM QUINCUNCE COM SATURNO

Esse aspecto mostra que você tem uma tendência a cair na rotina ou sentir pena de si mesmo. Sente enorme necessidade de aprovação para compensar o seu senso de insegurança. Às vezes você é forçado a tomar conta de parentes mais velhos ou doentes. É bom em matemática e áreas afins. Pode ser implacável e se aproveitar dos outros, dizendo "quero o que quero, quando quero".
Compositor Johannes Brahms, atriz Mia Farrow.

☿ ⊼ ♅ MERCÚRIO EM QUINCUNCE COM URANO

Você tem enorme capacidade intelectual, que vem aos borbotões. É um pensador abstrato e progressista. É egocêntrico, mas sempre se sente culpado por causa disso. Gosta de servir à humanidade, e, se exagerar, sua saúde pode ficar prejudicada. É um trabalhador infatigável, mas é nervoso e precisa desenvolver a autodisciplina. Você pode ter excelente coordenação física ou ser dado a acidentes.
Físico Albert Einstein, jogadora de tênis Chris Evert.

☿ ⚻ ♆ MERCÚRIO EM QUINCUNCE COM NETUNO

Embora seja criativo e inspirado, você nunca está satisfeito com a sua forma de expressar esses talentos. Detesta a rotina. Precisa determinar quais são suas responsabilidades, e em seguida cumpri-las. Tem muita energia nervosa e muitas idéias grandiosas. Pode confiar demais e ser muito irrealista, e os outros podem se aproveitar de você ou usá-lo.
Escritor Ralph Waldo Emerson, ator Clark Gable.

☿ ⚻ ♇ MERCÚRIO EM QUINCUNCE COM PLUTÃO

Como seu senso de responsabilidade é superdesenvolvido, você pode assumir deveres demais. De vez em quando, pode ser que se envolva nos negócios dos outros. É sensível e intuitivo e gosta de se envolver totalmente nas causas. Espera muito, tanto de você mesmo quanto dos outros; cuidado para não esgotar suas energias, pois sua saúde pode ficar prejudicada.
Líder de direitos civis Angela Davis, presidente Charles de Gaulle.

Lição 11: Vênus

Algumas Sugestões

Antes de começar a ler a lição 11, gostaríamos de fazer-lhe algumas sugestões.

1. Não tente assimilar muito de cada vez.
2. Não pule de um planeta para outro. Termine de aspectar e delinear um planeta antes de começar o seguinte. Não pule para Mercúrio antes de terminar o Sol e depois a Lua.
3. Para uma compreensão ainda melhor do que estamos tentando ensinar-lhe, volte ao mapa de Franklin D. Roosevelt e examine seus aspectos e posições por Casa, à medida que lê o nosso texto mais detalhado.

Agora vamos para a lição 11 – Vênus. Quando terminar esta lição, tente delinear o Vênus de Judy Garland. A nossa interpretação está no Apêndice na página 271.

Vênus nos Signos

Vênus representa o *afeto*, o seu *senso de valores* e os seus *impulsos sociais*. Lembre-se disso ao ler as descrições que se seguem.

♀ ♈ VÊNUS EM ÁRIES
palavra-chave *demonstrativo* detrimento

Você é magnético, cheio de idéias e um pensador rápido. Inquieto, ardente e provocador, pode ser esmagador e sua agressividade pode até afastar os outros. Como é extrovertido e entusiasmado, você se destaca nas situações sociais. Sua perspectiva é alegre e positiva; você se apresenta bem, e pode ser criativo e artístico. Com aspectos desfavoráveis, pode ser inconstante, se atirar num casamento prematuro ou apressado, e até não ter modos. Você precisa desenvolver maior compreensão dos sentimentos dos outros.

Cantora Liza Minelli, atriz Elizabeth Taylor, transexual Christine Jorgensen, ministro da Defesa Moshe Dayan, ator Neville Brand.

♀ ☿ VÊNUS EM TOURO
palavra-chave *constante* dignidade

Fiel e estável, seu sentido do tato é altamente desenvolvido. Você adora ambientes luxuosos e requintados, e tem um senso inato do valor dos objetos materiais. Embora seja sensual, expressa essa sensualidade passivamente; deixa que as coisas venham até você. Com seu charme, sua boa aparência e provavelmente sua boa voz, o sexo oposto acaba vindo ao seu encontro. Você tem uma ligação íntima com a natureza, as flores e a jardinagem; também pode se sair bem em qualquer campo artístico. Convencional e sociável, suas emoções são profundas. Quando se sente inseguro, você se torna ciumento e possessivo. Com aspectos desfavoráveis, pode ser que seja muito teimoso, ou que se case tarde. Como gosta de boa comida, pode ter problemas de peso.

Compositor Nikolai Rimsky-Korsakov, poeta Walt Whitman, violinista Yehudi Menuhin, ator Warren Beatty, apresentador de TV Tom Snyder.

♀ ♊ VÊNUS EM GÊMEOS
palavra-chave *inconstante*

Você é generoso, amistoso e desprendido. Precisa de muita liberdade. Gosta que seu parceiro seja intelectual e, se possível, que tenha senso de humor. Você gosta de perambular pelo mundo e é um literato, até mesmo poético. Falta permanência à maioria dos seus envolvimentos, e pode ser que você se case mais de uma vez. Seus valores em assuntos românticos podem ser bastante superficiais, principalmente se você não tiver planetas fixos no resto do seu mapa. Você tem modos agradáveis, um bom relacionamento com irmãos e vizinhos e muito senso de família. Suas emoções estão mais no nível mental do que sentimental, e você floresce com a mudança e a variedade. Sua natureza é curiosa e você quer experimentar muito do que a vida tem a oferecer.

Poeta Alfred Lord Tennyson, jornalista Lowell Thomas, escritor Henry David Thoreau, cantora Cher, ator Eddie Albert.

♀ ♋ VÊNUS EM CÂNCER
palavra-chave *sensível*

Idealista e poético, você gosta das coisas boas da vida. Pode ser tolerante, mas raramente é um esbanjador. Possui muita sensibilidade e se magoa facilmente, mas tenta esconder esse fato mantendo-se ocupado ou fingindo não se importar. Você sabe desfrutar o seu lar e administrá-lo. Se não tiver uma casa para cuidar, vai tomar conta do mundo todo. A segurança financeira e doméstica é muito importante para você. É gentil, simpático, insinuante e exala um tranqüilo charme. Com Vênus nessa posição, suas reações são instintivas e emocionais; numa parceria, você pode agir mais como mãe do que como parceiro. Gosta que seu parceiro seja muito franco. Com aspectos desfavoráveis, a tendência ao sentimentalismo se torna muito acentuada; pode se apegar demais às pessoas que ama, ou seus pais podem fazer objeções à pessoa que você escolhe.
Pianista Liberace, cantor Nelson Eddy, poeta Robert Browning, primeiro-ministro Menachim Begin, humorista Ogden Nash.

♀ ♌ VÊNUS EM LEÃO
palavra-chave *romântico*

Você é ardente e romântico e pode ter um comportamento teatral. Adora a vida e o amor. Pode ser um arrivista, que gosta de dar festas suntuosas e adora gente elegante. Você tem muito orgulho, gosta de ser notado e de ser o centro das atenções. As roupas e a aparência são importantes para você, assim como as crianças, e gosta de namoros dramáticos e excitantes. Tem grande necessidade de ser aplaudido; se não conseguir isto em casa, vai procurar em outro lugar. Sua boa percepção das cores lhe dá habilidade artística. As áreas de teatro, comunicação escrita, música o atraem. Você é caloroso, afetuoso e leal com quem você acha que merece. Com aspectos desafiadores, pode ser ciumento, esnobe, não saber discriminar e ser superpreocupado com sexo.
Pintor Andy Warhol, violinista Isaac Stern, costureira Coco Chanel, costureiro Pierre Cardin, escritora George Sand.

♀ ♍ VÊNUS EM VIRGEM
palavra-chave *exigente*   queda

Você é ordeiro, até mesmo científico em relação à sua aparência pessoal e à sua abordagem. Tende a analisar tudo que faz, e analisa todas as emoções até destruir qualquer sentimento natural ou espontâneo. Com Vênus em Virgem, você pode casar tarde ou ficar solteiro, mas tem um relacionamento muito bom com seus amigos e colegas. Tem dificuldade em dar-se emocionalmente; prefere compartilhar interesses profissionais ou intelectuais com os outros. Afável, retraído e tímido, sente simpatia pelos infelizes. Pode dar um bom médico ou enfermeiro, e se interessa muito por saúde e higiene. Com aspectos desfavoráveis, essa posição pode se inverter. Em vez de se esconder do amor, você pode ficar obcecado por sexo; em vez de arrumado e limpo, pode se tornar desmazelado e grosseiro; em vez de trabalhador, preguiçoso e dissimulado.

Atriz Brigitte Bardot, atriz Sophia Loren, líder sindical Walter Reuther, comediante Will Rogers, místico russo Grigori Rasputin, cineasta Dino DeLaurentiis.

♀ ♎ VÊNUS EM LIBRA
palavra-chave *compatível*   dignidade

A harmonia, o casamento e todos os relacionamentos sociais são extremamente importantes para você, que gosta de companhia e de agradar aos outros. Bastante imparcial nós julgamentos, tem altos padrões de conduta social. Adora a beleza, o luxo e o estímulo intelectual, e sabe receber bem. Brigas e barulhos altos podem deixá-lo nervoso, já que seu sentido de audição é bem desenvolvido. Embora não seja guiado pelo dinheiro, você aprecia o que o dinheiro pode comprar. Tem muitos talentos, mas a música, o desempenho em público, a pintura e a escultura são especialmente adequados para o seu temperamento. É atraente, e se sente atraído pelo sexo oposto; na verdade, você ama o amor. Pode ser facilmente magoado, mas dificilmente guarda rancor. Afável e reconhecido, por dentro é eternamente jovem. Com aspectos desfavoráveis, pode se tornar muito superficial ou efusivo e ser incapaz de viver de acordo com o que você acredita.

Showman Maurice Chevalier, pintor Pablo Picasso, músico Al Hirt, pianista Ignace Jan Paderewski, atriz Elke Sommer.

♀ ♏ VÊNUS EM ESCORPIÃO
palavra-chave *intenso*   detrimento

Suas emoções são muito profundas, e seus desejos sexuais são fortes e passionais. Você tende a ser ciumento e misterioso, e tem dificuldade em perceber os sentimentos dos outros. Também pode ser muito idealista, religioso e até mesmo místico. Como faz tudo com muita intensidade, você se sente desolado quando seus avanços são rejeitados, e o seu amor pode facilmente transformar-se em ódio. Mesmo seus gostos artísticos são coloridos por ternura e dramaticidade. Seu comportamento pode ser misterioso, e você raramente perde a dignidade. Com aspectos desafiadores, você se sente muito inseguro, e pode vir a se preocupar com o sexo. Pode ser egoísta e até mesmo cruel.

Psíquico Uri Geller, assassino e líder religioso Charles Manson, líder hindu Mohandas Gandhi, dramaturgo Eugene O'Neill, cantora Cass Elliott.

♀ ♐ VÊNUS EM SAGITÁRIO
palavra-chave   *objetivo*

Emocionalmente idealista, você também é descontraído, bem-humorado, sociável e até paquerador. Franco, amistoso, extrovertido, adora a liberdade. Tem muitos amigos e é objetivo nos relacionamentos pessoais. É honesto, seus gostos e sua moral são tradicionais. Você prefere uma abordagem clássica em vez da ultramoderna. Gosta da vida ao ar livre e de esportes, viagens, prazeres, diversão e jogos. Gosta de pessoas comedidas ou interessadas em educação. Pode casar-se com um estrangeiro. Com aspectos desfavoráveis, pode se tornar demasiado brincalhão, inconstante ou voltado para o prazer. Pode ser franco demais ao expressar seus sentimentos, ou tentar impor suas crenças aos outros.

Senador Barry Goldwater, primeiro-ministro Winston Churchill, escritor Mark Twain, assessor da Casa Branca John Dean, produtor Jack Haley, Jr.

♀ ♑ VÊNUS EM CAPRICÓRNIO
palavra-chave   *dedicado*

Você é basicamente inseguro, e para compensar seu senso de inadequação pode partir em busca de status e de bens materiais. Aparentemente frio e calculista na abordagem do casamento e das associações, tenta proteger-se, já que teme a rejeição. Para você é difícil demonstrar a ternura que realmente sente. Orgulhoso e reservado na conduta em público, pode parecer esnobe, mas é bem sucedido. Muitas vezes reprime suas emoções e sua sexualidade, mas lá no fundo você é muito sensual, até mesmo lascivo. Vai devagar com os relacionamentos românticos, e pode tanto escolher um parceiro mais velho e mais maduro quanto alguém muito mais jovem por quem você se sinta responsável. Quando alguém consegue penetrar na sua enorme couraça de reserva, você é leal e dedicado. Com seu potencial de liderança, pode sair-se bem nos negócios. Com aspectos desafiadores, pode se preocupar demais com a realização material e ser muito distante e frio emocionalmente.

General George Patton, senador Robert Kennedy, ator Clark Gable, músico Dave Brubeck, atriz Diane Keaton.

♀ ♒ VÊNUS EM AQUÁRIO
palavra-chave *desprendido*

Você é sereno, tranqüilo, calmo, amistoso, popular e altruísta. Prefere gostar de muitos a amar um só. Guia-se por suas próprias normas e regras, não se importando se são ou não aceitáveis socialmente. Suas atrações românticas freqüentemente são súbitas, mas nem sempre duradouras. Seu parceiro precisa ser um amigo além de um amante, e você espera dele estimulação mental e muita variedade. Não é possessivo, e foge de qualquer pessoa que queira amarrá-lo. É intuitivo e funciona bem com amigos e em grupos. Interessa-se por novas formas de arte, reformas legais e empreendimentos técnicos. Com aspectos desfavoráveis, você pode ser altivo, frio, teimoso e adorar experiências sexuais excêntricas.

Artista Paul Cézanne, cantora Janis Joplin, nutricionista Adelle Davis, cientista Linus Pauling, astronauta John Glenn.

♀ ♓ VÊNUS EM PEIXES
palavra-chave *compassivo*   exaltação

Você é gentil, compassivo, prestativo e terno. Muito compreensivo, pode ser bastante espiritualista. É romântico e sensível. Precisa de amor e ternura, e sem amor você se sente perdido. Sua intuição é altamente desenvolvida, e você se relaciona bem com a arte, a poesia, a natureza e os animais. É criativo e pode inspirar a criatividade dos outros. Entretanto, sua extrema sensibilidade pode deixá-lo vulnerável à mágoa. Sabendo disso, muitas vezes sofre em silêncio, ou pode tornar-se muito reticente. Auto-sacrifica-se e se sente atraído pelos infelizes. Com aspectos desfavoráveis, pode tornar-se demasiado dependente emocionalmente dos outros, ou pode forçar os outros a dependerem de você. Pode ser sentimental, hipersensível, não-discriminador e irrealista. Tente usar seus talentos artísticos de alguma forma positiva e criativa.

Poeta Elizabeth Barrett Browning, psíquico Edgar Cayce, líder dos direitos civis Martin Luther King, escritor Victor Hugo, rainha Elizabeth II.

VÊNUS NA PRIMEIRA CASA
palavra-chave *charmoso*

Vênus na primeira Casa proporciona beleza, harmonia, equilíbrio, elegância, intuição, gentileza, boa sorte e temperamento alegre. Você gosta de roupas bonitas, da vida social e adora que as pessoas o mimem. O começo da vida é agradável. Gosta de ambientes bonitos e um tipo de vida requintado. Pode ter muita lábia e gostar de música e de namorar. Tem facilidade em representar por causa de sua natureza expansiva. Com aspectos desfavoráveis, pode ser do tipo "eu primeiro", preguiçoso e indulgente.
Atriz Rita Hayworth, cantor Johnny Cash, ator Robert Taylor, Ethel Kennedy.

VÊNUS NA SEGUNDA CASA
palavra-chave *materialista* dignidade acidental

Você tem a capacidade de ganhar dinheiro, gosta de se sentir contente e próspero e tem bastante sorte. Valoriza o status social, e, portanto, sem dúvida, vai trabalhar duramente em prol do sucesso financeiro. Gosta de ganhar dinheiro de formas agradáveis, e pode seguir uma carreira relacionada com artes, beleza, roupas ou flores. Tem a capacidade de encantar os outros, e qualquer carreira que atenda às mulheres, inclusive as carreiras públicas, pode ser gratificante. Com aspectos desfavoráveis, pode ser que gaste mais do que ganhe, já que gosta de se exibir. Também pode ser guloso ou mesquinho.
Advogado F. Lee Bailey, comediante Peter Sellers, editor Hugh Hefner, comediante Jack Benny, dançarina Cyd Charisse.

VÊNUS NA TERCEIRA CASA
palavra-chave *agradável*

Você desfruta de um relacionamento agradável com seus irmãos e tem um princípio de vida harmonioso. Para você, conciliar é fácil, e em geral é capaz de compreender o ponto de vista dos outros. Sua mente é refinada, e você sempre se expressa bem. Gosta de estudar, de passear e de viajar. Charmoso e intelectual, seu bom gênio granjeia a estima de todos. Artístico e criativo, pode dar um bom escritor; se não escrever livros, pelo menos vai escrever cartas interessantes. Você não gosta de discutir; prefere atingir seus objetivos pela persuasão e não pela pressão. Com aspectos desfavoráveis, tende a ser inconstante, fingido e superficial.

Cornelia Wallace (esposa do governador George Wallace), presidente Ronald Reagan, dramaturgo Noel Coward, ator Lew Ayres.

VÊNUS NA QUARTA CASA
palavra-chave   *caloroso*

Você ama seus pais, que provavelmente estão bem de vida. Para você, é importante ter uma casa organizada. Gosta de receber, é sensível ao ambiente, gosta de móveis bonitos e se interessa por decoração, jardinagem, flores e artes. Pode se que se case tarde, mas vai ser bastante feliz. Na realidade, você desfruta de bom relacionamento com todas as pessoas de sua família. É otimista por natureza, e com razão; se se pautar por sua própria ética, sempre vai estar cercado de amor e calor. Com aspectos desfavoráveis, você pode se tornar exigente, ditatorial e ciumento.

Comediante Will Rogers, ex-primeira dama Betty Ford, senador George McGovern, imperador Hirohito.

VÊNUS NA QUINTA CASA
palavra-chave   *afetuoso*

Seus casos amorosos serão felizes, suas especulações serão bem sucedidas e seus filhos vão lhe trazer contentamento. Artístico e criativo, você tem uma queda natural para representar e escrever, e também pode se destacar nos esportes. Atrai o sexo oposto, de modo que provavelmente vai ter muitos romances. Este é um bom posicionamento para lidar com crianças e adolescentes. Sua natureza é afetuosa, amante do prazer, sociável e mesmo apaixonada. Com aspectos desafiadores, tudo isso ainda se aplica, mas vai ser mais difícil conseguir esses resultados; será preciso mais esforço da sua parte.

Atriz Shirley Temple, jogador de baseball Hank Aaron, milionário Diamond Jim Brady, ator Peter Lorre.

VÊNUS NA SEXTA CASA
palavra-chave *prestativo*

Você gosta de prestar serviços, e se dá maravilhosamente bem com seus colegas e empregados. Você funciona melhor quando os outros respeitam os seus padrões de hábitos. Gosta do trabalho artístico, e muitas vezes se envolve profissionalmente com mulheres. Prefere tarefas nas quais não tenha de sujar as mãos. Está sempre pronto a ajudar os outros, de modo que este é um bom posicionamento para mediadores, conselheiros de todos os tipos, árbitros e trabalhadores na área da saúde. Sua saúde em geral é boa, e você se interessa por suas roupas e por sua dieta. Com aspectos desfavoráveis, evite muito açúcar e amidos. Você pode tender a ser auto-indulgente e não estar disposto a fazer ajustes.
Psicanalista Carl Jung, compositor Frederic Chopin, atriz Kay Lenz, escritor Rod Serling.

VÊNUS NA SÉTIMA CASA
palavra-chave **harmonioso**   dignidade acidental

Capaz de criar ambientes agradáveis, você vai ser feliz no casamento. Popular com o público em geral, suas sociedades de negócios caminham sem tropeços. Com sua mente íntegra, pode esperar ter sucesso em assuntos relacionados com a lei. Sua natureza é amorosa; se não se casar, vai ser por sua opção, não por falta de oportunidade. Você tem muita elegância social e acha fácil se dar bem com todo tipo de pessoas. Com aspectos desfavoráveis, pode tender a acumular ressentimentos. Isso pode levar até mesmo a um complexo de perseguição.
Secretário da Justiça Oliver Wendell Holmes, atriz Jean Harlow, poeta Elizabeth Barrett Browning, escritor Jack Kerouac.

VÊNUS NA OITAVA CASA
palavra-chave *sensual*

Você vai lucrar muito através de um parceiro, ou talvez se beneficie através de seguros e heranças. Sua vida deve ser longa e sua morte, tranquila. Este é um bom posicionamento para os altos negócios, para operações bancárias e para a profissão literária. Você pode ter tendências espirituais; se as desenvolver, encontrará a felicidade e a paz de espírito. Seus relacionamentos sexuais são harmoniosos. Com aspectos desafiadores, você pode ter preguiça, falta de disciplina, demasiada sensualidade ou cometer excessos na comida e na bebida.

Escritor Hermann Hesse, bilionário John D. Rockefeller, Sr., transexual Christine Jorgensen, chefe de gabinete da Casa Branca Hamilton Jordan.

VÊNUS NA NONA CASA
palavra-chave **benéfico**

Você tem uma aguda intuição e gosta dos mais elevados aspectos culturais da vida. Amante do estudo, em geral tem boa educação. Vênus nesse posicionamento suaviza o caminho de sua vida. Prudente, gentil, simpático e prestativo, seus gostos são artísticos e refinados. Pode ser que se case com uma estrangeira, ou passe muito tempo viajando pelo exterior. Se você se casar, provavelmente vai ter um bom relacionamento com seus sogros. Se os aspectos forem desafiadores, poderá ser preguiçoso e indiferente, ou talvez ter demasiado zelo missionário ou religioso.

Educadora Maria Montessori, escritor Thomas Mann, vice-presidente Nelson Rockefeller, atriz Mary Tyler Moore.

VÊNUS NA DÉCIMA CASA
palavra-chave **benquisto**

Você é ambicioso e deve ser bem sucedido socialmente, encontrando em seu caminho muitas pessoas prontas e dispostas a ajudá-lo. Muitas vezes um dos genitores o ajuda profissionalmente. Você é popular, tem sorte e sucesso como o sexo oposto, mas pode acabar se casando por status e não por dinheiro. Você é um diplomata nato. Embora siga a onda e não seja de fato um pioneiro, tem sucesso com o público. Com aspectos desfavoráveis, pode ser um arrivista e não atingir os benefícios potenciais desse posicionamento.

Magnatas Henry Ford e Henry Kaiser, governador Edmund G.(Jerry) Brown, princesa Caroline de Mônaco.

VÊNUS NA DÉCIMA PRIMEIRA CASA
palavra-chave **amigável**

Você tem uma variedade de amigos, principalmente do sexo oposto, que podem ajudá-lo muito em sua carreira e em sua vida pessoal. Você tem relações no meio artístico e pode ser que se case com alguém de sua profissão. Você se sai bem trabalhando com clubes e organizações; talvez se envolva com filantropia. Tende a ser muito idealista e precisa ser mais realista para alcançar seus óbjetivos. Com aspectos desfavoráveis, é possível que escolha amigos errados e sofra muitos desapontamentos por causa deles.

Escritor Ernest Hemingway, costureira C. Chanel, atriz Catherine Deneuve, jogador de futebol O. J. Simpson.

VÊNUS NA DÉCIMA SEGUNDA CASA
palavra-chave **simpático** exaltação acidental

Você é gentil, compassivo, caridoso, tem simpatia pelos outros e muitas vezes é profundamente inspirado. Gosta de lugares isolados e precisa ter tempo a cada dia para recarregar as baterias. Embora as tendências de sua vida não seiam fortes, você sente uma necessidade compulsiva de servir aos outros. Atraído pelo oculto, gosta de investigar os significados mais profundos da vida e do amor. Basicamente tímido e magoando-se com facilidade, pode ser que tenha casos amorosos secretos. É bastante resignado nas dificuldades. Com aspectos desafiadores, pode amar uma pessoa que não seja livre ou sofrer reveses na vida amorosa ou vivenciar a frustração do divórcio.

Ator Gregory Peck, primeiro-ministro Benjamin Disraeli, cantora Peggy Lee, escritor James Hilton.

Vênus em Aspecto

Qualquer aspecto de Vênus deve ser considerado como afetando a *natureza amorosa.*

A conjunção enfatiza *os afetos* e *a natureza amorosa.*

A oposição mostra a sua *percepção ou falta de percepção dos seus sentimentos em relação aos outros.*

A quadratura *desafia seus afetos e sentimentos.*

O trígono ou o sextil emprestam *fluidez e suavidade ao sentimento de amor e de afeto.*

O quincunce sugere que é *necessário um ajuste para concretizar seus sentimentos.*

Conjunções

♀ ☌ ♂ VÊNUS EM CONJUNÇÃO COM MARTE

Sensível e sensual, você alia charme e energia. O romance vem facilmente até você, que exige muito das pessoas que ama. Muitas vezes, sente-se descontente e zangado porque espera demais. Você precisa de liberdade de expressão e detesta se sentir preso. A sua alma é livre. Seus envolvimentos são apaixonados; suas emoções calorosas e vitais, e às vezes você pode parecer abusado. Você é bom no relacionamento com o público, mas de vez em quando precisa ficar sozinho.

Chefe. de gabinete da Casa Branca Hamilton Jordan, piloto da RAF Peter Townsend.

♀ ♂ ♃ VÊNUS EM CONJUNÇÃO COM JÚPITER

Você é charmoso, generoso — até mesmo extravagante — e popular, principalmente com o sexo oposto. Tem bom relacionamento com os pais. Não gosta de vulgaridade e é moralista, imaginativo e religioso. É um bom professor e excelente relações públicas. É honesto, mas muitas vezes se aproveitam de você. Também pode ser preguiçoso e auto-indulgente.

Pianista Liberace, pintor Toulouse Lautrec.

♀ ♂ ♄ VÊNUS EM CONJUNÇÃO COM SATURNO

Para você, dever e felicidade se identificam. Tem bom senso e autodisciplina. Você tem grande necessidade de segurança, que muitas vezes vai buscar num parceiro mais velho e que talvez já tenha sido casado antes. Um de seus genitores pode ter sido muito rigoroso e frio, e portanto você pode ter medo das associações íntimas. Você é fiel, bastante sério e bom em matemática, finanças e arte. É trabalhador e protege a dignidade da família.

Cientista Marie Curie, ator Yul Brynner.

♀ ♂ ♅ VÊNUS EM CONJUNÇÃO COM URANO

De vontade forte e emocionalmente tenso, você tem uma personalidade cintilante e pode ser um gênio. Almeja paz, intelectualiza a vida e se recusa a ser previsível. Onde a singularidade é um requisito, você funciona bem. Se for um artista, seu trabalho será muito original. Você se envolve em muitas ligações fora do comum e tende a terminar seus romances de repente; raramente permanece fiel a uma só pessoa, misturando muitas vezes amizade e amor. Você é muito sociável.

Atriz Elizabeth Taylor, senador Edward Kennedy.

♀ ♂ ♆ VÊNUS EM CONJUNÇÃO COM NETUNO

Você é muito nervoso, temperamental, um apreciador da beleza, da arte e da poesia, e adora música. Não é prático, é um sonhador romântico, deseja uma ocupação pacífica. Não vê os outros claramente e pode vivenciar muitos desapontamentos nos relacionamentos emocionais. Adora animais. Pode ser um paquerador, às vezes confia demais nos outros, e geralmente se sente à vontade em sociedade.

Dramaturgo William Shakespeare, ator Rossano Brazzi.

♀ ♂ ♇ VÊNUS EM CONJUNÇÃO COM PLUTÃO

Seus sentimentos são profundos e suas emoções exageradas. Seu amor pode ser fanático; suas necessidades são tão intensas que os desapontamentos são inevitáveis. Mutável, embora possessivo, você adora a vida e muitas vezes se apaixona à primeira vista. Sua personalidade é magnética. Você combate todo tipo de injustiça. É capaz de se envolver completamente com alguém, mas espera do outro o mesmo envolvimento. Com aspectos desfavoráveis, você pode ser pervertido e degenerado.

Psicanalista Sigmund Freud, escritor Thomas Mann.

Quadraturas e Oposições

♀ □ ♂ VÊNUS EM QUADRATURA COM MARTE
♀ ☍ ♂ VÊNUS EM OPOSIÇÃO A MARTE

Impulsivo e amoroso, você tem uma natureza sexual bem desenvolvida. Expressa abertamente seus sentimentos, mas fica profundamente ferido se o outro não corresponde. Muitas vezes critica os outros por causa da sua insatisfação consigo mesmo. Espera demais, envolvendo-se com freqüência em brigas domésticas. Tende a se dar melhor com membros do sexo oposto. No mapa de um homem, esse aspecto é considerado o do grande amante. Você pode ser auto-indulgente e ficar facilmente descontente em assuntos amorosos. É sempre romântico e muitas vezes tem boa aparência.

Dramaturgo Arthur Miller (□), ator William Holden (☍).

♀ □ ♃ VÊNUS EM QUADRATURA COM JÚPITER
♀ ☍ ♃ VÊNUS EM OPOSIÇÃO A JÚPITER

Você pode ser vaidoso, preguiçoso, convencido, demasiado emotivo e ter muitos casos amorosos. Seu senso financeiro não é muito desenvolvido. Você tende a exagerar e muitas vezes é auto-indulgente. Pode usar os outros, mas quando é usado fica amargurado. Otimista demais, pode ser um grande companheiro quando as coisas vão bem, mas tornar-se melindroso quando não vão. Se usar esses desafios positivamente, a sua intuição florescerá e você pode se sair bem no trabalho de relações públicas, na política, no aconselhamento e nos meios de comunicação.
Psicanalista Carl Jung (□), secretário de Estado Henry Kissinger (☍).

♀ □ ♄ VÊNUS EM QUADRATURA COM SATURNO
♀ ☍ ♄ VÊNUS EM OPOSIÇÃO A SATURNO

Cronicamente descontente, muitas vezes você sacrifica a felicidade ao dever. Tímido, sensível e rígido com suas emoções, pode ser que os outros o achem frio. Você tende a ficar na defensiva, temendo a rejeição e a falta de aceitação. Pode ser que tenha problemas com seus pais e se dará melhor depois que deixar a casa deles. Como tem dificuldade em expressar seus verdadeiros sentimentos, provavelmente terá de fazer muitas concessões na vida. É melhor adiar o casamento para depois dos vinte e oito anos, porque você não vai ser feliz se se casar muito cedo. Sua maior lição é aprender a se relacionar com os outros.
Produtor Sam Peckinpah (□), general George Patton (☍).

♀ □ ♅ VÊNUS EM QUADRATURA COM URANO
♀ ☍ ♅ VÊNUS EM OPOSIÇÃO A URANO

Você tem tendência a ser mimado e está acostumado a fazer as coisas à sua moda, mas consegue transmitir o que quer com muito charme. É egocêntrico e egoísta, mas também atraente. Melindroso e de vontade forte, tem problemas com o sexo oposto e muitas vezes faz um casamento apressado seguido de um rápido divórcio. Seu desejo nem sempre é muito forte, e você transfere seus afetos sem razão aparente. Não gosta de autoridade e gosta de ser diferente. Gosta de conquistar e em seguida se cansa do que conquistou. Você tenta esconder um profundo complexo de inferioridade.
Milionário Diamond Jim Brady (□), atriz Deborah Kerr (☍).

♀ □ ♆ VÊNUS EM QUADRATURA COM NETUNO
♀ ♂ ♆ VÊNUS EM OPOSIÇÃO A NETUNO

Você precisa aprender a lidar com seu extremo idealismo, suas emoções exageradas e a luta entre a sua intuição e os seus sentimentos. Você é enganado com facilidade, inclusive financeiramente. Daria um bom matemático, estatístico ou estrategista. É um escapista, muito sensível a drogas. Quando não se sente reconhecido, tende a pôr a culpa nos outros. Imaginativo, você adora a vida elegante e pode ter nascido num bom ambiente. Entretanto, precisa vencer seu grande senso de insegurança.
Líder dos direitos civis Angela Davis (□), marechal-de-campo Erwin Rommel (♂).

♀ □ ♇ VÊNUS EM QUADRATURA COM PLUTÃO
♀ ♂ ♇ VÊNUS EM OPOSIÇÃO A PLUTÃO

Sua sexualidade é forte, às vezes luxuriosa e mesmo lasciva. Isso pode levá-lo a ficar paquerando e criar muitas inibições psicológicas, que vão frustrar seus casos amorosos. Tente manter altos padrões. Embora os problemas financeiros o persigam, você tem grande vontade de ser rico. Ou você faz muitas exigências a seu parceiro, ou seu parceiro faz muitas exigências a você. Está sempre procurando um ideal, seja na parceria ou na profissão. Muitos dos seus problemas se resolverão quando você aprender a conciliar.
Dançarino Vaslav Nijinsky (□), corredor Lance Reventlow (♂).

Trígonos e Sextis

♀ △ ♂ VÊNUS EM TRÍGONO COM MARTE
♀ ✶ ♂ VÊNUS EM SEXTIL COM MARTE

Ardente e fiel no casamento, você gosta de canto, dança, música e teatro. Sua natureza é afetuosa, calorosa, agradável e amante da diversão, e você não gosta de pensar no lado pior da vida. Gosta da vida em família, mas precisa, e espera, ser independente. Pode não ter ambição de fazer muita coisa com o seu talento e suas habilidades porque tudo vem muito fácil para você.
Atriz Carol Burnett (△), cantor Harry Belafonte (✶).

♀ △ ♃ VÊNUS EM TRÍGONO COM JÚPITER
♀ ⚹ ♃ VÊNUS EM SEXTIL COM JÚPITER

Você tem um forte senso ético, é elegante, caridoso, simpático, imaginativo e bom para lidar com pessoas. Sua personalidade extrovertida e afetuosa deixa os outros à vontade; isso o torna popular. Sabe o que quer na vida, tem altos ideais e aspirações mas pode ser muito preguiçoso e/ou auto-indulgente para ir atrás do que quer. Tem a capacidade de ganhar muito dinheiro e também de gastar muito. Suas parcerias em geral são bem sucedidas; pode ser que tenha numerosos casos de amor.
Dramaturgo George Bernard Shaw (△), apresentador de TV Ralph Edwards (⚹).

♀ △ ♄ VÊNUS EM TRÍGONO COM SATURNO
♀ ⚹ ♄ VÊNUS EM SEXTIL COM SATURNO

Você é sério, fiel, econômico e se auto-sacrifica, e pode obter vantagens através de parcerias, negócios e/ou pessoas mais velhas. Você constrói a sua escalada devagar mas firmemente e lucra com seu esforço a longo prazo. Geralmente é um ótimo pai, assim como um bom avaliador de pessoas. É dependente e ao mesmo tempo confiável, e tende a florescer tardiamente. A escrita, a poesia e a música são bons canais para ajudá-lo a superar a sua solidão inata.
Escritor Herman Hesse (△), cantor Pat Boone (⚹).

♀ △ ♅ VÊNUS EM TRÍGONO COM URANO
♀ ⚹ ♅ VÊNUS EM SEXTIL COM URANO

Você tem uma personalidade magnética, é inconvencional e faz muitos acordos não ortodoxos. Seus romances e casamentos são repentinos, mas nem sempre duradouros. Você atrai o sexo oposto. Como precisa de uma válvula adequada para suas emoções, deveria explorar seu potencial criativo. Você tem muito entusiasmo pela vida.
Escritor Erich Maria Remarque (△), atriz Mia Farrow (⚹).

♀ △ ♆ VÊNUS EM TRÍGONO COM NETUNO
♀ ⚹ ♆ VÊNUS EM SEXTIL COM NETUNO

Você é bom para resolver problemas, porque é sensível e imaginativo. Apreciador da beleza em todas as suas formas, sente-se atraído por pessoas

refinadas. Sua perspectiva é romântica e espiritual, e você consegue ser gentil com os outros mesmo quando desapontado. Geralmente, não gosta de trabalho pesado ou rotineiro, mas se sai bem em áreas de serviços tais como enfermagem ou serviço social. Sua criatividade poderia expressar-se bem na poesia ou na música; pode ser que tenha uma preferência por instrumentos de corda.
Ator Burt Reynolds (△), escritor Johannes Wolfang von Goethe (✳).

♀ △ ♇ VÊNUS EM TRÍGONO COM PLUTÃO
♀ ✶ ♇ VÊNUS EM SEXTIL COM PLUTÃO

Você é criativo e engenhoso, e tem uma forte percepção das cores. Devido à sua boa habilidade financeira e de liderança, pode ser um ótimo professor, pregador ou político. Você tem opiniões firmes desde criança e demonstra muita dedicação, intuição e honestidade. Também pode ser demasiado auto-indulgente; pode ter problemas de peso, à medida que envelhece.
Líder dos direitos civis Martin Luther King (△), secretário de Estado Henry Kissinger (✳).

Quincunces (Inconjunções)

♀ ⚻ ♂ VÊNUS EM QUINCUNCE COM MARTE

Você acha difícil satisfazer seus desejos. Precisa aprender a dar mais atenção a si próprio em vez de se preocupar com o que os outros esperam de você. Precisa superar uma auto-imagem negativa. Você tende a oferecer seus serviços, trabalhando de graça; assim, os outros muitas vezes se aproveitam de você. Pode ser que seja muito ambicioso e precisa aprender a não sacrificar o amor e o afeto para chegar ao sucesso.
Maestro Arturo Toscanini, ator Rip Torn.

♀ ⚻ ♃ VÊNUS EM QUINCUNCE COM JÚPITER

Você tende a reagir exageradamente de forma pessoal, embora seja capaz de agir na defensiva. Tenta conseguir a aprovação dos outros com tanto esforço que precisa tomar cuidado para não se tornar um capacho. Muitas vezes se sente explorado nos seus romances, já que tende a ser melhor amigo que amante. Você precisa aprender a manter o auto-respeito; isso vai levá-lo ao crescimento.

Ator Judd Hirsch, diretor Vittorio de Sica.

♀ ⊼ ♄ VÊNUS EM QUINCUNCE COM SATURNO

Você é capaz de ganhar muito dinheiro, mas o seu impulso para trabalhar duramente muitas vezes é uma supercompensação. Seu medo da rejeição no amor leva-o a uma necessidade de brilhar numa profissão ou numa carreira onde seja necessário um menor envolvimento pessoal. Seu potencial para o sucesso é grande, já que esse é o aspecto do trabalhador pé-de-boi. São comuns a depressão e a autodepreciação, mas você as esconde atrás de sua dedicação ao trabalho, muitas vezes às custas do amor e da ternura.

Escritor Ernest Hemingway, músico de jazz Miles Davis.

♀ ⊼ ♅ VÊNUS EM QUINCUNCE COM URANO

Você é generoso, indulgente e mima os outros, mas lá no fundo se ressente disso. Muitas vezes, assume os problemas dos outros em vez de tratar dos seus. Você é muito comunicativo; na verdade, às vezes fala demais, com uma máscara de felicidade. Ou, então, pode ficar silencioso, carrancudo e misterioso. Um canal artístico, principalmente a literatura, vai trazer benefícios.

Escritora Zelda Fitzgerald, jogador de futebol Larry Czonka.

♀ ⊼ ♆ VÊNUS EM QUINCUNCE COM NETUNO

Sensível, até inspirado, e também muito vulnerável, você precisa que todos gostem de você. Tanto pode se tornar um defensor de alguma causa, quanto desperdiçar seus recursos e não realizar nada. Você procura o par perfeito e não aceita menos. Assim, pode terminar sozinho e sem um par. Você precisa tirar as vendas e aprender a encarar a vida realisticamente.

Advogado dos consumidores Ralph Nader, cantor Peter Frampton.

♀ ⊼ ♇ VÊNUS EM QUINCUNCE COM PLUTÃO

Você precisa aprender a ser moderado nos relacionamentos. Vivencia tensão com o sexo oposto, às vezes a ponto de evitá-lo totalmente, reprimindo sua intensa natureza amorosa. Pode ser que tenha inclinações religiosas e acredite no oculto e na vida após a morte. Tem a mente e a língua afiadas, possuindo excelentes dotes de comunicação escrita ou falada.
Dramaturgo Noel Coward, jogador de baseball Ty Cobb.

Lição 12: Marte

Alguns Comentários Gerais

Antes de começar a lição 12, gostaríamos de explicar o pequeno símbolo *Rx*, semelhante a uma prescrição médica que aparece depois do símbolo de Marte no mapa de Judy Garland. Esse mesmo *Rx* também vem depois do símbolo de Mercúrio. Este símbolo significa que o planeta está em *movimento retrógrado* ou aparentemente andando para trás, conforme é visto da Terra.

Por enquanto, basta saber o que significa o símbolo. Fique tranqüilo porque o desconhecimento de todo o seu potencial funcional no mapa não vai comprometer de verdade o seu delineamento de Mercúrio ou de Marte de Judy Garland.

Pode ser que você também tenha notado que Câncer está na cúspide tanto da primeira como da segunda Casas, e que Capricórnio está na sétima e na oitava Casas. Dentro da quinta e da décima primeira Casas, Escorpião e Touro estão colocados entre parênteses. Este signo entre parênteses é considerado *interceptação*, pois está interceptado ou contido em uma Casa, embora o próprio signo não esteja na cúspide de nenhuma Casa.

A interceptação é obtida matematicamente. Quando você aprender os cálculos para levantar um mapa, vai entender como isso acontece. Nos seus estudos futuros, você aprenderá seu significado no mapa. Mas, assim como acontece com o movimento retrógrado, a interceptação não é um fator básico para a interpretação do horóscopo.

Agora continue com a lição 12, mantendo isso em mente. Depois de ter estudado Marte em mais detalhes, delineie o Marte de Judy Garland. A nossa interpretação pode ser encontrada no Apêndice na página 272.

Marte nos Signos

Marte mostra o seu *impulso sexual* e *em que área você gasta sua energia*. A palavra-chave para Marte nos diferentes signos mostra o tipo de energia despendida.

♂ ♈ MARTE EM ÁRIES
palavra-chave   *dinâmico*   dignidade

Você é vigoroso, independente, dominador, autocrático e corajoso. A rotina o cansa. Você tem dificuldade em conciliar. Agressivo e cheio de iniciativa, gosta de ocupar o banco do motorista. Seu entusiasmo é contagiante, e muitas vezes é um líder em sua comunidade. Chegará ao sucesso se aprender a canalizar a sua energia e a desenvolver a paciência e a compreensão harmoniosa. Sexualmente, é vigoroso e ardente. Com aspectos desafiadores, pode ser que você não controle seus desejos, tenha gênio esquentado e seja irritável.

Cantora Ella Fitzgerald, cineasta Orson Welles, ator Paul Newman, jogador de golfe Jack Nicklaus, jogador de futebol Joe Namath.

♂ ♉ MARTE EM TOURO
palavra-chave   *dogmático*   detrimento

Você é obstinado, prático, determinado e muito confiante. Depois de estabelecer um curso de ação, dificilmente se desvia dele. Tem boa capacidade de ganhar dinheiro, mas é muito cuidadoso quanto à forma de gastá-lo. Embora julgue os outros com muita severidade, luta contra uma injustiça até o fim. Sua resistência é grande, mas você pode não ter impulso nem mobilidade. Às vezes, pode ser muito auto-indulgente. É um artesão habilidoso e também é bom em negócios. Sexualmente, é prático e sensual, mas precisa tomar cuidado para não ser ciumento e possessivo.

Dançarino Rudolf Nureyev, colunista Dorothy Kilgallen, presidente Andrew Jackson, líder sindical John L. Lewis, cantora Leontyne Price.

♂ ♊ MARTE EM GÊMEOS
palavra-chave   *espontâneo*

Sua mente está sempre ativa e você tem muita destreza e habilidade manual. Observador, argumentador e excitável, é muito esperto, ativo e inquieto. Precisa desenvolver a disciplina da concentração. Muitas vezes você tem necessidade de aventuras e tende a se espalhar em muitas direções ao mesmo tempo. Tem um grande senso de liberdade e de justiça. É eloqüente e direto. Sexualmente, alterna entre relacionamentos profundos e superficiais. Esse posicionamento muitas vezes requer mais de um parceiro para uma realização completa.

Nadador Johnny Weismuller, músico Louis Armstrong, pintor Rafael, ditador Benito Mussolini, cantor Dean Martin.

171

♂ ♋ MARTE EM CÂNCER
palavra-chave **temperamental** queda

Por causa de suas mudanças de humor e de sua frustração emocional, você pode ser bastante encrenqueiro e se envolver em relacionamentos domésticos desarmônicos. Aquisitivo e artístico, você se sente atraído por engenhocas. Nas emergências, é firme e calmo. Se reprimir demais a raiva, poderá ter problemas de estômago ou úlceras. Como em geral não está disposto a abrir mão de seus pontos de vista, gosta de trabalhar independentemente. Esse posicionamento de Marte pode levar à perda prematura da mãe. Sexualmente, você é refinado e sensível. Se houver aspectos desarmônicos, evite a indulgência demasiada.

Dramaturgo Tennessee Williams, poeta Ogden Nash, rainha Maria Antonieta, advogada do planejamento familiar Margaret Sanger, cineasta Dino DeLaurentiis.

♂ ♌ MARTE EM LEÃO
palavra-chave **ardente**

Generoso, amante da diversão, simpático e dinâmico, você exala um grande magnetismo pessoal. Franco e generoso no amor, caloroso e expressivo sexualmente, sente uma forte atração pelo sexo oposto. É voluntarioso e precisa aprender a desenvolver a percepção dos detalhes e o senso de humildade. Você tende a ver tudo em larga escala; dificilmente tem falta de autoconfiança. As pessoas que têm Marte nesse posicionamento são muito atraentes sexualmente. Com aspectos desfavoráveis, evite ser dominador e muito egoísta.

Atriz Sophia Loren, espiã Mata Hari, pianista Vladimir Horowitz, vice-presidente Nelson Rockefeller, cantor Frank Sinatra.

♂ ♍ MARTE EM VIRGEM
palavra-chave **disciplinado**

Você é frio, científico e lógico. Adora trabalhar e fica entusiasmado quando acha que pode ajudar em uma boa causa. Como é meticuloso e cuidadoso, gosta da rotina e consegue executar bem as tarefas mais monótonas. Sexualmente, é romântico embora não necessariamente platônico. Às vezes, pode parecer que você não tem paixão nem imaginação. Tem muito pouca paciência com exibicionismos sociais. Sua tendência é trabalhar duramente, e o excesso de trabalho às vezes pode causar doenças. Este é um bom posicionamento para carreiras na área médica, e muitas vezes você é um bom jardineiro. Com aspectos desfavoráveis, evite ser demasiado crítico, calculista ou desconfiado.

Personalidade da TV Art Linkletter, general George Patton, arquiteto Frank Lloyd Wright, imperador Napoleão Bonaparte, Julie Nixon Eisenhover (filha do Presidente).

♂ ♎ MARTE EM LIBRA
palavra-chave **controlado** detrimento

Você é charmoso, generoso, amável, cooperativo e persuasivo. Gosta de receber e de ser sociável e se interessa por idéias novas. Você tenta imediatamente reparar situações que acha injustas. Pode ser que confunda seus próprios desejos e ambições com os dos outros. Sexualmente, é afetado por estímulos externos tais como música, luzes suaves e ambientes bonitos. Você pode se apoiar demais nos outros, precisando desenvolver a capacidade de ficar sozinho. Os aspectos desarmônicos podem torná-lo preguiçoso, ou você pode achar que todos devem seguir as suas normas. *Secretário de Estado John Foster Dulles, explorador Robert Peary, compositor Gioacchino Rossini, jogador de golfe Arnold Palmer, atriz Elke Sommer.*

♂ ♏ MARTE EM ESCORPIÃO
palavra-chave **explosivo** dignidade

Você é forte e autodisciplinado. Autoconfiante, eficiente, digno e enérgico, raramente age sem saber o que é certo para você. Idealista, investigador e firme, é leal e espera lealdade dos outros. Faltam-lhe versatilidade e capacidade de relaxar. É um planejador e um estrategista sem igual, mas tem uma atitude tudo-ou-nada que torna difícil conciliar. Sexualmente, é forte, poderoso e misterioso; se não dirigir bem esse impulso, você pode tornar-se muitíssimo ciumento.
Presidente George Washington, cientista Jonas Salk, pioneiro da aviação Orville Wright, violoncelista Pablo Casals, diretor Martin Scorsese.

♂ ♐ MARTE EM SAGITÁRIO
palavra-chave **entusiasta**

Sua força interior se baseia numa boa filosofia de vida. Você age com grandes explosões de energia mas tem pouca resistência. Muitas vezes encampa idéias novas sem uma investigação prévia cuidadosa. Cheio de vida e vigor, pode ser um defensor de causas e é bastante patriótico. Tem um senso natural de ritmo, harmonia e tempo. Como você é galante, generoso e brilhante, a sua animação é bem recebida em qualquer reunião social. Sexualmente, é expansivo e explorador. Com aspectos desfavoráveis, pode não ter persistência e passar por alguns perigos em viagens.

Baterista Gene Krupa, escritor François Voltaire, compositor John P. Sousa, compositor Johann Sebastian Bach, cantora Joan Baez.

♂ ♑ MARTE EM CAPRICÓRNIO
palavra-chave *autoritário* exaltação

Você é atraente, orgulhoso, prático e bem coordenado. Lógico e bom organizador, almeja o sucesso e está disposto a trabalhar para consegui-lo. Por ser tão prático, raramente age impulsivamente; assim, se dá bem nos negócios. O autocontrole e a autodisciplina são suas palavras-chave. Esse posicionamento freqüentemente faz com que você seja mais admirado do que amado pelo sexo oposto. Pode ser separado de um de seus genitores, geralmente o pai, e se Marte estiver aflito, pode haver perigo de ossos quebrados. Forte e persistente sexualmente, você precisa aprender a desenvolver o senso de humor, de humildade e de ternura.

Líder trabalhista James Hoffa, cientista Louis Pasteur, explorador Richard Byrd, cineasta Walt Disney, jogador de golfe Gary Player.

♂ ♒ MARTE EM AQUÁRIO
palavra-chave *elétrico*

Você tem princípios elevados e uma visão muito moderna. Geralmente é habilidoso, e pode ser desinteressado e intelectual. Esse posicionamento geralmente favorece mais o pensamento do que a ação. Você é um bom líder que encara os desafios com serenidade e elegância. Raramente trabalha bem se não estiver no comando, e despreza a tradição que não esteja fundamentada na lógica. Sexualmente, é experimental e inovador, mas pode carecer do toque pessoal. Com aspectos desafiadores, pode ser bastante revolucionário e sentir a necessidade de derrubar a ordem estabelecida.

Editor Hugh Hefner, ator James Mason, milionário Howard Hughes, pintor Leonardo da Vinci, atriz Julie Christie.

♂ ♓ MARTE EM PEIXES
palavra-chave   *inquieto*

Suas emoções são imprevisíveis. e pode ser que você seja muito enérgico. Como é receptivo e simpático. os outros facilmente se aproveitam de você. Sua excessiva sensibilidade pode tolher sua autoconfiança ou sua ação decidida, e você precisa desenvolver a iniciativa e a segurança em si mesmo. Você tenta evitar qualquer tipo de confrontação. Aparentemente tranqüilo, seu comportamento esconde uma inquietação interior. Geralmente você é tímido. agradável e até mesmo preguiçoso. Sexualmente, é muito romântico e sensual. Os aspectos desfavoráveis podem revelar uma tendência ao alcoolismo ou a problemas de drogas.

Cantor Johnny Cash, naturalista John Audubon, pintor Vincent Van Gogh, escritor Carson McCullers, ator Steve McQueen.

Marte nas Casas

MARTE NA PRIMEIRA CASA
palavra-chave   *enérgico*   dignidade acidental

Como você é confiante, arrogante, combativo, ativo e impetuoso, pode ter uma tendência a se acidentar. Sua grande força física e sua energia dinâmica fazem com que você entre de cabeça nas coisas; é preciso controlar sua impaciência e aprender a usar construtivamente suas energias. Como é prático e empreendedor, tem boa capacidade organizacional. Se Marte tiver aspectos desafiadores, você pode ter cicatrizes na cabeça ou no rosto. e existe o risco de haver violência na sua vida.

Líder sul-africano Jan Smuts, escritores Booth Tarkington e Lewis Carroll, príncipe Charles, princesa Caroline de Mônaco.

MARTE NA SEGUNDA CASA
palavra-chave   *engenhoso*

Você é ambicioso, se empenha para melhorar sua situação financeira e geralmente ganha bem, gasta com liberalidade e é sumamente generoso com os outros. Se suas expectativas não forem satisfeitas imediatamente, pode ficar muito impaciente. Tem a tendência a se envolver em planos de enriquecimento fácil. Esse é um bom posicionamento para engenheiros, mecânicos e qualquer outra atividade marciana. como o trabalho militar ou governamental. Com aspectos desfavoráveis, a sua voz pode ser alta e dissonante, e você pode ser incapaz de manter suas posses, envolvendo-se assim em freqüentes crises financeiras.

Editor Willian Hearst, ator Warren Beatty, ornitólogo Robert Stroud, apresentador de TV Merv Griffin.

MARTE NA TERCEIRA CASA
palavra-chave   *impaciente*

Você é impulsivo, argumentador, inquieto e direto. Rápido na réplica, é um vigoroso defensor da família. O raciocínio correto é muito importante para você. É curioso e agressivo; pode se impor demais e não ter tato, ser impaciente ou muito crítico. Tem uma enormidade de boas idéias mas muitas vezes não presta atenção nos detalhes, por ser muito ativo, nervoso e inquieto. Se Marte estiver em aspecto com Urano, você vai ser inventivo. Com aspectos desfavoráveis, pode ser que você seja filho único, ou talvez tenha tremendos altos e baixos no começo da vida.

Aviador Charles Lindbergh, poeta John Milton, atriz Jayne Mansfield, escritor Jack Kerouac.

MARTE NA QUARTA CASA
palavra-chave   *autoconfiante*

Você tem uma pronunciada necessidade de segurança e geralmente é um patriota. Por causa de um genitor dominador ou de algum conflito em família, provavelmente vai se sair melhor longe do lugar onde nasceu. Esse posicionamento de Marte muitas vezes indica um histórico militar ou muitas mudanças de residência durante a infância. Você precisa modular suas fortes emoções e aprender a autodisciplina. Se Marte receber aspectos desfavoráveis, tenha cuidado com fogo dentro de casa. Algumas pessoas com essa colocação preferem não se casar.

Cineasta Walt Disney, presidente Richard Nixon, escritor Emile Zola, general George Patton.

MARTE NA QUINTA CASA
palavra-chave *ardente*

Você é atlético, impulsivo e inconstante. Adora competir mas é um mau perdedor. Trabalha bem com crianças e pode ser um excelente disciplinador. Sociável e um promotor nato, pode tender a ser auto-indulgente e, de vez em quando, temerário. É muito sexual, romântico e idealista. Com aspectos desafiadores, não jogue e seja muito cauteloso com suas especulações. Seus filhos podem causar-lhe um pouco de infelicidade, mas em geral essa é uma boa casa para Marte.
Atriz Hedy Lamarr, escritora Pearl Buck, secretário de Justiça Charles Evans Hughes, ator Hal Holbrook.

MARTE NA SEXTA CASA
palavra-chave *vigoroso*

Você trabalha com afinco mental e fisicamente, mas, se se exigir demais, pode ficar doente. Espera muito dos que trabalham com você; pode ser que os outros achem que o seu ritmo é muito rápido. A não ser que aprenda a controlar o seu gênio, pode ter dificuldade em se dar bem com seus colegas de trabalho. Sua grande vitalidade pode se manifestar como capacidade atlética. Com aspectos desfavoráveis, você tem tendência a dores de cabeça, acidentes, febres e queimaduras.
Fundadora da Cruz Vermelha Clara Barton, jogador de basquete Kareem Abdul Jabbar, jogador de baseball Henry Aaron, ator Leonard Nemoy.

MARTE NA SÉTIMA CASA
palavra-chave *ativo*

Você é uma pessoa controvertida, com uma personalidade forte e a necessidade de se provar. Atrai ataques verbais e dificuldades legais, principalmente se Marte fizer aspectos fortes. É freqüente casar-se cedo ou apressadamente, escolhendo um parceiro dominador; se não tiver uma visão madura, isto pode levar à separação ou ao divórcio. Gosta de fazer as coisas a seu modo, e tudo vai bem quando você consegue. Importa-se com a opinião do público e do seu parceiro.
Comediante Charlie Chaplin, ditador Adolf Hitler, jogador de tênis Arthur Ashe, comediante Lily Tomlin.

MARTE NA OITAVA CASA
palavra-chave **ardoroso**   dignidade acidental

Lascivo e sensual, sua vida sexual é muito importante para você. Muitas vezes é necessário lidar com o dinheiro dos outros, às vezes numa função pública. Você se interessa por questões psíquicas e pela vida após a morte, e pode pesquisar essas áreas. Esse é um bom posicionamento para políticos, cirurgiões, investigadores, psicólogos e psiquiatras. Você pondera sobre a morte e essa idéia não o assusta; sua morte pode ser repentina. Se Marte receber aspecto de Netuno, evite envolver-se com fenômenos psíquicos.
Atriz Marilyn Monroe, presidente John F. Kennedy, compositor George Gershwin, jogador de baseball Willie Mays.

MARTE NA NONA CASA
palavra-chave **aventureiro**

Independente, entusiasmado, muitas vezes autodidata, você é curioso e se interessa por estudos sérios. Embora possa ser bastante cético, em algum ponto de sua vida provavelmente você vai desenvolver o zelo religioso, beirando o fanatismo. Sua mente é muito inquieta; se não puder viajar fisicamente, vai viajar muito pelo pensamento. Se Marte receber aspectos desfavoráveis, você pode ter complicações nas suas viagens ao exterior, ou pode ter problemas com seus sogros.
Magnata Henry Ford, escritoras Helen Keller e Louisa May Alcott, explorador Roald Amundsen.

MARTE NA DÉCIMA CASA
palavra-chave **impetuoso**   exaltação acidental

Se você ocupar uma função pública, provavelmente vai ser alvo de controvérsias. Você é ativo, persistente e altamente motivado, e a impetuosidade de sua personalidade pode torná-lo um excelente executivo. Trabalha com afinco para chegar a uma posição de destaque. Se os aspectos forem desfavoráveis, proteja a sua reputação. Pode ser que tenha algum problema com seu pai, possivelmente uma separação. Esse é um bom posicionamento para carreiras nas áreas militar, mecânica ou de engenharia.
Presidente Dwight Eisenhower, duquesa de Windsor, atriz Lucille Ball, esquiador Jean Claude Killy.

178

MARTE NA DÉCIMA PRIMEIRA CASA
palavra-chave *explorador*

Você trabalha com afinco para atingir seus objetivos, quer materiais, quer espirituais. É um líder social e um promotor nato; faz amigos com facilidade, mas pode perdê-los por ser muito abusado ou muito exigente. É enérgico e entusiasmado, mas com aspectos difíceis pode ser melindroso, demasiado sensível e facilmente frustrado. Você precisa desenvolver a cautela e a integridade no seu trato com os outros. Muito de sua energia se dirige para atividades criativas.

Pintor Salvador Dali, advogada do planejamento familiar Margaret Sanger, escritor Rod Serling, cantora Cass Elliott.

MARTE NA DÉCIMA SEGUNDA CASA
palavra-chave *rebelde*

Você trabalha e luta pelos não-privilegiados, e daria um bom administrador de hospital ou prisão. Como sabe manter segredo, também se sairia bem como investigador ou detetive. Esse posicionamento indica alguma associação com a lei. Esta é uma Casa desfavorável para Marte, pois a sua energia fica limitada. Com aspectos desafiadores, muitas vezes pode ser que você reprima suas fortes reações emocionais. Algumas vezes você tende a ir de encontro ao sistema, o que pode produzir mágoas, autodestruição e acidentes.

Primeira dama Eleanor Roosevelt, escritor Arthur Conan Doyle, assassino e carniceiro Adolf Eichmann, o musculoso ator Arnold Schwarznegger.

Marte em Aspecto

Qualquer aspecto de Marte acentua as *energias*, a *ação* e o *impulso de agressão*.

A conjunção enfatiza *a energia aplicada*.

A oposição confere percepção das *suas motivações ou das motivações dos outros*.

A quadratura desafia-o e traz à tona o seu *impulso de agressão*.

O trígono dá fluxo e suavidade *à força motivadora e à energia que você gera*.

O sextil proporciona a oportunidade de *expressão da energia positiva*.
O quincunce mostra que algum tipo de ajustamento é necessário *antes que a energia encontre um canal produtivo*.

Conjunções

♂ ♂ ♃ MARTE EM CONJUNÇÃO COM JÚPITER

A energia e o entusiasmo se juntam para originar ambição, riqueza e sorte. Você é liberal, autoconfiante e bom para tomar decisões. Aberto, franco e generoso, tende a acumular posses materiais. Esse aspecto muitas vezes indica o amor pelos esportes e a possibilidade de benefícios através de uma carreira militar. Sua inquietação e sua coragem capacitam-no a enfrentar qualquer adversário. Para você, é fácil colocar-se em destaque. Se se esforçar muito, seu maior problema pode ser a exaustão física.
Bilionário John D. Rockefeller, campeão do decatlo Rafer Johnson.

♂ ♂ ♄ MARTE EM CONJUNÇÃO COM SATURNO

Embora tenha boa capacidade organizacional, você vive um conflito entre a inibição (♄) e a ação (♂). Acha difícil controlar seu fluxo de energia; é como dirigir com um pé no freio e outro no acelerador. Entretanto, seu senso de economia e seu bom senso capacitam-no a tomar atitudes sólidas. Se essa conjunção for desafiada por aspectos desfavoráveis, pode ser que você desenvolva um complexo de perseguição, problemas sexuais ou alguma dificuldade física relacionada com o signo da conjunção.
Cantora Sonny Bono, presidente Giscard d'Estaing.

♂ ♂ ♅ MARTE EM CONJUNÇÃO COM URANO

Voluntarioso e um pouco intolerante, você segue suas próprias regras e dificilmente se submete a qualquer restrição. É instável e corajoso; desenvolve-se com o trabalho árduo e age melhor em horas de perigo. Qualquer ocupação que requeira grande energia e coragem, como esportes, exploração, mecânica ou indústria, é ideal para você, desde que perceba que precisa tomar medidas de segurança. Com aflições, você pode ser extremamente dado a acidentes.
Pugilista Joe Frazier, esquiador Jean Claude Killy.

♂ ♂ ♆ MARTE EM CONJUNÇÃO COM NETUNO

Como você é imaginativo, emocional e amante das sensações, precisa aprender a sublimar seus sentimentos. Seu entusiasmo, embora ilimitado, nem sempre é controlado; muitas vezes você sente que está acima da lei comum. Pode ser que tenha problemas com drogas ou bebidas, se Câncer ou a décima segunda Casa estiverem envolvidos. Você possui magnetismo e pode ser psíquico. Se tiver uma forte motivação, pode ser o defensor de alguma causa. Com aspectos desfavoráveis, seja cuidadoso na área amorosa; pode estar sujeito a enganos. Todos os aspectos Marte-Netuno criam vapor e energia; você precisa de uma válvula de escape.
Poeta Percy Shelley, produtor de TV Gene Roddenberry.

♂ ♂ ♀ MARTE EM CONJUNÇÃO COM PLUTÃO

Altamente emocional, você precisa aprender a controlar o seu ímpeto. É um grande trabalhador com qualidades regenerativas e capaz de lidar com qualquer situação devido à sua grande resistência, mas seus objetivos podem tornar-se obsessivos. Se expressar positivamente a energia dessa conjunção, pode ser dinâmico e corajoso; se expressar negativamente, pode ser cruel, brutal e sádico.
Comediante Mort Sahl, ator Robert Mitchum.

Quadraturas e Oposições

♂ □ ♃ MARTE EM QUADRATURA COM JÚPITER
♂ ♂ ♃ MARTE EM OPOSIÇÃO A JÚPITER

Se você não desenvolver a disciplina, pode desperdiçar seus talentos através da energia impulsiva e mal direcionada. Você é muito trabalhador, mas é dispersivo e pode tornar-se impaciente se não obtiver resultados imediatos. Tende a exagerar tudo; esse aspecto pode manifestar-se negativamente como descontentamento ou ressentimento. Certifique-se da correta definição de seus objetivos.
Jogador de futebol Jim Brown (□), assessor da Casa Branca H.R. Haldeman (♂).

♂ □ ♄ MARTE EM QUADRATURA COM SATURNO
♂ ☍ ♄ MARTE EM OPOSIÇÃO A SATURNO

Você alterna agressividade e apatia. Não tem boa noção de tempo, mas desde que tenha consciência do que precisa fazer, pode ter sucesso. Pode ser que você seja egoísta e precise aprender como sublimar sua vontade em favor da dos outros. Esse aspecto pode indicar alguma possibilidade de violência física ou a morte prematura de um dos genitores. Cuide de sua saúde.

Lawrence da Arábia (□), chefe de gabinete da Casa Branca Hamilton Jordan (☍).

♂ □ ♅ MARTE EM QUADRATURA COM URANO
♂ ☍ ♅ MARTE EM OPOSIÇÃO A URANO

Embora seja voluntarioso e contraditório, se aprender a se controlar um pouco, você será um líder e pode ir longe. Você é dado a acidentes e sujeito a perigos, violência e trabalho excessivo. É importante que aprenda a reconhecer suas limitações. Tem uma tendência a ter uma vida amorosa agitada. Talvez o casamento ou uma vida ordeira não sejam para você.

Ator Lee Marvin (□), dramaturgo Arthur Miller (☍).

♂ □ ♆ MARTE EM QUADRATURA COM NETUNO
♂ ☍ ♆ MARTE EM OPOSIÇÃO A NETUNO

Sua poderosa imaginação e sua capacidade criativa vão capacitá-lo a atingir grandes alturas. Entretanto, uma atitude desatenta pode colocá-lo em situações desagradáveis. Parece que você procura encrencas, e é particularmente vulnerável a fraudes. Tome cuidado com drogas porque pode ser que você seja alérgico a elas. Você também é sujeito a infecções e envenenamento alimentar. Aprenda a lidar com o álcool, senão ele pode se tornar um problema.

Apresentador de TV Mike Douglas (□), Ethel Kennedy (☍).

♂ □ ♇   MARTE EM QUADRATURA COM PLUTÃO
♂ ☌ ♇   MARTE EM OPOSIÇÃO A PLUTÃO

Vigoroso e agressivo, você sabe se impor. Precisa controlar sua tendência a tratar os outros com rudeza. Quando fica zangado, pode recorrer à violência física. A sua tendência a ser grosseiro quando frustrado pode arruinar seus relacionamentos pessoais. Você tem um forte impulso sexual, que precisa de um canal adequado; não deixe que isso domine sua vida a ponto de excluir seus instintos criativos.

Governador Huey Long (□), primeiro-ministro canadense Joe Clark (☌).

Trígonos e Sextis

♂ △ ♃   MARTE EM TRÍGONO COM JÚPITER
♂ ✳ ♃   MARTE EM SEXTIL COM JÚPITER

Você é otimista e entusiasmado. Tem pontos de vista amplos e dá um bom líder ou gerente. Júpiter dá a direção e Marte proporciona a energia. Você é liberal, leal, orgulhoso e autoconfiante; provavelmente se interessa por esportes, política e viagens. Mesmo que nunca fique rico, sempre vai ter uma fonte de renda estável. Como tem segurança em suas crenças, você é um verdadeiro idealista.

Joan Kennedy (esposa de Edward Kennedy) (△), cantor John Davidson (✳).

♂ △ ♄   MARTE EM TRÍGONO COM SATURNO
♂ ✳ ♄   MARTE EM SEXTIL COM SATURNO

Você leva uma vida organizada e disciplinada e aceita bem as privações, podendo na verdade crescer com elas. É muito persistente e sabe a hora de lutar e a hora de recuar. Esse é um bom aspecto para o campo militar e de engenharia. O lar, a família e o respeito dos outros são muitos importantes para você.

Atriz Lauren Bacall (△), governador Tom Dewey (✳).

♂ △ ♅ MARTE EM TRÍGONO COM URANO
♂ ✶ ♅ MARTE EM SEXTIL COM URANO

Você é um trabalhador diligente, com entusiasmo, energia criativa e força física. Tem enorme garra e uma atitude positiva; isso lhe permite fazer muita coisa apressadamente. Pode se sair bem em qualquer área que lhe permita movimentar-se com liberdade e ser original e inventivo. Seu forte impulso sexual se expressa tanto de forma romântica como impulsiva.
Jogador de baseball Willie Mays (△), astronauta Neil Armstrong (✶).

♂ △ ♆ MARTE EM TRÍGONO COM NETUNO
♂ ✶ ♆ MARTE EM SEXTIL COM NETUNO

Simpático e inspirado, você sempre procura o melhor nos outros. Pode se sair bem em áreas ou ocupações assistenciais. Imaginativo e sensível, você pode ter talento para música ou literatura. Embora seja amoroso e emocional, também sabe se controlar. Pode se dar bem em qualquer área netuniana, como teatro, medicina, navegação ou petróleo.
Escritora Louisa May Alcott (△), cantor/compositor Anthony Newley (✶).

♂ △ ♇ MARTE EM TRÍGONO COM PLUTÃO
♂ ✶ ♇ MARTE EM SEXTIL COM PLUTÃO

Você usa positivamente a sua energia emocional e física, o que lhe permite envolver-se e engajar-se profundamente na reforma dos males sociais. Provavelmente vai se dedicar a ajudar os outros. A sua coragem e a sua autoconfiança o distinguem como um líder; tem aptidão para muitas áreas, inclusive a tecnologia, a medicina, os esportes, a cirurgia e a indústria.
Governador John Connally (△), escritor Ross MacDonald (✶).

Quincunces (Inconjunções)

♂ ⊼ ♃ MARTE EM QUINCUNCE COM JÚPITER

No seu trabalho, você tende a se comprometer a fazer mais do que pode, e depois tem dificuldade em manter suas promessas. Filantrópico, simpático e gentil, sente necessidade de tomar conta dos outros, quer eles queiram, quer não. Quando suas ofertas de ajuda são rejeitadas, você se sente ofendido. Pode ser vítima de pessoas que se aproveitam de sua disposição em se envolver com objetivos irrealistas.
Estadista Benjamin Franklin, primeiro-ministro Menachim Begin.

♂ ⊼ ♄ MARTE EM QUINCUNCE COM SATURNO

Você tem dificuldade em determinar quais são as suas responsabilidades e em cooperar com os outros. Ou acha que os outros são mais talentosos e mais capazes que você, ou presume arrogantemente que é o único a saber a forma certa de fazer as coisas.
Escritor Oscar Wilde, comediante Bill Cosby.

♂ ⊼ ♅ MARTE EM QUINCUNCE COM URANO

Você se sente constantemente sob pressão. Quando é frustrado, age irrefletidamente e antagoniza os outros. Precisa aprender a pensar antes de falar, senão pode afastar os outros. Vulnerável à crítica do público, você precisa desenvolver a paciência e aprender a ouvir as idéias dos outros.
Governador George Wallace, astro pop David Bowie.

♂ ⊼ ♆ MARTE EM QUINCUNCE COM NETUNO

Esse aspecto mostra uma tendência ao exagero e a ter ambições irrealistas, que podem ser difíceis de concretizar. Você fica exposto à decepção nos relacionamentos pessoais porque espera o melhor de todo o mundo. As pessoas à sua volta podem achar difícil, senão impossível, corresponder a seus ideais.

Showman P. T. Barnum, jogador de tênis Arthur Ashe.

♂ ⊼ ♀ MARTE EM QUINCUNCE COM PLUTÃO

No seu trabalho, você é compulsivamente agressivo e dominador; isso pode gerar oposição e falta de cooperação por parte dos seus colegas. Precisa aprender a relaxar e "recolher as garras", de outra forma pode ter uma completa exaustão física e mental. Não deixe os outros exigirem demais do seu tempo e do seu esforço.

Escritor Edward Bulwer-Lytton, governador Pat Brown.

Lição 13: Júpiter

Comentários Importantes

Até agora você delineou cinco planetas do mapa de Judy Garland. Se seguiu o procedimento de conferir nossas palavras-chave e explicações, se foi discriminativo em relação às palavras e frases e se procurou nossas respostas no Apêndice e refletiu sobre a razão de termos omitido determinadas palavras e frases, deve ter entendido os princípios envolvidos no delineamento. Provavelmente você está achando o processo cada vez mais fácil à medida que avança.

Mas antes de se sentir muito seguro de si como astrólogo, vamos enfatizar novamente uma das mais importantes facetas da astrologia, o *livre-arbítrio*.

Existe um velhíssimo e bonito aforismo que diz tudo: *Os astros impelem, não compelem!* O mapa mostra os traços, características e potenciais básicos, mas o que você faz com eles depende totalmente da sua escolha, da sua atitude e do seu livre-arbítrio.

Aplicando isso ao mapa de Judy Garland, vimos que ela não só tinha talento musical e para representar, mas também poderia ter sido uma escritora. Obviamente, já que conhecemos relativamente bem a sua vida (pelo menos a vida pública), ela decidiu não usar esse talento, empenhando-se, em vez disso, na representação e no canto.

Também notamos, pelo menos duas ou três vezes, que o lar e a família eram muito importantes para ela. Entretanto, sabemos, de acordo com suas filhas, que embora ela fosse uma mãe amorosa, não tinha muito tempo para se dedicar ao lar. Isso não significa que não tivesse a inclinação. Ela colocou a carreira acima da família; aí está o seu livre-arbítrio. É claro que, pelo visto, podemos dizer que ela teve uma mãe muito ambiciosa, que a empurrou para a carreira desde tenra idade, e que ela se acostumou com o trabalho árduo e com a fama antes de chegar à idade de ter uma família. Entretanto, se realmente quisesse, poderia ter renunciado a tudo e se tornado uma dona-de-casa. Isso ela não fez. Sua Lua, regente do Ascendente, está na sexta Casa, a do trabalho; igualmente o seu Marte, planeta da ação;

portanto, o trabalho era importante para ela. Mas, com três planetas e o Ascendente no signo de Câncer, amante do lar, doméstico e protetor, ela poderia ter escolhido qualquer um desses caminhos. Isso é o que queremos dizer com livre-arbítrio.

Não podemos predizer as opções da pessoa; ninguém sabe quais potenciais alguém vai usar. Tudo o que sabemos é aquilo com que nascemos: o que é fácil e o que é difícil para você; o que é bom e o que pode machucá-lo. O resto depende de cada indivíduo, de suas opções e de seu livre-arbítrio.

Agora vamos continuar com a lição 13. Depois de estudá-la, delineie o Júpiter de Judy Garland. Nossas respostas estão no Apêndice na página 273.

Júpiter nos Signos

Júpiter representa o princípio da *expansão* no mapa; assim, as palavras-chave indicam os possíveis tipos de crescimento e expansão.

♃ ♈ JÚPITER EM ÁRIES
palavra-chave   *entusiasmado*

Você é corajoso, combativo, ardente, generoso e tem capacidade executiva, talento para a liderança e um forte desejo de liberdade de ação. É capaz de analisar e aprender com os erros passados, e também capaz de inovar nos campos da filosofia e da educação. Pode ser egocêntrico demais e deve canalizar essa tendência para o "eu primeiro" em atividades que sirvam de inspiração para os outros. Com aspectos desfavoráveis, você pode ser temerário, impetuoso, voluntarioso e até ateu.

Líder religiosa Mary Baker Eddy, atriz Shirley Temple, jornalista Lowell Thomas, escritora Helen Keller, comediante Lily Tomlin.

♃ ♉ JÚPITER EM TOURO
palavra-chave   *evidente*

À vontade com as transações financeiras, você pode ser um mestre quando se trata de investimentos e finanças. Pode se sair bem tendo seu próprio negócio ou trabalhando com o dinheiro dos outros, talvez como corretor de ações ou banqueiro. Com bons aspectos, você tem uma profunda compreensão do verdadeiro valor da vida. Gosta dos luxos que o dinheiro pode comprar. De uma tranqüila teimosia, não gosta de ser apressado e se preocupa com a justiça e a religião ortodoxa. Se o seu Júpiter estiver aflito, seus gostos caros podem levá-lo ao comodismo, à dissipação e à preguiça.

Músico John Lennon, arquiteto Frank Lloyd Wright, Papa João XXIII, senador Willian Fullbright, governador John Connally.

♃ ♊ JÚPITER EM GÊMEOS
palavra-chave   *flutuante*

Você é autodidata, diplomático e de mente aberta, e por causa de sua grande originalidade e vivacidade pode se tornar o homem das idéias em alguma organização. Embora seja basicamente alegre e amante da diversão, você tem um lado temperamental que pode se manifestar quando menos se espera. Expressa seus talentos de muitas formas: pode ser dono de uma butique, escrever ou ensinar filosofia ou dirigir um negócio de mala direta. A separação dos seus irmãos e mais de um casamento são fortes possibilidades com Júpiter em Gêmeos. Com aspectos desafiadores, precisa evitar ser um esnobe intelectual e aprender a controlar sua inquietação.

Atriz Ingrid Bergman, magnata Henry J. Kaiser, ator Steve McQueen, compositor Igor Stravinsky, pugilista Muhammad Ali.

♃ ♋ JÚPITER EM CÂNCER
palavra-chave   *generoso*   exaltação

Sua elegância, simpatia e serenidade mostram a sua aptidão para relações públicas. Como gosta do contato com todo o tipo de gente, você também pode se sobressair no trabalho de vendas. Júpiter em Câncer indica bons antecedentes familiares e profundo amor pelas crianças; a sua tendência é formar um lar estável e partilhá-lo com amigos e parentes. Cuidado para não tornar-se muito sentimental ou muito envolvido com sua família; controle também a sua tendência a comer demais. Você lida bem com o dinheiro e pode ter lucros com imóveis.

Escritor Marcel Proust, ator John Wayne, presidente Harry Truman, milionário Jay Gould, músico Paul McCartney.

♃ ♌ JÚPITER EM LEÃO
palavra-chave   *exuberante*

Prestativo e ambicioso, você é capaz de lidar com quase todas situações e pode se sair bem na área política. Como tem ânsia de se destacar e atingir seus objetivos, age enquanto os outros sonham. Sua personalidade é dramática e colorida, e você é um entusiasta das coisas boas da vida. Seus muitos talentos fazem de você um homem público ou um artista nato. Com aspectos desafiadores, pode ser convencido ou arrogante, e fazer tudo em demasia. Sua saúde em geral é boa, mas você pode desenvolver problemas de coração e/ou de peso.
Cantor Johnny Cash, presidente Lyndon B. Johnson, escritor Victor Hugo, jóquei Willie Shoemaker, ator Rex Harrison.

♃ ♍ JÚPITER EM VIRGEM
palavra-chave   *zeloso*

Você é capaz de conseguir a cooperação dos outros e impõe altos padrões a tudo que faz. É um estudioso nato, com ideais elevados e precisa vigiar sua tendência e esperar demais dos outros. É analítico, prático e gentil, mas pode ser muito limitado na parte afetiva. A preocupação de Virgem com os detalhes pode conflitar com a expansividade natural de Júpiter; assim, é possível que você faça tempestades em copo d'água. Limpeza e ordem são importantes, exceto se Júpiter tiver aspectos difíceis; nesse caso, é possível que você seja desleixado, preguiçoso, insatisfeito e boêmio. Você se sai bem nas áreas de saúde mental, educação, nutrição ou de hospitais.
Senador Barry Goldwater, desenhista de história em quadrinhos Al Capp, poeta Robert Frost, príncipe Philip da Inglaterra, cantor Mick Jagger.

♃ ♎ JÚPITER EM LIBRA
palavra-chave   *hospitaleiro*

Você é elegante, sincero e doméstico. Aprecia o seu tempo de lazer e seus prazeres e tende a deixar o resto do mundo passar. Sua capacidade artística, seu bom gosto e sua excelente conversa tornam-no muito popular. Preocupa-se com a justiça e os outros confiam no seu julgamento.

Você precisa de companhia. Refinado e idealista, pode ser que deteste o trabalho manual. Com aspectos desfavoráveis, pode ter tendência a tomar decisões éticas no lugar dos outros e querer ser tudo para todos. Algumas vezes você tem critérios duplos, e pode ter problemas legais.

Cantor Bing Crosby, escritoras Gertrude Stein e George Sand, cantora Cher, atriz Sophia Loren.

♃ ♏ JÚPITER EM ESCORPIÃO
palavra-chave   *perseverante*

Ativo, você tem muita fé em si mesmo e gosta de impor sua vontade aos outros. Gosta de uma vida luxuosa e provavelmente vai ganhar o suficiente para isso. Corajoso e fiel, aborda a vida com profunda compreensão e se interessa pelo místico e pelo oculto. Suas crenças e padrões são intensos e radicais. Você é perspicaz e pode ter poderes magnéticos de cura. Arqueologia, música, medicina, finanças empresariais, impostos e seguros são áreas que podem atraí-lo. Com aspectos desafiadores, você precisa aprender a lidar com trapaças e maus investimentos e possivelmente perda de uma herança.

Gangster Al Capone, escritor Jack London, assassino e líder religioso Charles Manson, pastor evangélico Billy Sunday, cantor Elvis Presley.

♃ ♐ JÚPITER EM SAGITÁRIO
palavra-chave   *moderado*   dignidade

Você é capaz de detectar as oportunidades e aproveitá-las. Como é sociável, precisa estar no meio de gente, e gosta de jovens e de animais. Gosta de tornar a vida dos outros mais alegre. Geralmente é diretor ou gerente, dificilmente um subordinado; enxerga longe e muitas vezes é um pensador profundo. Apreciador do luxo, é capaz de gastar dinheiro como lhe dá na mente. Otimista e desembaraçado, você se sente atraído pela vida ao ar livre, pela religião e pelos esportes. Aspectos desfavoráveis podem torná-lo de mente estreita, arbitrário, imprudente e indiscriminado.

Treinador de futebol Knute Rockne, jogador de golfe Ben Hogan, presidente Jimmy Carter, pintor Toulouse Lautrec, cantor Alice Cooper.

♃ ♑ JÚPITER EM CAPRICÓRNIO
palavra-chave *prudente*   queda

Você é honrado, puritano e austero. Ambicioso, precisa de uma carreira que lhe proporcione segurança financeira. Você é conservador e poderia dirigir, com sucesso, um negócio próprio, mas também pode trabalhar numa grande empresa. Tem paciência e dedicação para chegar a ser rico, mas pode ligar para os centavos e deixar passar as grandes oportunidades. Você abomina o desperdício e a extravagância, tem altos padrões morais, que segue, e se destaca nos negócios com terras. Se não for bem conduzido, esse posicionamento de Júpiter pode torná-lo avarento, intolerante, demasiado ortodoxo e mártir.

Explorador Cristóvão Colombo, filósofo político Karl Marx, ex-primeira dama Pat Nixon, cineasta Walt Disney, apresentador de TV Johnny Carson.

♃ ♒ JÚPITER EM AQUÁRIO
palavra-chave *tolerante*

A inspiração é o seu guia e você tem muita necessidade de ajudar os outros. Não gosta de trabalho rotineiro. É muito respeitador do ponto de vista alheio e receptivo a novas idéias. Justo, atencioso, sociável e estudioso, você é bastante político e tem uma abordagem imparcial e democrática da vida. Não faz distinções de raça, classe ou religião. Pode se sair bem em qualquer carreira por causa da sua boa capacidade de julgamento, de seu intelecto e de sua originalidade. Os aspectos desafiadores podem torná-lo sem tato, intolerante, irrealista e revolucionário.

Presidente Dwight Eisenhower, Rose Kennedy (mãe do presidente Kennedy), escritor John Steinbeck, atriz Jane Fonda, assessor da Casa Branca H. R. Haldeman.

♃ ♓ JÚPITER EM PEIXES
palavra-chave *imaginativo*

Você é gentil, tranqüilo, amistoso e modesto. É naturalmente atraído pelos outros e tenta ajudá-los. Por causa da sua natureza simpática e do tranqüilo desembaraço de suas atitudes, você é popular. Luta pelos não-privilegiados e de vez em quando é compassivo demais. Daria um bom médico, enfermeiro ou veterinário. Não é ambicioso no sentido material, e precisa de períodos de solidão. Com aflições, esse posicionamento pode causar o auto-sacrifício, a fuga das responsabilidades e o superemocionalismo. Também pode produzir parasitas sociais.

Pintor Leonardo da Vinci, presidente Abraham Lincoln, pediatra Benjamin Spock, escritor Edgar Allan Poe, escritor Ross MacDonald.

Júpiter nas Casas

JÚPITER NA PRIMEIRA CASA
palavra-chave   *animado*

Tolerante, vivo e otimista, você adora viajar e ficar ao ar livre. Seu temperamento gentil e contente atrai a ajuda dos outros. Lógico e elegante, tem um bom senso de humor, uma tremenda força vital e interesse pelos esportes (nos quais você geralmente se destaca). É um tipo executivo. Mal conduzido, Júpiter aqui pode torná-lo demasiado amante da diversão, comodista, preguiçoso, extravagante, convencido e impaciente; também pode ter problemas de peso.

Escritor Guy de Maupassant, cantora Ethel Waters, presidente Charles de Gaulle, assessor da Casa Branca John Dean.

JÚPITER NA SEGUNDA CASA
palavra-chave   *próspero*

Você tem sorte financeiramente porque é capaz de fazer muito com pouco. Esse é um posicionamento muito bom para negócios, mas o tipo de negócio depende da Casa regida por Júpiter e pelo signo em que ele estiver colocado. Bancos, ações, viagens, vendas, importação, exportação e seguros podem ser boas áreas. Você tem um otimismo interior que agrada e atrai os outros. Com aspectos desfavoráveis, pode ter tendência a ser um exibicionista perdulário, e ter perdas financeiras por causa da sua atitude descuidada em relação ao dinheiro.

Atriz Linda Lovelace, marechal de campo Erwin Rommel, escritores Grace Metalious e Alex Haley.

JÚPITER NA TERCEIRA CASA
palavra-chave *otimista*

O seu sucesso vem da área educacional ou através da escrita e das comunicações. Você é espirituoso e descontraído. Tem bom relacionamento com seus parentes, com muito intercâmbio. É prático; tem altos ideais; sua intuição é forte e você tem muito senso comum. Como sua mente é inquieta, você precisa de um trabalho não rotineiro. Com aspectos desfavoráveis, fala demais, é muito imprudente e dado aos exageros.
Cantor Enrico Caruso, presidente Jimmy Carter, líder sindical Walter Reuther, atriz Linda Darnell.

JÚPITER NA QUARTA CASA
palavra-chave *leal*   exaltação acidental

Você é devotado a seu lar e a sua família e muitas vezes recebe ajuda de seus pais. Você faz sucesso no seu lugar de nascimento e pode esperar uma vida sossegada na velhice. Gosta de espaços abertos; talvez gostasse de viver numa grande casa numa colina. Sua personalidade generosa e desembaraçada precisa de ambientes espaçosos e agradáveis. Com aspectos desafiadores, é possível que você seja avarento e guloso e sofra a perda da influência dos pais. Algumas vezes esse posicionamento indica um lar muito conturbado na infância.
Atriz Carol Channing, escritor James Joyce, líder sindical John L. Lewis, escritor Leon Tolstoi.

JÚPITER NA QUINTA CASA
palavra-chave *alegre*

Você adora a fama e faz tudo em grande estilo. Esportes, crianças, atividades criativas e romance são apenas alguns dos seus muitos interesses. Tem sorte em especulações e jogos, principalmente se Júpiter estiver bem aspectado. Esse posicionamento pode indicar uma família grande; seus filhos vão ser bem sucedidos e vão trazer-lhe benefícios. Este é um bom posicionamento para quem se dedica ao ensino, à publicação e ao divertimento. Mal-usado, você pode ser muito ousado, imprudente e sensual.
Líder nazista Hermann Goering, filósofo Isaac Newton, aviadora Amélia Earhart, cantora Edith Piaf.

JÚPITER NA SEXTA CASA
palavra-chave *filantrópico*

Você é trabalhador, alegre e feliz, sempre consegue trabalho e geralmente é bem pago. Tem boa capacidade organizacional, é generoso e se dá bem com os colegas. Sua saúde é boa e você tem grandes poderes recuperativos. Se Júpiter estiver aflito, é possível que você tenha uma tendência a tumores, problemas de fígado e de peso, ou pode ter uma atitude arrogante que afasta os outros.

Músico Guy Lombardo, cantora Liza Minelli, enfermeira Florence Nightingale, produtor Sam Peckinpah.

JÚPITER NA SÉTIMA CASA
palavra-chave *notável*

Esse posicionamento geralmente indica casamento e/ou sociedade feliz. A não ser que os aspectos sejam extremamente desfavoráveis, Júpiter na sétima Casa dificilmente produz divórcio. Pode haver boa sorte em assuntos legais e a tendência a casar com alguém de dinheiro. Júpiter aqui geralmente indica uma pessoa que cobre o cônjuge de afeto. Tenha cuidado para não ser demasiado otimista em seus negócios se Júpiter tiver aspectos desfavoráveis.

Esquiador Dick Button, líder hindu Mohandas Gandhi, pastor evangélico Billy Graham, ex-primeira dama Jacqueline Kennedy Onassis.

JÚPITER NA OITAVA CASA
palavra-chave *lúcido*

Você é engenhoso e sabe cuidar do dinheiro. Pode cuidar do dinheiro alheio em campos tais como contabilidade, bancos ou gerência empresarial. Esse posicionamento promete vida longa e morte tranqüila. A sua atitude perante a vida e a morte é boa. Pode ser que obtenha dinheiro através de sociedades ou heranças. Você é emotivo e tem um forte impulso sexual. Com aspectos desfavoráveis pode ser extravagante, desonesto e não ter bom senso.

Cientista Louis Pasteur, escritor Oscar Wilde, jogador de baseball Maury Wills, ator Yul Brynner.

JÚPITER NA NONA CASA
palavra-chave　　*ortodoxo*　　dignidade acidental

Você é fiel, tolerante, devotado, ambicioso e interessado em religião e filosofia. Gosta de viver no exterior, se dá bem com estrangeiros e sem dúvida deverá viajar. A educação superior é uma necessidade, e você tem aptidão para línguas, literatura e publicações, assim como para fazer palestras e falar em público. Seus defeitos são a arrogância e o exibicionismo, mas Júpiter aqui geralmente funciona de forma positiva.

Chanceler Konrad Adenauer, piloto Eddie Rickenbacker, escritor John Steinbeck, apresentador de TV Steve Allen.

JÚPITER NA DÉCIMA CASA
palavra-chave　　*bem-sucedido*

Por causa de sua capacidade de liderança, da sua autoconfiança e lealdade, essa colocação é excelente para o sucesso nos negócios e/ou na política. Você pode ter muitas oportunidades para subir. Socialmente, é muito ativo. Seu forte senso de justiça indica que se sairia bem na área do direito. Seus padrões morais são elevados. É orgulhoso, materialista e ambicioso; consegue reconhecimento cedo na vida. Com aspectos desfavoráveis, é possível que seja arrogante e insolente.

Ator James Dean, pugilista Muhammad Ali, compositor George Gershwin, rainha Vitória.

JÚPITER NA DÉCIMA PRIMEIRA CASA
palavra-chave　　*benevolente*

Você estabelece seus objetivos e geralmente os alcança com um mínimo de esforço. Sociável e amante do prazer, tem muitos amigos e conhecidos prestativos. Você se sai bem em grandes organizações, grupos, clubes ou igrejas. Tem bom discernimento; sua intuição é forte e você pode se beneficiar viajando. Provavelmente sua família é grande e você é devotado a ela. Quando usado negativamente, pode se aproveitar dos seus amigos ou ser um sanguessuga.

Cantor Nelson Eddy, ator Ryan O'Neal, pianista Ignace Paderewski, líder sindical James Hoffa.

JÚPITER NA DÉCIMA SEGUNDA CASA
palavra-chave **caridoso**

Esse posicionamento de Júpiter oferece muita proteção; é como ter um anjo no seu ombro. Você é gentil, hospitaleiro e gosta de dar anonimamente. Muito engenhoso nas horas de dificuldades, está sempre disposto a ajudar os outros. Precisa sentir que os outros precisam de você. Depende muito da reação dos outros para consigo. O sucesso geralmente chega na meia-idade. Esse posicionamento é bom para o trabalho em medicina, pesquisa, poesia, dança, representação ou trabalho social. Mal-empregado, você pode ser auto-indulgente, indeciso, e também agir apressadamente, com pouca noção de tempo.

Cientista Galileu Galilei, colonizador Cecil Rhodes, jogador de baseball Babe Ruth, secretário de Estado George Marshall.

Júpiter em Aspecto

Qualquer aspecto a Júpiter acentua *a expansão, o raciocínio filosófico* e *a proteção.*

A conjunção enfatiza a *expansão.*

A quadratura e a oposição desafiam-no a obter *a expressão apropriada para o seu impulso de expansão.*

O trígono e o sextil fazem com que seja *fácil para você agir positivamente.*

O quincunce exige uma *reorganização do princípio de proteção.*

Conjunções

♃ ☌ ♄ JÚPITER EM CONJUNÇÃO COM SATURNO

Embora a vida pareça dura e haja luta constante, você tem uma missão específica a cumprir e parte em busca disso com grande singeleza de propósito. Essa conjunção mostra uma integração de forças motrizes fundamentais: serenidade (♃) e trabalho duro (♄). Em geral, você tem sorte dentro do sistema estabelecido e habilidade para os altos negócios, bem como poder intelectual e político. Se for religioso, será de uma forma ortodoxa. Quando houver aspectos desafiadores a essa conjunção, pode ser que você não seja discriminativo e não tenha direção interior.

Físico Enrico Fermi, escritor Alex Haley.

♃ ♂ ♅ JÚPITER EM CONJUNÇÃO COM URANO

Você é impaciente e não gosta de restrições. Essa conjunção mostra um profundo respeito pelo conhecimento; pode ser que você seja um gênio e sinta que precisa aprender tudo que há para ser aprendido. Você se interessa por tudo que é novo e progressista, e pode ter uma profunda crença no oculto. Generoso e encorajador com os amigos, freqüentemente terá oportunidades de viagens inesperadas.
Vice-presidente Walter Mondale, correspondente de guerra Ernie Pyle.

♃ ♂ ♆ JÚPITER EM CONJUNÇÃO COM NETUNO

Você tem uma imaginação fértil, que pode se expressar em vários campos criativos. Musical, artístico e visionário, é preciso que você vigie sempre a sua tendência para o excesso. Simpático e idealista, pode ser atraído para a vida religiosa, em alguns casos para as religiões marginais. Com aspectos desfavoráveis, pode ser que viva num mundo privado da sua fantasia, tornando-se completamente escapista.
Cineastas Cecil de Mille e Federico Fellini.

♃ ♂ ♇ JÚPITER EM CONJUNÇÃO COM PLUTÃO

Você tem a determinação de aproveitar a vida ao máximo. Dedicado a seus ideais, tem um poderoso impulso para atingir seus objetivos. Esse aspecto muitas vezes é chamado *fazedor de reis*, já que mostra a capacidade e o poder dos líderes. Mal-empregado, pode ser que você se torne completamente egocêntrico e elimine todos os relacionamentos com os outros.
Maestro/compositor Leonard Bernstein, revolucionário francês Maximilien Robespierre.

Quadraturas e Oposições

♃ □ ♄ JÚPITER EM QUADRATURA COM SATURNO
♃ ☍ ♄ JÚPITER EM OPOSIÇÃO A SATURNO

Como você é incapaz de reconhecer suas limitações, segue em frente, devagar e firmemente, em presença da adversidade. O sucesso vem tarde na vida, e às vezes você acha que nunca é verdadeiramente reconhecido. Embora seja materialista e consciencioso, não tem direção e garra. Precisa admitir o seu valor e parar de se comparar desfavoravelmente com os outros. Pode ser que você vivencie perigos causados por algum desastre natural, como inundação, terremoto ou epidemia.

Atriz Suzanne Somers (□), bilionário J. Paul Getty (☌).

♃ □ ♅ JÚPITER EM QUADRATURA COM URANO
♃ ☍ ♅ JÚPITER EM OPOSIÇÃO A URANO

Você critica os códigos aceitos e tenta fazer algo para mudá-los; entretanto, pode ser que dê um passo maior do que a perna. Entusiasmado, independente, direto e voluntarioso, quer começar do alto, mas o seu sucesso depende da preparação adequada. Esse aspecto sugere que você não deveria envolver-se com especulações ou jogo. Precisa aprender a ser moderado em tudo e evitar a tendência à hipocrisia.

Presidente Jimmy Carter (□), aviador Billy Mitchell (☍).

♃ □ ♆ JÚPITER EM QUADRATURA COM NETUNO
♃ ☍ ♆ JÚPITER EM OPOSIÇÃO A NETUNO

Você é criativo e talentoso, mas precisa desenvolver a autodisciplina e canalizar suas energias num rumo produtivo. Você é dado ao exagero e descuidado nos assuntos monetários e especulativos; isso pode conduzir a problemas legais ou financeiros. É um pouco revolucionário e pode ser demasiado emotivo nos envolvimentos pessoais.

Cantor de ópera Cesare Siepi (□), líder cubano Fidel Castro (☍).

♃ □ ♇ JÚPITER EM QUADRATURA COM PLUTÃO
♃ ☍ ♇ JÚPITER EM OPOSIÇÃO A PLUTÃO

Dificilmente você concorda com os códigos aceitos. Você se coloca como sua própria lei, e depois acha difícil aceitar as conseqüências. Dogmático, exagerado e arrogante, poderá ser um aventureiro ou um jogador. Você oscila entre confiança demasiada e grandes dúvidas a seu respeito, e precisa aprender a capitalizar suas experiências. Seja escrupulosamente atento no

sentido de não explorar os outros em seu próprio benefício.
Artista Grandma Moses (□), embaixador Joseph Kennedy (♂).

Trígonos e Sextis

2+ △ ♄ JÚPITER EM TRÍGONO COM SATURNO
2+ ✳ ♄ JÚPITER EM SEXTIL COM SATURNO

Este é um aspecto de sorte. Indica poder construtivo e sucesso material porque você é capaz de estabelecer objetivos realistas para si. Sua vida tem um propósito sério, e você sofre uma forte influência da tradição familiar. Entretanto, pode ser que tenda a procurar a saída mais fácil, a não ser que também haja quadraturas e oposições envolvendo esses planetas.
Atriz Bette Davis (△), comediante Bob Hope (✳).

2+ △ ♅ JÚPITER EM TRÍGONO COM URANO
2+ ✳ ♅ JÚPITER EM SEXTIL COM URANO

Original, criativo, determinado e prático, você pode conseguir qualquer objetivo a que se proponha. Sua liberdade pessoal é importante; você se recusa a se atrelar às convenções e às conveniências. Muitas vezes dotado de enorme capacidade mental, é caloroso mas nem um pouco sentimental.
Industrial Henry Ford (△), cantor Sammy Davis Jr. (✳).

2+ △ ♆ JÚPITER EM TRÍGONO COM NETUNO
2+ ✳ ♆ JÚPITER EM SEXTIL COM NETUNO

Você é marcadamente espiritual e religioso, e gosta de ajudar os outros. Pode sair-se bem em carreiras que envolvam educação, serviço social, aconselhamento, religião ou comunicação escrita. É musical e criativo, e tem um profundo entendimento do místico e do oculto. Muitas vezes tem capacidade mediúnica, que usa de forma benéfica.
Escritora de livros policiais Agatha Christie (△), poeta Arthur Rimbaud (✳).

♃ △ ♀ JÚPITER EM TRÍGONO COM PLUTÃO
♃ ⚹ ♀ JÚPITER EM SEXTIL COM PLUTÃO

Você é exuberante, entusiasmado e ambicioso, e estimula os outros a explorar seus potenciais, assim como você faz com o seu. Tem grande aptidão organizacional e é extremamente produtivo nos negócios, na educação e na política; entretanto, você se interessa por praticamente tudo, de modo que não há limite para suas possibilidades.
Pintor Michelangelo (△), regente de orquestra Vincent Lopez (⚹).

Quincunces (Inconjunções)

♃ ⚻ ♄ JÚPITER EM QUINCUNCE COM SATURNO

Você precisa adquirir a noção de tempo e de perspectiva correta nos seus relacionamentos. Costuma alternar entre cautela e expectativas irrealistas, e tende a deixar que os outros esperem demais de você. Evite os preconceitos religiosos e as atitudes intransigentes.
Escritora Pearl Buck, autor do "Acredite se quiser" Robert Ripley.

♃ ⚻ ♅ JÚPITER EM QUINCUNCE COM URANO

Demasiado otimista, raramente você dá atenção suficiente aos detalhes, e seus objetivos não estão alinhados com suas capacidades. Aprenda a autodisciplina e a se comportar corretamente, o que pode ajudá-lo a evitar dificuldades financeiras e legais. Não deixe que as pessoas o pressionem a entrar em situações onde vão exigir que você prove a sua amizade.
Psíquico Uri Geller, supervendedor Earl C. Anthony.

♃ ⚻ ♆ JÚPITER EM QUINCUNCE COM NETUNO

Esse aspecto mostra que é necessário um ajuste entre suas emoções, seu intelecto e sua expressão criativa. Você precisa aprender a diferenciar entre as obrigações reais e imaginárias, principalmente em relação ao serviço prestado aos outros. Muitas vezes você se intromete nos assuntos dos outros e depois fica amargurado quando é rejeitado.
Escritores Fannie Hurst e Jean Cocteau.

♃ ⊼ ♀ JÚPITER EM QUINCUNCE COM PLUTÃO

Você é muito agressivo e pode tentar impingir suas idéias e ideais aos outros, sem considerar o fato de estarem ou não interessados. Muitas vezes, sente a necessidade de compensar a falta de educação formal, ou pode ter dificuldades em avançar profissionalmente. Você pode ser impetuoso e se achar muito importante, ou pode imaginar que os outros impedem a sua realização.

Presidente Jimmy Carter, maestro Zubin Mehta.

Lição 14: Saturno

Comentários Importantes

Você gostou de delinear Júpiter? Esperamos que sim. Quanto mais você praticar, mais fácil vai se tornar a interpretação.

Antes de examinarmos o reino de Saturno, aqui estão mais algumas reflexões que parecem ajudar nossos alunos a compreender os princípios básicos da astrologia.

Um fator muito importante num mapa é o *signo* onde o planeta está colocado. A Lua em Sagitário funciona de forma muito diferente da Lua em Câncer ou Capricórnio. Uma faceta igualmente importante é a *Casa* onde o planeta cai. A Lua em Sagitário na sexta Casa é bem diferente da Lua em Sagitário na quinta Casa. Em terceiro lugar, em ordem de importância, vêm os *aspectos*. A Lua em quadratura com o Sol vai funcionar de forma diferente da Lua em trígono com o Sol.

Depois de entender realmente as palavras-chave e frases-chave para os signos, os planetas, as Casas e os aspectos, elas se tornarão uma segunda natureza para você. Delinear será fácil, e a única coisa que vai impedi-lo de entediar-se é a maravilhosa percepção de que não há duas pessoas iguais.

Mantenha o bom padrão do seu trabalho, estude nossas observações sobre Saturno, e depois delineie o Saturno de Judy Garland. A nossa interpretação está no Apêndice na página 274.

Saturno representa o *princípio do aprendizado*. As lições aprendidas através de Saturno nunca são esquecidas.

Saturno nos Signos

♄ ♈ SATURNO EM ÁRIES
palavra-chave   ***engenhoso***   queda

Depende de você desenvolver os muitos recursos de que dispõe para fortalecer o seu caráter. Esse é um posicionamento difícil, porque Saturno impõe atrasos ao impulso e à energia de Áries. Você é egocêntrico e acha difícil admitir os direitos dos outros. Se canalizar adequadamente essa energia, vai combinar iniciativa com disciplina e ser muito persistente. Poderá, então, usar a sua inventividade vantajosamente, assumindo o controle de forma positiva. Os seus muitos medos subconscientes lhe dão um forte desejo de segurança. Esta colocação pode indicar um complexo de pai ou, no mapa de uma mulher, um parceiro ciumento. Embora o seu senso de tempo não seja dos melhores, você tem grande poder de raciocínio e adora um debate. Com aspectos desfavoráveis, pode ser que você seja superficial, defensivo, impaciente e sinta uma constante necessidade de se justificar. Precisa aprender a ter tato e cooperar com os outros. O exercício físico é recomendado.

Dançarino Rudolf Nureyev, ditador Joseph Stalin, físico Albert Einstein, líder religiosa Mary Baker Eddy, governador Edmund G. (Jerry) Brown.

♄ ♉ SATURNO EM TOURO
palavra-chave   *fidedigno*

Você tem grande necessidade de segurança financeira e emocional e se sente mais feliz quando os assuntos do dia-a-dia estão em ordem. Sua natureza caracteriza-se por paciência, disciplina, determinação, praticidade e adesão a princípios. Você aborda a vida com uma atitude realista. Pode carecer de espontaneidade, mas está disposto a trabalhar com afinco pelo sucesso. Os altos negócios, a política e as artes são campos que o atraem. Econômico, você adquire bens materiais por causa de sua utilidade. Sua resistência física é grande, assim como sua teimosia. Você é possessivo em relação a quem ama. Só vai encontrar a paz interior quando seu senso de valores se tornar mais evoluído ou quando aprender a usar o seu potencial criativo. Os aspectos desafiadores podem levar à avareza, ao materialismo excessivo ou à falta de resposta ao amor e à beleza.

Compositor Igor Stravinsky, senador Henry Jackson, pintor Pablo Picasso, cantora Joan Baez, ex-primeira dama Pat Nixon.

♄ ♊ SATURNO EM GÊMEOS
palavra-chave   *científico*

Você é adaptável, sistemático e lógico porque consegue se distanciar e abordar os assuntos fria e racionalmente. Tem grande capacidade de raciocínio, para resolver problemas e para escrever. Esse posicionamento de Saturno é excelente para os campos mental, intelectual, científico ou matemático. O ensino, a pesquisa, a engenharia e o secretariado são boas possibilidades de carreira. Você gosta de estudar e vai continuar aprendendo a vida toda. É importante que cultive uma abordagem honesta nos relacionamentos. Saturno acrescenta disciplina a Gêmeos, tornando mais práticas as funções mentais. Fisicamente, seu ponto fraco é o pulmão; você não deve fumar. Pode aparecer tensão nervosa quando você exige demais da sua resistência. Aspectos desfavoráveis podem fazer com que você duvide muito, seja muito crítico e às vezes mesmo desconfiado. Por outro lado, pode ser que você seja tímido, tenha problemas para se expressar ou tenha raciocínio lento.

Escritores Franz Kafka e Dante Alighieri, primeira dama Eleanor Roosevelt, psicanalista Sigmund Freud, cantor Paul McCartney.

♄ ♋ SATURNO EM CÂNCER
palavra-chave   *cônscio da segurança*   detrimento

Inibido na demonstração de amor e emoções, pode ser que você se sinta isolado e tímido. Sua vida familiar na infância pode ter carecido de ternura ou você pode ter sido um pouco problemático; talvez isso tenha deixado marcas. Apesar disso, você tem espírito de clã e se sente responsável por sua família. No intuito de preservar uma aura de dignidade, esconde seus pensamentos e sentimentos íntimos. Embora chore muito, chora escondido; tudo que os outros vêem é a sua melancolia. Embora você precise de aprovação e amor, muitas vezes a sua vida doméstica é instável. Seus sentimentos são facilmente feridos, entretanto você não tem compreensão pelos demais; por muito que queira ajudar os outros, muitas vezes fracassa. Para alcançar objetivos materiais, pode ser que você seja muito astuto e capaz. Está sujeito a tensão nervosa e deve tomar cuidado para não engordar por causa da retenção de água. Aspectos desafiadores podem causar hipersensibilidade, retração de envolvimentos íntimos e atitude defensiva.

Pintor Marc Chagall, dramaturgo William Shakespeare, general George Patton, atriz Mia Farrow, comediante Jackie Gleason.

♄ ♌ SATURNO EM LEÃO
palavra-chave   *seguro de si*

Você é tremendamente motivado para obter reconhecimento pessoal e controle, e busca a liderança a qualquer custo. Exige atenção e respeito por parte dos outros, e é teimoso. Como pai, você vai impor uma disciplina rígida. Precisa cultivar atitudes melhores com relação a amor, romance, filhos e questões de expressão criativa. De vez em quando, você pode não ter senso de humor, mas tem vitalidade mental e excelente capacidade para áreas tais como educação, gerência e entretenimento. Às vezes é tão cauteloso e reservado que se esquece de aproveitar a vida, principalmente se Saturno formar aspectos desfavoráveis. Isso pode levar a desapontamentos na vida amorosa, problemas com os filhos, perdas através de especulações e problemas com as costas.

Ditador Adolf Hitler, ator Charlie Chaplin, primeira-ministra Indira Gandhi, pianista Liberace, músico Greg Allman.

♄ ♍ SATURNO EM VIRGEM
palavra-chave   *prudente*

Você é prático, cuidadoso e trabalhador; sua atitude é moral e consciensiosa. Você age com eficiência, correção e precisão; estimula a si mesmo e aos outros. Tem sucesso em medicina, pesquisa, estratégia e em trabalho de arquivo. Às vezes as pessoas não gostam do fato de você dar tanta atenção aos detalhes, à pontualidade e a coisas insignificantes; isto pode fazer com que pareça bastante austero. Precisa desenvolver um bom senso de humor e tentar superar sua tendência a preocupar-se. Depois que aprender a distinguir o que é importante e o que não é, você vai longe. Tem muito a oferecer ao mundo. Aspectos desfavoráveis podem levá-lo a uma tendência a resmungar, ao medo do desconhecido e a problemas digestivos.

Secretário de Justiça Earl Warren, presidente Dwight D. Eisenhower, governador George Wallace, marechal-de-campo Erwin Rommel, pretenso assassino Arthur Bremer.

♄ ♎ SATURNO EM LIBRA
palavra-chave   *razoável*   exaltação

Apesar de sua atitude disciplinada, responsável e séria, você é agradável, filosófico e tem grande senso de justiça e imparcialidade. Esse é um bom posicionamento para advogados, juízes e mediadores; também é bom para planejamento organizacional, acordos de negócios e trabalho governamental. Pode indicar um casamento tardio ou a associação com uma pessoa séria. O casamento exige paciência e trabalho aplicado; a relação com os outros é uma das lições a serem aprendidas com Saturno em Libra. Ciente da estrutura social, muitas vezes você chega a uma posição de honra e riqueza. Diplomático e dotado de tato, você trabalha bem em conjunto já que prefere a cooperação à competição. Aspectos desfavoráveis podem

torná-lo exigente, intolerante, sem capacidade de perdoar e mesmo insincero. Pode ser que tenha problemas com os rins.
Secretário de Estado Henry Kissinger, bilionário J. Paul Getty, congressista Maurice Udall, comediante Jack Benny, astronauta Walter Schirra.

♄♏ SATURNO EM ESCORPIÃO
palavra-chave   *resoluto*

Você tem uma personalidade magnética e um senso de humor ferino. Pode sair-se bem no campo financeiro, no ocultismo ou em qualquer área que requeira boa capacidade de réplica. Você exige muito de si mesmo e dos outros, e sua natureza perfeccionista não tem muito paciência com a preguiça ou com a falta de disposição para trabalhar. Tem força de vontade, energia e intensidade em tremendas doses, mas precisa aprender a reagir mais calmamente à vida e aos seus problemas. Sua abordagem é sutil, meticulosa, persistente e determinada. Você tem uma grande motivação para o sucesso e um ego forte. É orgulhoso e cheio de recursos, mas guarda um profundo ressentimento quando acha que alguém foi injusto com você. Seus desejos são muito fortes, e você é capaz de amar e odiar profundamente. Com aspectos desafiadores, pode ser calculista, ciumento e vingativo. Se a sua atitude mental não for boa, você pode ser rancoroso, reservado e ter medo da dependência. Esse posicionamento pode provocar pedras nos rins, constipação ou artrite.
Filósofo Krishnamurti, atores Richard Burton e Marlon Brando, comediante Jonathan Winters, escritor Rod Serling.

♄♐ SATURNO EM SAGITÁRIO
palavra-chave   *majestoso*

Você tem uma abordagem séria em relação a religião, filosofia e educação superior e tenta aderir a códigos morais íntegros e rigorosos. Independente e capaz, você busca a verdade e a justiça. Intelectualmente, é disciplinado e tem bons poderes de concentração. Suas conquistas são feitas com trabalho árduo e aplicação. Interessa-se pelo oculto, tanto espiritual como filosoficamente. Sua reputação é muito importante para você que se orgulha de seu valor intelectual e se ofende quando acusado injustamente. É direto, e sua aguda intuição e sua boa capacidade científica indicam que pode trabalhar bem com pessoas sofredoras ou deficientes. Pode ser um bom professor, pregador ou líder político. O exercício físico, para ativar a circulação, é importante para você. Com aspectos desfavoráveis, pode ser que seja intransigente, indeciso, rebelde ou ressentido, e tente impor seu fervor religioso aos outros.

Líder hindu Mohandas Gandhi, líder dos direitos civis Martin Luther King, pintor Henri Matisse, palhaço Emmett Kelly, esquiador Dick Button.

♄ ♑ SATURNO EM CAPRICÓRNIO
palavra-chave   *organizador*   dignidade

Você ambiciona poder, prestígio e autoridade. Esse é um bom posicionamento para política, negócios, ciência ou qualquer carreira que envolva renome público. Como é persistente, previdente, cuidadoso, prático e bom organizador, pode facilmente concretizar sua grande necessidade de realização. Você pode ter uma aparência fria e austera porque se cerca de uma aura de dignidade. Capaz de acatar as ordens dos seus superiores, espera o mesmo comportamento de seus subordinados. Provavelmente precisou lutar, no começo da vida, para obter segurança. Está disposto a trabalhar arduamente e acha que todos deveriam conseguir o que querem por esforço próprio. Com seus bons antecedentes, valoriza a família, o orgulho e a honra. Dependendo dos aspectos, você tanto pode alcançar o auge da evolução e da compreensão ou o auge do materialismo e do egoísmo. Você tem uma tendência a não ter sensibilidade e precisa desenvolver a tolerância e o senso de humor. Sua visão é prática, séria e cumpridora do dever, mas tente evitar tornar-se um lobo solitário ou uma pessoa de atitudes e crenças muito rígidas. Com aspectos desafiadores, pode ser que você não tenha escrúpulos para alcançar seus objetivos e não tenha confiança em si. Também pode ser egoísta, ditatorial, solitário ou arrogante. Fisicamente, tome cuidado com os ossos e as juntas.

Aviador Charles Lindbergh, apresentador de TV Ed Sullivan, embaixador na ONU Adlai Stevenson, atriz Anne Bancroft, antropóloga Margaret Mead.

♄ ♒ SATURNO EM AQUÁRIO
palavra-chave   *justo*

Você tem grande poder de concentração, e seu pensamento é democrático e científico. Tem facilidade para imaginar abordagens inventivas e originais, assim como para compreender a matemática abstrata e os símbolos. É ambicioso, trabalhador e imparcial. Sua atitude em relação às pessoas e aos relacionamentos é responsável, e você é leal na amizade. Trabalha bem em grupos ou organizações, desde que possa sentir-se livre e independente em tudo que faz. Os relacionamentos sociais são importantes para você, mas os outros podem não entender seus modos racionais, interpretando-os como frios e reservados. Com aspectos desfavoráveis, pode ser que seja egoísta e não goste de fazer nada que não lhe agrade. Você tem orgulho intelectual demais e pode não ter gratidão ou tornar-se um solitário consumado. Para superar essas tendências, precisa de tempo para uma reflexão profunda. Fisicamente, é preciso manter suas forças vitais e sua circulação em bom funcionamento.

Psicanalista Carl Jung, advogado F. Lee Bailey, atriz Greta Garbo, cantor Pat Boone, escritor Thomas Mann.

♄ ♓ SATURNO EM PEIXES
palavra-chave   *acolhedor*

Imaginativo — na realidade, às vezes imaginativo demais — você tende a viver no passado e pode ter dificuldade em lidar com o presente. É muito compreensivo emocionalmente, humilde e disposto a trabalhar em prol dos desfavorecidos. Sua percepção dos outros é bem desenvolvida, mas você carece de percepção de si mesmo, tendendo a subestimar seu valor. Precisa de sossego e isolamento para descobrir as suas muitas capacidades; poderia sair-se especialmente bem nas áreas de literatura, pesquisa ou metafísica. Pode ser que lhe agrade trabalhar nos bastidores, ou numa grande instituição, como um hospital, uma universidade ou uma repartição governamental. Você leva a vida muito a sério e reage emocionalmente. Acautele-se contra a autopiedade, que pode levá-lo à depressão, e tente praticar o desligamento emocional. Aspectos desfavoráveis podem levar a preocupações excessivas, doenças psicossomáticas e tendências neuróticas.

Psíquico Edgar Cayce, escritora Françoise Sagan, atriz Jane Fonda, poeta Anne Morrow Lindbergh, apresentador de TV Tom Snyder.

Saturno nas Casas

SATURNO NA PRIMEIRA CASA
palavra-chave   *inibido*

Você é reservado, sério, consciencioso, paciente e aristocrático. Deseja ter poder, mas pode ter sofrido limitações durante a infância; possivelmente você era muito tímido, mas agora quer ir para a frente. Tem uma sensação de insegurança ou inadequação pessoal, mas essa sensação o incentiva no sentido de grandes realizações. Tem muitas responsabilidades e muita vezes esse posicionamento indica que você começou a trabalhar cedo. Na juventude, foi muito maduro, mas vai rejuvenescer à medida que o tempo passa. Se Saturno estiver muito próximo do Ascendente, pode indicar que seu nascimento foi difícil para sua mãe. Com maus aspectos, você pode seguir pela vida sentindo-se não-amado; pode ser egoísta e sofrer de depressão.

General George Patton, advogado dos consumidores Ralph Nader, educadora Maria Montessori, assessor da Casa Branca Bill Moyers.

SATURNO NA SEGUNDA CASA
palavra-chave   *econômico*

Você se preocupa com o dinheiro que ganha com o suor do seu rosto. É sensível e ordeiro em todas as questões financeiras, e embora Saturno nessa Casa não negue o dinheiro, o seu sucesso chega devagar. Pode ser que você tenha nascido em meio a grande riqueza e seja mesquinho demais para dividi-la, ou pode ter vindo de um ambiente de pobreza e supercompense tornando os bens materiais seu único objetivo. Você precisa aprender uma lição a respeito dos valores; a paz da mente vem de dentro e não de fora. Entretanto, se Saturno estiver bem aspectado, esse é um bom posicionamento para investimentos em imóveis.

Cantora Barbra Streisand, presidente Gerald Ford, rainha Elizabeth II, senador Birch Bayh.

SATURNO NA TERCEIRA CASA
palavra-chave   *cuidadoso*

Você é paciente, realista e tem tato. Provavelmente teve alguns problemas com seus irmãos e cresceu sentindo-se sozinho. Esse posicionamento de Saturno pode indicar a falta de uma boa educação ou de amor no lar durante a infância. Um correspondente hábil, você fala bem e sua mente é penetrante e capaz de boa concentração. Seus pulmões não são fortes, e você tem um medo não fundamentado em relação a tudo que é novo. Os aspectos desfavoráveis podem fazê-lo sentir-se discriminado, ou levar a sentimentos de inadequação ou depressão.

Herdeira/revolucionária Patty Hearst, atrizes Mia Farrow e Merle Oberon, dramaturgo William Inge.

210

SATURNO NA QUARTA CASA
palavra-chave *convencional*

Preocupado com relação à velhice, você tem muitas responsabilidades no lar, o que pode incluir até tomar conta de parentes idosos. Existe a possibilidade da perda prematura de um dos genitores ou dificuldades com um deles. Você é muito ligado a sua família, e pode se apegar demasiadamente ao passado. Embora pareça independente, tem medo de deixar seus pais; entretanto, será muito mais feliz longe do seu local de nascimento. Você se sente inadequado e inseguro, mas esses sentimentos fazem com que se esforce em dobro em tudo que faz, o que pode levá-lo a grandes realizações. Você se orgulha muito dos antecedentes familiares, adora antigüidades e é bem sucedido nos negócios com terras ou imóveis. Aspectos desarmônicos podem levar a problemas digestivos por causa de excesso de preocupação e de emocionalidade. Uma boa atitude espiritual pode ajudá-lo a superar muitos desses sentimentos limitadores.
Atriz Judy Garland, físico Albert Einstein, escritor Ernest Hemingway, cantora Peggy Lee.

SATURNO NA QUINTA CASA
palavra-chave *distante*

Você tende a ser frio e inibido, o que pode levar a rejeições no amor ou a problemas com os filhos; esses problemas se devem principalmente à sua incapacidade de entendê-los. Sua expressão criativa pode ser dificultada, a não ser que aprenda a dar de si e cuidar dos outros. Se você meditar, vai fazer isso muito bem e sabiamente. Pode ser um bom professor e um bom disciplinador. Sente-se atraído por pessoas mais velhas e por aquelas que têm uma visão séria e determinada da vida. Com aspectos desafiadores a Saturno, você pode ser tímido, ter dificuldades psicológicas ou sexuais ou desperdiçar seus talentos e potenciais. Entretanto, se usar bem esse posicionamento, ele poderá conduzir ao amor profundo, à lealdade, à criatividade e a grandes realizações científicas.
Escritora Zelda Fitzgerald, cientista Marie Curie, colunista Hedda Hopper, presidente Ronald Reagan, cantor Mick Jagger.

SATURNO NA SEXTA CASA
palavra-chave *eficiente*

Exigente, cuidadoso, eficiente e confiável, você leva seu emprego a sério. Pode sobressair-se no trabalho governamental, na comunicação escrita ou em áreas que envolvam matemática ou ciência. Algumas vezes, você se acha indispensável e exige demais de si mesmo às custas de sua saúde. A doença crônica pode atormentá-lo. Embora pareça quieto e inseguro, você conhece o seu valor. Precisa aprender a vender o seu peixe e se afirmar. Sua visão básica é conservadora, o que não se reflete necessariamente na sua aparência ou maneira de se vestir. Com aspectos desfavoráveis, você tende a se preocupar ou a se queixar demais.

Vice-presidente Nelson Rockefeller, ator Bob Crane, compositor Johannes Brahms, escritor Thomas Mann.

SATURNO NA SÉTIMA CASA

palavra-chave *fiel*   exaltação acidental

Você pode vivenciar dificuldades ou desapontamentos no casamento ou nas associações, ou ter grande diferença de idade com seu par. Você tem problemas para se relacionar com os outros. Não é aconselhável casar antes de ter chegado a um acordo consigo mesmo e com o mundo exterior. Sua atitude em relação ao sexo oposto é de cautela, não sem razão, já que pode ter sido rejeitado por quem você escolheu. Responsável e adulto nas atitudes, muitas vezes você direciona sua vontade de se realizar para áreas que envolvam o público. Com aspectos desafiadores, um revés ou uma queda podem seguir-se ao sucesso e à aceitação. Embora seja comunicativo e sociável, você também precisa de algum tempo em solidão para recarregar as baterias. Se não reservar algum tempo para ficar sozinho, sua saúde pode ser prejudicada. Os aspectos desfavoráveis podem torná-lo um solitário.

Governador George Wallace, Cornelia Wallace (sua esposa), astronautas Buzz Aldrin e Neil Armstrong.

SATURNO NA OITAVA CASA

palavra-chave   *solícito*

Sempre pronto a aceitar a responsabilidade de cuidar do dinheiro do seu par, você pode até mesmo lidar com as finanças dos outros, talvez em bancos ou investimentos. O dinheiro não chega facilmente até você, um trabalhador que, quando ganha dinheiro, sabe conservá-lo. Você tem uma abordagem séria do sexo e também se interessa por assuntos psíquicos e psicológicos. A vida após a morte desperta a sua curiosidade, e você vai dispor de muitos anos para refletir sobre isso, porque provavelmente vai viver até idade avançada. Tem boa cabeça para assuntos legais, heranças, impostos e política. Com aspectos desfavoráveis, pode ser que você seja inibido e tenha atitudes e apetites sexuais bizarros.

Pianista Liberace, marechal-de-campo Erwin Rommel, secretário de Justiça Earl Warren, primeiro-ministro canadense Joe Clark.

SATURNO NA NONA CASA
palavra-chave   *ponderado*

Ortodoxo na abordagem, você desconfia de novas idéias, no entanto é sério e deseja conhecer tudo meticulosamente. Saturno aqui estabiliza suas faculdades superconscientes; você pode ser um bom professor, cientista ou metafísico. Também pode ter sucesso com publicações, política, oratória ou pregação. Apesar de ficar fascinado com pessoas e países estrangeiros, seu relacionamento com eles pode não ser bom. Quando jovem, sua filosofia era dogmática, mas com a idade você se torna mais sábio e mais tolerante. Você tem um senso de humor esquisito, e sua mente é profunda, meditativa e reflexiva. Com aspectos desafiadores, você pode ser fanático, intolerante e ter um mau relacionamento com seus sogros. Tanto pode evitar as viagens ao exterior quanto exagerar e fazer muitas viagens longas e mudanças.

Presidentes Richard Nixon e Franklin D. Roosevelt, comediante Jack Benny, governador Edmund G. Brown.

SATURNO NA DÉCIMA CASA
palavra-chave   *correto*   dignidade acidental

Você gosta da responsabilidade, precisa dela e aceita-a. Ambicioso, exigindo respeito e determinado a vencer, tem excelente capacidade para negócios. Também é autoconfiante, organizado e perseverante. Talvez lhe falte a imagem do pai na sua vida, ou talvez tenha tido problemas com um de seus genitores. Você se sente responsável por sua família e assume resolutamente as obrigações. Com aspectos desfavoráveis, pode ser que seja arrogante e implacável na consecução dos seus objetivos. Você pode mesmo ter um complexo napoleônico ou perder a sua posição por causa de um escândalo.

Ditador Adolf Hitler, pintor Pablo Picasso, ator Lawrence Olivier, atriz Zsa Zsa Gabor.

SATURNO NA DÉCIMA PRIMEIRA CASA
palavra-chave *constante*

Pode ser que você tenha muitos amigos mais velhos, por quem se sinta muito responsável. Você é tão sensível e reservado que pode achar difícil se aproximar de quem quer que seja. A sua necessidade de ser respeitado pelos seus pares é maior que a sua necessidade de ser amado. Você compensa suas inseguranças íntimas através do trabalho dedicado e dos envolvimentos permanentes. Entretanto, sua lealdade a amigos e causas é inabalável. Os aspectos desafiadores podem frustrar muitos de seus desejos e fazer com que você sofra de solidão. Ou então pode se tornar um exibicionista. Você dá afeto, mas não consegue aceitá-lo tranqüilamente; muitas vezes você se retrai.

Advogado F. Lee Bailey, maestro Arturo Toscanini, pastor evangélico Billy Sunday.

SATURNO NA DÉCIMA SEGUNDA CASA
palavra-chave *circunspecto*

Morbidamente sensível, você tem uma tendência a se isolar ou a viver com um constante desejo de retrair-se. Gosta da solidão; a sua criatividade flui quando trabalha sozinho, mas isolamento demais pode levar à solidão e ao medo. Como você se preocupa com a respeitabilidade e os costumes aceitos, tende a manter os seus problemas guardados no íntimo. Isso pode levar a uma atitude "a vida está contra mim". É preciso que cultive uma visão otimista e a esperança no futuro. Abandone as atitudes egocêntricas e aprenda a servir a humanidade ou as pessoas que lhe estão próximas. Com aspectos desfavoráveis, seu pai pode ter desaparecido bem cedo da sua vida.

Primeira-ministra Indira Gandhi, escritores Ralph Waldo Emerson, Erich Maria Remarque e Mark Twain.

Saturno em Aspecto

Qualquer aspecto a Saturno indica *uma lição a ser aprendida;* esses aspectos envolvem a capacidade de *concentrar-se,* de *tornar-se disciplinado* e *de dar forma e substância* a sua vida.

A conjunção *enfatiza* esses princípios.

A quadratura e a oposição desafiam-no a *ser bem sucedido* ou a *tornar-se consciente da necessidade de aceitar responsabilidades*.
O trígono e o sextil proporcionam fluxo e oportunidade para *aprender e concentrar-se*.
O quincunce ensina a *ajustar-se às limitações e aos atrasos*.

Conjunções

♄ ♂ ♅ SATURNO EM CONJUNÇÃO COM URANO

Seu lema é: "Vou cuidar das minhas coisas." Você é voluntarioso e autoconfiante. Se Saturno for o mais forte dos dois planetas, você tem autodisciplina; se Urano for o mais forte, é possível que você seja irresponsável. Pode ser que encontre dificuldades na casa onde a conjunção ocorre, mas pode solucioná-las com persistência. Você compreende e respeita a tradição, mas está aberto para o futuro. Não tem paciência com as pessoas comuns e superficiais, admirando aquelas que chegaram ao sucesso. Devido à sua tensão nervosa, é importante que aprenda a relaxar.
Pugilista Muhammad Ali, escritor Erich Maria Remarque.

♄ ♂ ♆ SATURNO EM CONJUNÇÃO COM NETUNO

Você é um bom planejador, tem excelente tino comercial e capacidade matemática e política. Com sua aptidão para dar forma criativa a suas idéias, pode ser que seja muito artístico, principalmente se Netuno for mais forte. Essa conjunção pode dar-lhe inspiração e fazer de você um idealista prático, principalmente se aprender a canalizar sua intuição e sua imaginação. Muitas vezes esse é o aspecto do mágico. Desconfiado dos outros, ninguém consegue enganá-lo por muito tempo. Você questiona tudo e sempre age com base na sua lógica e no seu raciocínio. Usado negativamente, você pode desenvolver uma natureza dividida, angústia, ou pode envolver-se com projetos não-práticos.
Pintor Pablo Picasso, inventor Thomas Edison.

♄ ♂ ♇ SATURNO EM CONJUNÇÃO COM PLUTÃO

Você ambiciona poder e status. Sua dedicação ao controle pode servir ao bem ou ao mal. Você se dispõe a suportar muita coisa para atingir seus objetivos. Tem uma compreensão intuitiva dos outros e é capaz de usá-los em benefício próprio. Eficaz em todos os seus empreendimentos, facilmente desperta respeito e admiração. Você mantém seus planos em segredo e pode se tornar frustrado ou ter profundas obsessões, a não ser que esteja ativamente engajado em algum projeto.

Senador Eugene McCarthy, ditador Benito Mussolini.

Quadraturas e Oposições

♄ □ ♅ SATURNO EM QUADRATURA COM URANO
♄ ☍ ♅ SATURNO EM OPOSIÇÃO A URANO

Muito individualista, você é capaz de ser radical, um pouco drástico e ter uma atitude de "eu sei tudo". Ao mesmo tempo, tomar decisões deixa-o apreensivo; você procura aprovação antes de se afirmar. Você torna-se agressivo em relação às pessoas que detêm autoridade, com o intuito de esconder os seus verdadeiros sentimentos de insegurança. Uma vez que aprenda a arte de conciliar, vai tornar-se um trabalhador responsável e progressista e pode se sair especialmente bem em grandes grupos ou organizações. Pode até mesmo usar positivamente a sua falta de tato; pode ter uma maneira inusitada de se dirigir ao público.

Presidente Ronald Reagan (□), governador George Wallace (☍).

♄ □ ♆ SATURNO EM QUADRATURA COM NETUNO
♄ ☍ ♆ SATURNO EM OPOSIÇÃO A NETUNO

Você tanto pode ser astuto e calculista como exatamente o contrário, carecendo totalmente de ambição. Pode ser que assuma a culpa dos outros; em lugar disso, deveria superar seu medo do fracasso, enfrentar a concorrência e aprender a gostar de si mesmo. Você é capaz e tem muito talento para finanças, negócios e artes. Pode ter dificuldade em diferenciar seus amigos verdadeiros dos que tentam aproveitar-se de você. Você procura um parceiro ideal; às vezes prefere ficar sozinho para sempre a desistir de seus ideais. Você tem um bocado de tensão emocional e de inibições que precisam ser trabalhadas. É recomendável afastar-se de influências psíquicas.

Atriz Marilyn Monroe (□), cantor Bobby Darin (☍).

ħ □ ♇ **SATURNO EM QUADRATURA COM PLUTÃO**
ħ ♂ ♇ **SATURNO EM OPOSIÇÃO A PLUTÃO**

Uma vez que aprenda a planejar, pode ser bem sucedido como executivo, mas a sua insegurança emocional faz com que deteste admitir que os outros sabem mais que você. Assim, muitas vezes, parece ser ditatorial. Pode ser um mau perdedor e ter padrões de conduta imprevisíveis. Como receia a pobreza, o status lhe é importante. É possível que seja muito precipitado no seu esforço para chegar ao topo e precise cultivar a paciência.
Escritores Thomas Mann (□) e Ernest Hemingway(♂).

Trígonos e Sextis

ħ △ ♅ **SATURNO EM TRÍGONO COM URANO**
ħ ✳ ♅ **SATURNO EM SEXTIL COM URANO**

Você tem iniciativa, força de vontade e uma determinação ilimitada. Prático e intuitivo, precisa de liberdade e se dispõe a trabalhar por ela. Seu agudo discernimento e a compreensão que tem dos outros vão trazer-lhe muitas realizações. Você respeita o dinheiro mas não se subordina a ele. Tem bastante bom senso, boa capacidade administrativa, respeita o conhecimento e se aborrece com as pessoas que não usam a cabeça; você é um investigador nato.
Cientista Louis Pasteur (△), advogado dos consumidores Ralph Nader (✳).

ħ △ ♆ **SATURNO EM TRÍGONO COM NETUNO**
ħ ✳ ♆ **SATURNO EM SEXTIL COM NETUNO**

Seus pais lhe deram uma boa base moral e ética na sua infância. Você tem muita capacidade de previsão e de formular táticas. Tendo um forte senso de autopreservação, sempre protege os seus interesses. É metódico, organizado, imaginativo, inspirado, profissional e capaz de assumir muita responsabilidade. Conhece e honra as suas obrigações. Você aprende através da experiência, é ambicioso e não gosta de ser superado pelos outros.
Financista Bernard Baruch (△), vice-presidente Hubert Humphrey (✳).

♄ △ ♇ SATURNO EM TRÍGONO COM PLUTÃO
♄ ✳ ♇ SATURNO EM SEXTIL COM PLUTÃO

Com sua grande tolerância em relação aos outros, você é capaz de superar muitas das frustrações e limitações de outros aspectos. Você é poderoso, enérgico e capaz de concentração; seus objetivos são realistas. Conhece suas deficiências e é capaz de analisá-las objetivamente. Como consegue despertar o entusiasmo nos outros, pode realizar muita coisa. Sentindo que sua base é sólida, você não tem medo da concorrência.
Ator Dustin Hoffman (△), executivo da indústria fonográfica Neil Bogart (✳).

Quincunces (Inconjunções)

♄ ⊼ ♅ SATURNO EM QUINCUNCE COM URANO

Você precisa de aprovação e está disposto a muita coisa para consegui-la. Muitas vezes sente-se dividido entre, de um lado, a tradição e a sua formação e, de outro, os novos conceitos modernos. Depois de superar suas inseguranças, você vai se sair bem com suas idéias inventivas e a sua capacidade de dar forma ao pensamento abstrato. Ter sucesso na área de sua escolha é freqüentemente mais importante para você do que o amor ou o casamento. Isso pode gerar relacionamentos tensos.
Apresentador de TV Steve Allen, dançarina Cyd Charisse.

♄ ⊼ ♆ SATURNO EM QUINCUNCE COM NETUNO

Você se preocupa com o sofrimento e a injustiça que vê à sua volta; apesar de querer mudar as coisas, sente-se muito culpado quando não tem nem a energia nem a força de vontade para tanto. Motivado na área espiritual e intuitiva, você tem qualidades poéticas e filosóficas. Quando tem mais obrigações do que consegue manejar, a sua tendência é fugir da realidade. Essa fuga pode assumir uma forma física ou psicológica, como exaustão, doenças difíceis de diagnosticar ou a visão da vida como um conto de fadas.
Escritor Rabindranath Tagore, cantora Judy Collins.

♄ ⚻ ♇ SATURNO EM QUINCUNCE COM PLUTÃO

Irredutível quando se trata de cumprir suas obrigações, muitas vezes você cuida do que não lhe diz respeito. Também lembra aos outros o que você julga ser as obrigações deles — e isso nem sempre é bem recebido. Se não tiver nenhuma causa por que lutar, pode ser que se entregue a excessos sexuais. Você é um perfeccionista em tudo que faz, e gosta de carreiras nas quais fica encarregado de muitas pessoas ou de seu bem-estar. A política ou os investimentos são áreas naturais para você. Nos relacionamentos pessoais, você deixa que seu par o domine ou o use; aprender o seu próprio valor é um dos ajustes mais importantes que precisa fazer.

Vice-presidente Walter Mondale, atriz Brigitte Bardot.

Lição 15: Urano

Alguns Comentários Gerais

Nossos alunos nunca deixam de nos perguntar sobre aspectos desafiadores ou harmoniosos. Por que dizemos que nenhum deles é bom ou mau, mas sim que "Com aspectos desfavoráveis, esse posicionamento pode acarretar tal e tal coisa?" Uma pergunta muito boa!

Para ser uma pessoa completa, você precisa de algumas áreas que sejam desfavoráveis, para motivá-lo em direção à realização, e de algumas áreas favoráveis, para que possa aproveitar a vida. Se um planeta só tiver aspectos desafiadores, torna-se difícil expressar as energias daquele planeta. O desafio é superar a pedra representada pelo aspecto e transformá-la num elemento de construção.

Se um planeta só tiver aspectos favoráveis ou harmoniosos, pode ser que você tome tudo na vida como certo e não faça qualquer esforço. Isso acontece porque você não vivencia qualquer tensão, que demandaria um esforço da sua parte. Nesse caso, pode deixar de usar muitos de seus potenciais, que seriam ignorados ou esquecidos.

Teoricamente, procuramos aspectos favoráveis e desfavoráveis, que possam compensar uns aos outros.

Vamos ver, por exemplo, o horóscopo de Judy Garland. Ela tem o Sol em oposição a Marte; esse é um aspecto desafiador, mas que também pode proporcionar percepção, se usado positivamente. Como é que ela pode usá-lo positivamente? Através de que canal? Ela tem um sextil entre o Sol e Netuno. Isto lhe dá a oportunidade de usar seus talentos criativos. A garra e a ação de Marte podem ser usadas através do sextil do Sol e Netuno. Sem essa oposição, ela poderia dissipar esse talento, porque não haveria pressão ou tensão para empurrá-la em direção à criatividade.

Resumindo: os desafios ou tensões dos aspectos mais desfavoráveis devem ser canalizados através do fluxo dos aspectos mais favoráveis.

Agora, por favor, familiarize-se com o material desta lição sobre Urano; em seguida, delineie o Urano de Judy Garland. Nosso delineamento está na página 275 no Apêndice.

Urano representa o *impulso de liberdade*. É o planeta do individualismo, da originalidade, do despertar e da ruptura de tradições. É o primeiro dos assim chamados planetas *transcendentais*. Urano permanece cerca de sete anos em cada signo. Como ele aparece no mesmo signo para um número muito grande de pessoas, o seu posicionamento por Casa é mais importante na descrição de traços e atitudes do que seu posicionamento por signo.

Urano nos Signos

♅ ♈ URANO EM ÁRIES
palavra-chave *impetuoso*

Você é um pioneiro em qualquer atividade em que se engajar. Voluntarioso, independente e engenhoso, freqüentemente interrompe as coisas e as começa outra vez. Você é agressivo, às vezes mesmo veemente e hostil, e tem sua própria moralidade, o que lhe permite sentir-se livre para agir como lhe agrada. Tem boa habilidade mecânica e uma quantidade incomum de energia nervosa. Se usar esse posicionamento harmoniosamente, vai direcionar toda a sua inventividade e as suas idéias para canais construtivos; se usar esse posicionamento desarmonicamente, você pode ser rebelde, sem tato, sem autocontrole e fanático, pode rejeitar violentamente todas as tradições do passado. Urano esteve pela última vez no signo de Áries de 1928 até 1934.

Dramaturgo John Osborne, assassino e líder religioso Charles Manson, atriz Audrey Hepburn, jogador de baseball Hank Aaron, astronauta Neil Armstrong.

♅ ♉ URANO EM TOURO
palavra-chave *improvisador* queda

Determinado a encontrar novas maneiras de ser prático, você está repleto de novas idéias em áreas tais como finanças, recursos naturais e reformas econômicas. Sua expressão pode ser limitada se você puser muita ênfase no materialismo. Usado positivamente, seus muitos talentos musicais e artísticos virão à tona. Sua criatividade é poderosa, e você atrai os outros magneticamente. Aspectos desfavoráveis de Urano podem ocasionar transtornos conjugais, problemas inesperados nos casos de amor, ciúme e teimosia. Urano esteve pela última vez em Touro de 1935 a 1942.

Pianista Van Cliburn, dramaturgo George Bernard Shaw, atriz Jane Fonda, jogador de baseball Sandy Kaufax, cantor Graham Nash.

♅ ♊ URANO EM GÊMEOS
palavra-chave *inovador*

Brilhante, inventivo e original, você tem uma abordagem diferente em áreas tais como literatura, educação, meios de comunicação e eletrônica. Como é inquieto, é difícil para você seguir uma idéia até o fim. Entretanto, é capaz de captar conceitos novos e é a favor de reformas, principalmente na educação, onde pode ser que defenda idéias semelhantes a universidades gratuitas. Aspectos harmoniosos de Urano podem proporcionar rasgos de genialidade; aspectos desfavoráveis podem ocasionar um jeito brusco de falar, raciocínio não-prático e até mesmo descoordenado, pouca consideração pelo sentimento dos outros, problemas com irmãos ou parentes, ou uma educação formal interrompida. Urano esteve pela última vez em Gêmeos de 1942 a 1949.
Músico George Harrison, Julie Nixon Eisenhower (filha do presidente Nixon), psíquico Uri Geller, líder de protestos Angela Davis, cantor David Bowie.

♅ ♋ URANO EM CÂNCER
palavra-chave *irrequieto*

A sua maneira de buscar a liberdade é adotar uma atitude diferente em relação ao lar e ao casamento. Você encara seus pais como seus iguais e não como figuras de autoridade, ou pode ignorá-los totalmente. Pode ser que não goste do estilo de vida estabelecido por sua família e se sinta mais à vontade vivendo em comunidades, ou aderindo ao movimento de volta à natureza. Mas, se se decidir por um lar tradicional, vai enchê-lo de dispositivos e aparelhos eletrônicos, ou participar pessoalmente de grande parte do trabalho de construção. Você adora viajar e perambular e tem um conceito diferente sobre o significado do patriotismo. Sensível e intuitivo, você é capaz de aceitar o metafísico e o oculto. Aspectos desafiadores podem ocasionar altos e baixos emocionais; seus sentimentos podem ser erráticos e seu temperamento, irracional. Urano esteve pela última vez em Câncer de 1949 a 1956 e, anteriormente, de 1865 a 1872.
Escritor André Gide, herdeira/revolucionária Patty Hearst, pretenso assassino Arthur Bremer, jogadora de tênis Chris Evert, astro do rock Peter Frampton.

♅ ♌ URANO EM LEÃO
palavra-chave *liberado*   detrimento

Novas expressões artísticas e uma abordagem liberada do amor são típicas das pessoas nascidas com Urano em Leão. Estas são algumas manifestações dessa tendência: discoteca, ritmos novos como o *disco* e o *rock-and-roll*, novas ferramentas e técnicas educacionais e assuntos diferentes em literatura. Você tem certeza de suas idéias e agarra-se teimosamente a elas. Seu ego é elevado; você gosta de ser inconvencional e diferente e pode ter uma profunda compreensão da humanidade. Sua determinação é ilimitada e você está disposto a derrubar tudo aquilo que não lhe convém. É preciso que aprenda a autodisciplina, de outra forma pode ser bastante destrutivo. Urano esteve pela última vez em Leão de 1956 a 1962; antes disso, de 1871 a 1877.

Caroline Kennedy (filha do presidente), primeiro-ministro Winston Churchill, psíquico Edgar Cayce, escritor Hermann Hesse, ator de TV Shawn Cassidy.

♅ ♍ URANO EM VIRGEM
palavra-chave *inquisitivo*

Você tem uma abordagem original do trabalho, suficientemente prática para conquistar o apoio da maioria das pessoas. Esta é a era dos computadores; os avanços técnicos estão bem no seu caminho. As pessoas nascidas quando Urano esteve pela última vez em Virgem (de 1962 a 1968) ainda são muito jovens para poder provar-se e revelar seu potencial, mas a entrada de Urano nesse signo trouxe um interesse renovado pela ecologia, os alimentos naturais e assim por diante. Sua natureza é estudiosa, inventiva e humana; você é um bom professor. Sua abordagem pé-no-chão e sua capacidade de análise e discriminação são valiosas na introdução de mudanças necessárias. As pessoas nascidas durante esse período são construtivas. Com aspectos desfavoráveis, você pode ter a tendência a se envolver com um número exagerado de cultos ou ter problemas de saúde fora do habitual. Urano esteve também em Virgem de 1877 a 1884.

Presidente Harry S. Truman e Franklin D. Roosevelt, físico Albert Einstein, primeira dama Eleanor Roosevelt, pintor Pablo Picasso.

♅ ♎ URANO EM LIBRA
palavra-chave *reformador*

Urano em Libra acarretou, e vai acarretar novamente, novas abordagens do casamento e da conduta social, onde um relacionamento significativo é mais importante do que o contrato legal que o acompanha. Você dá atenção às motivações das pessoas e tem conceitos novos em relação à justiça.

Aprecia todas as novas formas de arquitetura, música e artes. Dotado de tremendo charme e magnetismo pessoal, consegue sair-se com as noções mais extravagantes e estranhas sem ser ofensivo. Com aspectos desafiadores, pode ser que você não se disponha a aceitar responsabilidades; pode ser independente demais, voluntarioso e ter problemas conjugais. Urano esteve pela última vez em Libra de 1968 a 1975 e, antes disso, de 1884 a 1891.

Dramaturgo Eugene O'Neill, ditador Adolf Hitler, arquiteto Charles Le Corbusier, escritor Ralph Waldo Emerson, dançarino Vaslav Nijinski.

♅ ♏ URANO EM ESCORPIÃO
palavra-chave   *indomável*   exaltação

Suas emoções são intensas e sua abordagem é ousada, original e inclinada para o oculto. Fascinante e dinâmico, você transpira *sex appeal*. Precisa fazer muitos ajustes desde a infância, mas aceita esses desafios e controla seu corpo e sua mente. Você é decisivo na ação e tem pouca condescendência pela preguiça. Gosta de investigar em profundidade, tendo habilidade científica e mecânica. Poderá descobrir abordagens novas para a cirurgia ou pesquisar doenças estranhas e desconhecidas. Precisa tentar superar seu ciúme, sua possessividade e sua incapacidade de satisfazer os desejos dos outros. Aspectos desfavoráveis podem ocasionar uma atitude vingativa e rebelde, um gênio violento ou um intenso desejo de mudar o que não lhe agrada. Urano esteve pela última vez em Escorpião de 1891 a 1898 e transitou novamente em Escorpião de 1975 a 1981.

Filósofo Krishnamurti, compositor Richard Wagner, líder nazista Hermann Goering, marechal-de-campo Erwin Rommel, jogador de baseball Babe Ruth.

♅ ♐ URANO EM SAGITÁRIO
palavra-chave   *progressista*

A livre expressão de qualquer tipo é muito importante para você. Você adota novos conceitos religiosos, pende para áreas tais como a parapsicologia e a metafísica, abordando-as com uma atitude científica e objetiva. Você tem um bom senso de humor e uma visão otimista, é compassivo e liberal. Adora viajar e é capaz de fazê-lo de uma hora para outra. Gosta de expandir seus horizontes e não quer sentir-se limitado por dogmas ou ortodoxias. Com aspectos desafiadores, pode ser que você seja cético, agnós-

tico, excitável e até mesmo rebelde. Urano esteve pela última vez em Sagitário de 1898 a 1904, e transita nesse signo de 1981 a 1988.
Cantora Ethel Waters, nutricionista Adelle Davis, palhaço Emmett Kelly, dramaturgo Noel Coward, pianista Vladimir Horowitz.

♅ ♑ URANO EM CAPRICÓRNIO
palavra-chave   *construtivo*

Você gosta de introduzir mudanças em algumas áreas como governo, política e legislação, com o propósito de criar um futuro melhor. Apesar de pregar o amanhã, você reluta em abandonar o ontem. Suas idéias brilhantes tornam-no um líder atraente e excitante. Você tem bons palpites e percepções; é capaz de tomar as velhas tradições e encará-las de maneiras novas e diferentes. Interessado em terras, exploração de recursos e criação de gado é capaz de relacionar-se cientificamente com esses campos. Entretanto, existe um conflito básico entre Capricórnio, que gosta da tradição e a ela adere, e Urano, o planeta da mudança. Se você não conseguir conciliar esse conflito, pode tornar-se inquieto, nervoso e depauperado. Urano esteve pela última vez em Capricórnio de 1905 a 1912,˙ e vai voltar a esse signo de 1988 a 1995.
Presidente Ronald Reagan, vice-presidente Hubert Humphrey, senador Barry Goldwater, presidente Lyndon Johnson, líder religiosa Mary Baker Eddy.

♅ ♒ URANO EM AQUÁRIO
palavra-chave   *humanitário*   dignidade

Em seu próprio signo, Urano é muito forte, penetrante, inventivo, científico e oculto. Você tem um profundo desejo de mudar tudo para o progresso da humanidade, mas a sua abordagem em relação a isso pode ser excêntrica e definitivamente individual. Sua capacidade de liderança é inquestionável. Um livre-pensador aberto a todas as idéias novas, você é intelectual, distante e às vezes mais independente do que seria bom. Gosta de trabalhar com as pessoas e para as pessoas. Com aspectos desfavoráveis, você pode ser inconvencional, não ter praticidade e até ser revolucionário. Urano esteve pela última vez em Aquário de 1912 a 1919 e vai estar lá novamente de 1995 a 2002.
Ex-primeira dama Lady Bird Johnson, pastor evangélico Billy Graham,

escritora Mary McCarthy, jogador de baseball Joel DiMaggio, primeira-ministra Indira Gandhi.

♅ ♓ URANO EM PEIXES
palavra-chave *visionário*

Você é muito mutável, mas por dentro sempre tem boas intenções. Intuitivo, idealista e imaginativo, você tem tendências místicas e se interessa por meditação, ioga e filosofia oriental. Artístico e estético, esse é um excelente posicionamento para os atores, já que você gosta de fugir para mundos diferentes. Pode ser uma pessoa que se auto-sacrifica e vivencia uma luta espiritual para superar tendências materialistas em busca de realizações mais evoluídas. Demasiado sensível, seu sistema nervoso é delicado; você precisa conhecer os seus limites e aprender a relaxar, tanto física como emocionalmente. Com aspectos desafiadores, você pode querer fugir com a ajuda de álcool, drogas ou sexo. Urano esteve pela última vez em Peixes de 1919 a 1927.
Atriz Marilyn Monroe, apresentador de TV Merv Griffin, comediante Jonathan Winters, ator Richard Burton, cantor Sammy Davis Jr.

Urano nas Casas

URANO NA PRIMEIRA CASA
palavra-chave *exótico*

Você é original, científico, independente e excitável; tanto pode fazer leis como derrubá-las. Sua amplitude de visão e percepção fazem com que seja um líder adiante do seu tempo, ou uma pessoa abrupta, sem tato, tirânica ou perversa. Você segue a sua própria intuição, para o bem ou para o mal, acredita nela e vive de acordo com sua própria ética. Chama muito a atenção, às vezes por causa da atração magnética que exerce e às vezes por causa da sua abordagem excêntrica. Direto, franco e inquieto, você é um não-conformista.
Ator Arnold Schwarznegger, governador George Wallace, advogado F. Lee Bailey, astróloga Isabel Hickey.

URANO NA SEGUNDA CASA
palavra-chave *caleidoscópico*

Você experimenta muitos altos e baixos financeiros, recebe dádivas inesperadas e dificilmente tem o que seria considerado uma renda estável. Sua tendência é descobrir métodos originais de ganhar dinheiro. Com seu grande desejo de independência, você se sairia melhor tendo um negócio próprio do que num emprego das nove às cinco. Você ignora os sistemas de valores aceitos e em geral tem o seu próprio sistema. Tem força de vontade e tenta dominar as pessoas que ama. Pode ser que receba dinheiro através de heranças ou sócios. Com aspectos desfavoráveis, esse posicionamento não é bom para especulações.

Cantora Barbra Streisand, dramaturgo Noel Coward, presidente Ronald Reagan, psicometrista Kenny Kingston.

URANO NA TERCEIRA CASA
palavra-chave *inventivo*

Pode ser que você seja um gênio sintonizado com sua época e muito inventivo e científico. A sua forma inconvencional de se comunicar é boa para escrever ou falar sobre qualquer assunto. Sua mente aguda e alerta torna esse posicionamento bom para a pesquisa. Embora seu comportamento seja imprevisível, você tem a mente aberta e adora idéias novas. Com aspectos desafiadores, pode ser que seja excêntrico, voluntarioso, rebelde e tenha um jeito grosseiro de falar. Você também pode passar por separações súbitas e inesperadas de seus irmãos.

Senador Edward M. Kennedy, vice-presidente Spiro Agnew, atores Clark Gable, Cary Grant e Marlon Brando.

URANO NA QUARTA CASA
palavra-chave *agitado*

Você pode vivenciar muitas mudanças de residência e altos e baixos na sua vida doméstica. Talvez sua mãe fosse bastante original, ou talvez um de seus genitores não o compreendesse. De qualquer forma, o seu histórico é fora do comum; pode ser que você tenha sido separado de sua família em tenra idade, ou vivido sob circunstâncias incomuns. A não ser que Urano esteja num signo fixo, você mesmo não quer uma vida acomodada, preferindo mudar freqüentemente de empregos, casas e parceiros; ao mesmo tempo, também tem medo de ficar sozinho. Na parte final de sua vida,

pode ser que se interesse por astrologia e pelo oculto.
Escritores A. J. Cronin, Zelda Fitzgerald e Ernest Hemingway, atrizes Brigitte Bardot e Marlene Dietrich.

URANO NA QUINTA CASA
palavra-chave   *excêntrico*

Romântico e atraído pelo inusitado, você vai ter muitos casos de amor singulares. Embora goste de especulação e jogo, este não é o melhor posicionamento para essas atividades. Pode ser que seus filhos não sejam comuns; pode ter um filho ilegítimo ou um filho seu adotado por outras pessoas. Sua excelente coordenação física é boa para esportes, e você também é muito criativo. Pode ser imprudente, até temerário, e desdenhar as convenções e qualquer coisa que seja banal e comum. Você quer ser sempre o "chefe", nunca o "índio".
Jogadora de tênis Billie Jean King, ator Robert Taylor, jogador de baseball Babe Ruth, produtor de cinema David Selznick.

URANO NA SEXTA CASA
palavra-chave   *errático*

Você é nervoso e excitável e gosta de fazer as coisas a seu modo. Precisa de um emprego onde tenha liberdade de movimentos. Tende a exigir esforços de si mesmo sem piedade, a ponto de ficar exausto. Não gosta de aceitar a autoridade dos outros e pode tornar-se irritado e impaciente quando as coisas não são feitas a seu modo. Você tem excelente capacidade científica, boa coordenação e senso de tempo, compasso e ritmo. Com aspectos desafiadores, você é propenso a problemas súbitos de saúde ou doenças misteriosas.
Jogador de baseball Jackie Robinson, maestro Arturo Toscanini, presidente Jimmy Carter, atriz Deborah Kerr.

URANO NA SÉTIMA CASA
palavra-chave   *imprevisível*

Você gostaria de ter um par fora do comum ou um tipo de parceria original e diferente. Ou talvez você se case na excitação do momento e depois se divorcie tão de repente quanto casou; ou pode se casar muito jovem ou imaturo, em seguida perceber o erro e começar tudo de novo. Em outras palavras, os seus relacionamentos com os outros carecem de estabilidade. Você é muito independente. O par que escolher pode ser excêntrico, exaltado e agir como bem lhe aprouver, ou você pode dar muito pouca importância a seu par, tratando-o como se fosse um acessório. Pode ser que você considere o público, ou os seus clientes, como as pessoas importantes da sua vida. Essa colocação indica empreendimentos literários ou artísticos.

Atriz Elizabeth Taylor, colunista Hedda Hopper, embaixador Adlai Stevenson, ventríloquo Shari Lewis.

URANO NA OITAVA CASA
palavra-chave *experimental*

Pode ser que haja alguns transtornos em relação ao dinheiro de outra pessoa, e é preciso que você tome cuidado nas associações comerciais. Pode ser que descubra formas incomuns de gerenciar ou investir o dinheiro de outras pessoas, e receber heranças inesperadas. Você tem intuição psíquica e se interessa pelo oculto e pela vida depois da morte. Sua tendência é se apaixonar por pessoas que não podem retribuir o seu amor ou satisfazer as suas necessidades. Geralmente você guarda para si suas idéias um tanto inconvencionais a respeito de sexo. Seu senso de humor é satírico e você pode ter sonhos estranhos e premonições. Se Urano fizer um aspecto pressionante a Marte, a sua morte povavelmente será rápida e súbita.

Cornelia Wallace (esposa do governador George Wallace), psíquico Uri Geller, líder hippie Jerry Rubin, jogador de baseball Vida Blue.

URANO NA NONA CASA
palavra-chave *não-ortodoxo*

Inventivo, engenhoso, independente e aventureiro, você gosta de viagens longas a lugares exóticos e pode ter estranhas experiências durante suas viagens. Sua visão religiosa é não-ortodoxa e sua perspectiva é intuitiva, socialista e utópica. Com aspectos desfavoráveis, pode ser que você seja um fanático. Seus assuntos legais podem sofrer reviravoltas inesperadas; é bom evitar os processos. Ensino, publicações e negócios com o exterior são boas carreiras para você. Também pode ser um bom líder político, já que pode ser um talentoso reformador social.

Líder hindu Mohandas Gandhi, marechal-de-campo Erwin Rommell, congressista Maurice Udall, jogadora de tênis Chris Evert.

URANO NA DÉCIMA CASA
palavra-chave *diferente*

Quando se dedica a uma causa, você é um grande lutador. Com sua visão, você pode ser um esplêndido líder em questões mundanas, com a capacidade de mudar os velhos costumes. Entretanto, com aspectos desafiadores, poderá rebelar-se e atacar qualquer tipo de autoridade. Você é muito original, imaginativo, altruísta e humanitário. Como seguidor, você é meio intratável, e portanto luta para estar na chefia. Pode ser que vivencie muitas mudanças súbitas na sua carreira, assim como desapontamentos; ou pode ser que se sinta incompreendido, principalmente pelas pessoas em cargos de chefia. Entretanto, um tipo diferente ou inusitado de carreira sempre vai atraí-lo. Se houver aspectos ao Sol, provavelmente vai se interessar pelo oculto ou pela astrologia.

Primeira dama Eleanor Roosevelt, ditador Benito Mussolini, ateísta Madelyn Murray O'Hair, "cartola" do futebol Pete Rozelle.

URANO NA DÉCIMA PRIMEIRA CASA
palavra-chave *não-emocional* dignidade acidental

Seus amigos podem ser estranhos e originais, e você deseja ajudar a humanidade de alguma forma não-usual. Tem objetivos interessantes na vida e é um não-conformista. Faz amigos e conhecidos com facilidade mas foge de relacionamentos íntimos. Embora possa parecer arrogante e esnobe, gosta de se rodear de pessoas e de ser admirado. Provavelmente vai ter dois tipos de amigos: artistas ou boêmios (uranianos) e amigos mais convencionais e tradicionais (saturninos). Sua abordagem do sexo é incomum e pode ser que você tenha alguns problemas ou distúrbios sexuais.

Escritor Thomas Mann, senador Robert Kennedy, escritor Erich Maria Remarque, astronauta Neil Armstrong.

URANO DA DÉCIMA SEGUNDA CASA
palavra-chave *psíquico*

Você deseja romper com as convenções e limitações e tem uma tremenda necessidade de libertar-se das exigências da sociedade. Fascinado pelo misterioso e pelo romântico, pode ser que tenha muitos casos de amor secretos. Você é intelectual, místico e reservado e trabalha de formas inusitadas. Esse é um bom posicionamento para pesquisa e atividades de bastidores. Com aspectos desafiadores, você pode ser excêntrico. Conflitos inconscientes não resolvidos podem tornar difícil a sua vida. A não ser que empregue o autocontrole, você pode ser seu pior inimigo e seguir pela vida sozinho.

Assassino e líder religioso Charles Manson, ator Roy Rogers, ditador Adolf Hitler, ator Charlie Chaplin.

Urano em Aspecto

Qualquer aspecto a Urano deve ser interpretado como *despertador, libertador* e *inesperado*.

A conjunção enfatiza a *vontade criadora*.

A quadratura e a oposição despertam o seu *individualismo*.

O trígono e o sextil liberam o seu *fluxo inventivo* e fazem com que você tenha facilidade em fazer o que é incomum.

O quincunce exige um *acordo entre a aceitação e a rebelião*.

Conjunções

♅ ☌ ♆ URANO EM CONJUNÇÃO COM NETUNO

A última vez que essa conjunção ocorreu foi de 1821 a 1824. Esse aspecto vai ocorrer novamente em 1992. Você tem tremendo talento artístico podendo tornar-se um gênio. É gentil e excêntrico, tem boas intenções e uma aguda imaginação. Identifica-se com as massas e luta pela liberdade. Esse aspecto indica pesquisa em algum campo inusitado.

Cientista Louis Pasteur, poeta Charles Baudelaire.

♅ ☌ ♇ URANO EM CONJUNÇÃO COM PLUTÃO

Esse aspecto ocorreu de 1963 a 1968 e anteriormente na década de 1850. Você vai a extremos para ser diferente ou para manter a sua liberdade. Respeita todo tipo de vida, seja um ser humano, um animal ou uma planta. Tem muita resistência física e capacidade regenerativa; também pode ser um revolucionário.

Botânico Luther Burbank, pintor Vincent Van Gogh.

Quadraturas e Oposições

⛢ □ ♆ URANO EM QUADRATURA COM NETUNO
⛢ ☍ ♆ URANO EM OPOSIÇÃO A NETUNO

Você é excitável, ativo e se perturba facilmente, mas conhece seus limites. Precisa de um canal emocional positivo. Seu idealismo às vezes é confuso e sem praticidade, e você pode ser rebelde ou então apático e como um avestruz. Pode envolver-se com grupos excêntricos ou entregar-se às drogas e ao álcool; ou pode ter profundos temores íntimos de se ver privado de sua segurança.

Herdeira/revolucionária Patty Hearst (□), escritor Jean-Paul Sartre (☍).

⛢ □ ♇ URANO EM QUADRATURA COM PLUTÃO
⛢ ☍ ♇ URANO EM TRÍGONO COM PLUTÃO

Você pode ser um idealista político, lutando contra a injustiça, ou o procrastinador que espera os outros fazerem as coisas. Seu temperamento é um pouco imprudente, impaciente e combativo. Pode ter um intenso senso de autopreservação e ser incapaz de conciliar. As mulheres com esse aspecto tendem a se ressentir do papel inferior que lhes é atribuído.

Senador Edward M. Kennedy (□), apresentador de TV Ed Sullivan (☍).

Trígonos e Sextis

⛢ △ ♆ URANO EM TRÍGONO COM NETUNO
⛢ ✶ ♆ URANO EM SEXTIL COM NETUNO

Você gosta de encontrar o seu próprio modo de expressão, mesmo se não estiver de acordo com os padrões aceitos. Um pensador revolucionário, você desconfia bastante do governo. Sente-se atraído pelo misticismo, pelo oculto e pelo esotérico. Sua grande imaginação criativa pode ser inspiradora. Dependendo dos aspectos, você pode ter muita atração para o público.

Dramaturgo George Bernard Shaw (△), cantor Wayne Newton (✶).

♅ △ ♀ URANO EM TRÍGONO COM PLUTÃO
♅ ✳ ♀ URANO EM SEXTIL COM PLUTÃO

A energia espiritual de Plutão e o poder despertador de Urano funcionam em conjunto tanto para unir como para separar. Esse posicionamento lhe dá resistência e força, e permite que você acolha o novo, principalmente se acreditar que é em benefício da humanidade. Você se horroriza com a injustiça e tem consciência dos perigos das ditaduras. É um verdadeiro idealista.

Ateísta Madelyn Murray O'Hair (△), cientista Marie Curie (✳).

Quincunces (Inconjunções)

♅ ⊼ ♆ URANO EM QUINCUNCE COM NETUNO

Você é um ativo defensor dos desfavorecidos e vai tentar lutar contra qualquer injustiça. Muitas vezes acha que não fez o bastante e pode tornar-se rebelde ou mudar completamente e se tornar egocêntrico. Entretanto, você pode ser um bom trabalhador social. Esse aspecto indica originalidade criativa. Ocorreu pela última vez entre 1922 e 1928.

Congressista Shirley Chisholm, vice-presidente Walter Mondale.

♅ ⊼ ♀ URANO EM QUINCUNCE COM PLUTÃO

Como muitas vezes você se vê sujeito a circunstâncias além do seu controle, freqüentemente se sente frustrado. Você admira as pessoas que obtêm sucesso, prostra-se diante delas e depois fica ressentido. Depois que vencer esse sentimento de inutilidade, vai vivenciar seus talentos criativos na pesquisa e na literatura e perceber que você é um líder muito capaz.

Escritor Ralph Waldo Emerson, vice-presidente Hubert Humphrey.

Lição 16: Netuno

Mais Comentários Importantes

Na lição 3, fornecemos algumas palavras-chave para os nodos da Lua; por que nunca mais os mencionamos? Existe uma razão, é claro. Queremos que você saiba tanto quanto possível de astrologia, de modo que quando pegar outro livro sobre astrologia, pelo menos saiba o que significam os símbolos ☊ e ☋. Mas trata-se de um requinte astrológico; os nodos são como o glacê no bolo. Não é que os nodos não sejam importantes; são valiosos para as interpretações mais profundas e mais detalhadas, mas estão além do escopo da astrologia básica, e neste livro estamos tratando apenas da parte básica. Depois que você se familiarizar com os fundamentos, estará pronto para os requintes. Quando estiver mais adiantado, vamos estudar os nodos da Lua e sua interpretação por signo e Casa.

O mesmo se aplica ao Meio-do-Céu. Em nossos delineamentos, mencionamos sucintamente que o Meio-do-Céu representa a sua carreira, e na lição 5 fornecemos algumas palavras-chave para a décima Casa. A esta altura, efetivamente isso é tudo que você precisa saber. Quando estiver mais adiantado, vamos estudar o Meio-do-Céu com maiores detalhes e de que forma ele pode indicar possibilidades de carreira.

Enquanto isso, esperamos que você perceba quantas informações pode deduzir do conhecimento que já adquiriu.

Agora, vamos continuar com essa lição e com o estudo detalhado de Netuno. Depois de assimilar a informação desta lição, interprete o Netuno de Judy Garland. O nosso delineamento está na página 276.

Algumas Observações Gerais Sobre Netuno

Netuno é o segundo dos planetas transcendentais. É chamado um planeta *geracional*, porque permanece em cada signo do zodíaco durante cerca de quatorze anos. Todas as pessoas nascidas durante esse período têm Netuno no mesmo signo; portanto, para uma leitura pessoal, o posicionamento por Casa é o fator importante. Como Netuno passa quatorze anos num signo, suas propriedades deixam uma marca naquele tempo; assim, temos duas descrições para Netuno: os principais acontecimentos históricos da época e as características pessoais partilhadas pelas pessoas nascidas durante o período.

Netuno representa tanto o *impulso espiritual* quanto o *impulso escapista*; representa o seu *desejo de se iludir* e a sua *capacidade criativa e intuitiva*.

Netuno nos Signos

♆ ♈ NETUNO EM ÁRIES
palavra-chave   *radical*

Netuno esteve pela última vez em Áries de 1861 a 1874. Este trânsito trouxe a invenção da dinamite, da metralhadora e da máquina de escrever. Durante este período ocorreram a Guerra Civil americana e a Guerra Franco-prussiana, e a primeira Lei do Sufrágio Feminino foi aprovada no Estado de Wyoming. A genética foi descoberta e aconteceu o grande incêndio de Chicago.

As pessoas nascidas quando Netuno esteve pela última vez em Áries foram pioneiras em relação a muitos conceitos religiosos e filosóficos. Partilharam um grande senso de que tinham uma missão a cumprir. Expressaram uma forte imaginação, criatividade e autopercepção. Netuno aflito produziu esquemas repletos de falso orgulho e egoísmo e pessoas que almejavam a notoriedade.

Revolucionário Sun Yat Sen, swami Vivekananda, estadista Benjamin Franklin, escritor H. G. Wells, barba-azul moderno Henri Landru.

♆ ♉ NETUNO EM TOURO
palavra-chave   *artístico*

Netuno esteve pela última vez em Touro de 1874 a 1887. Foi a era dos primeiros carros experimentais, do motor Daimler-Benz, da bicicleta, da lâmpada incandescente, do fonógrafo de Edison e do telefone. Trouxe a primeira loja de consumo de massa, assim como o pânico financeiro.

Se você nasceu com Netuno em Touro, a sua abordagem das ciências e das artes é estética; gosta da música e da beleza, e entretanto possui um senso de negócios inato, grande necessidade de segurança e pode ser facilmente enganado pelos outros. Com aspectos de Plutão, você pode ter poderes curativos. Aspectos desfavoráveis com Netuno podem levar a preocupação com posses materiais, ou auto-ilusão e descuido nos assuntos financeiros.

Magnata Walter P. Chrysler, missionário médico Albert Schweitzer, líder muçulmano Aga Khan, dançarina Isadora Duncan, presidente Herbert Hoover.

♆ ♊ NETUNO EM GÊMEOS
palavra-chave *perceptivo*

Netuno esteve pela última vez em Gêmeos entre 1887 e 1901. Esta foi a época do automóvel a vapor, do motor diesel, do primeiro aeroplano, do filme fotográfico, da eletrônica, do telégrafo sem fio e do rádio de Marconi, do submarino, do zíper, dos raios X, da psicanálise e da construção da torre Eiffel.

Se você nasceu durante esse trânsito, tem muitas teorias novas a respeito de comércio, viagens e comunicações. Alerta, inquisitivo e inquieto, você quer ter experiências novas e variadas e tem dificuldade em assentar raízes. Com aspectos desfavoráveis, pode se preocupar com valores superficiais, ser suscetível a influências externas, ser contestador, ladino, de mente estreita e fofoqueiro.

Secretário de Estado John Foster Duller, aviador Billy Mitchell, piloto Eddie Rickenbacker, editor Henry Luce, ator Charlie Chaplin.

♆ ♋ NETUNO EM CÂNCER
palavra-chave **protetor**

Netuno esteve em Câncer pela última vez de 1901 a 1915. Esse trânsito foi a época de levantes no México e na China, da I Guerra Mundial, do terremoto de San Francisco, da fundação dos escoteiros da América, da Lei de Alimentos e Remédios Puros, da descoberta das vitaminas e da teoria da relatividade de Einstein.

Se você nasceu com Netuno em Câncer, tem fortes ligações com a terra, seu lar e sua família. É idealista, emocionalmente sensível e protetor em relação aos outros. Decididamente um patriota, aberto às idéias místicas e religiosas, você está disposto a se sacrificar pelos outros. Com aspectos desafiadores, pode ser que você se torne auto-indulgente, pessimista e viva demasiadamente num mundo de fantasia, ou pode ter dificuldades em casa, talvez com relação a sua mãe.

Cineasta Walt Disney, pediatra Benjamin Spock, diretora da TV francesa Julia Child, Maharishi Mahesh Yogy, Santa Joana d'Arc.

♆ ♌ NETUNO EM LEÃO
palavra-chave **especulativo**

Netuno esteve pela última vez em Leão de 1915 a 1929. Essa foi a época da assinatura do tratado de paz de Versalhes, da revolução russa, do começo da Liga das Nações, do *putsch* da cervejaria na Alemanha, assinalando a ascensão do nazismo, da "lei seca" nos Estados Unidos, do caso Scopes em que um professor foi julgado por ensinar a teoria da evolução, do primeiro plano qüinqüenal de Stalin, do vôo transatlântico de Lindbergh, da invenção do foguete, dos primeiros filmes sonoros e da descoberta da penicilina.

Se você nasceu durante esse trânsito, suas inclinações básicas são românticas, idealistas e artísticas. Você tem aptidão para o entretenimento, uma queda pelo drama, uma tendência ao exagero e a disposição de tentar de tudo pelo menos uma vez. A especulação é com você. Você idealiza o amor e gosta do namoro; deseja o poder mas não gosta de submeter-se à autoridade. Se Netuno estiver aflito, pode ser que você seja autoritário, subversivo e extravagante na busca do prazer. Pode sofrer por causa de casos de amor ou dos filhos.

Maestro Leonard Bernstein, senador Robert Kennedy, cantora Maria Callas, líder cubano Fidel Castro, astro da TV Johnny Carson.

♆ ♍ NETUNO EM VIRGEM
palavra-chave   *técnico*   detrimento

Netuno transitou em Virgem pela última vez de 1929 a 1943. Durante esse período, o mundo assistiu o escândalo de Teapot Dome a respeito dos campos de petróleo nos Estados Unidos, o *crack* da bolsa de valores, a revogação da "lei seca", a entrada na era atômica, a queda do padrão-ouro, a aprovação da Lei de Segurança Social, a II Guerra Mundial e os tumultos raciais. O *spray* aerosol, os computadores, os barbeadores elétricos, a radiodifusão em FM e o radar foram inventados durante esse período. A depressão da década de 30 frustrou em parte as faculdades criativas e imaginativas das pessoas nascidas durante esse trânsito.

Se você nasceu com Netuno em Virgem, tem conceitos novos a respeito de saúde e condições de emprego. Pertence à primeira geração a aceitar a psiquiatria como parte da vida cotidiana. Provavelmente você vivencia uma forte tensão entre a razão e a emoção, e pode ter dificuldade em aceitar responsabilidades, o que pode levar à fuga pelas drogas ou outros meios psicodélicos. Com aspectos desfavoráveis, você pode ter colapsos e neuroses. Você é crítico e é capaz de destruir o que é velho com rapidez, antes de ter algo novo para colocar em seu lugar. Entretanto, também pode ser um grande humanitário e lutar por causas válidas.

Atriz Jane Fonda, músico John Lennon, maestro Zubin Mehta, pintor Andy Warhol, cineasta Peter Bogdanovich.

♆ ♎ NETUNO EM LIBRA
palavra-chave   *dependente*

Netuno esteve em Libra de 1943 a 1956 e anteriormente de 1778 a 1792. Esse período trouxe o fim da II Guerra Mundial, a formação das Nações Unidas, a lei do trabalho Taft-Hartley, o plano Marshall, o Estado de Israel, a perseguição do senador Joe McCarthy a supostos comunistas no governo, a decisão da Suprema Corte dos Estados Unidos sobre a inconstitucionalidade da segregação racial nas escolas, o surgimento dos Mau-Mau na África, a descoberta dos *masers* de alta freqüência, a primeira bomba de hidrogênio e a televisão para todos.

Quem nasceu nas décadas de 40 e 50 ou no século dezoito se interessa por conceitos novos na área dos relacionamentos e das leis, e tem dúvidas a respeito de obrigações e necessidades.

Você tem abordagens novas e sutis em relação às artes. Deseja ser humanitário, altruísta, compassivo e amante da paz, mas pode acabar sendo sem praticidade, voltado para as drogas, preguiçoso e sem força de vontade. "Ficar cada um na sua" com freqüência tem causado mais divórcios do que casamentos, mais discórdia do que união, o que é típico de Libra operando através do véu de Netuno.

Músico George Harrison, líder de movimento Angela Davis, assassino Sirhan Sirhan, reformador religioso Savonarola, filósofo Arthur Schopenhauer.

♆ ♏ NETUNO EM ESCORPIÃO
palavra-chave   *sutil*

Netuno esteve em Escorpião de 1956 a 1970 e, anteriormente, de 1792 a 1806. Essa é a geração do muro de Berlim, do Sputnik, do primeiro homem na Lua, de Castro, das primeiras marchas de protesto, da guerra do Vietnã, das marchas pelos direitos civis, dos transplantes de coração, das vacinas contra a pólio, do raio laser, dos quasars, dos *hippies* e da cultura das drogas.

Se você nasceu com Netuno em Escorpião, é investigativo, magnético, emocional e dotado de grandes poderes regenerativos. A intensidade com que você ataca tudo leva a novas abordagens na pintura, na literatura, na religião, na política e em todas as facetas da vida. Se Netuno estiver aflito, pode originar magia negra, obsessões, traições e práticas sexuais estranhas, principalmente se houver aspectos desafiadores com Vênus ou Marte.

Pintor Michelangelo, poeta Heinrich Heine, escritora George Sand, líder religioso Brigham Young, escravo fugitivo Dred Scott.

♆ ♐ NETUNO EM SAGITÁRIO
palavra-chave   *profético*

Netuno esteve em Sagitário de 1970 até 1984 e, anteriormente, de 1806 a 1820. Sagitário é o signo da abertura, da franqueza e do idealismo; Netuno nesse posicionamento está destinado a trazer à tona muitas coisas ocultas, tais como as revelações de Watergate, acontecimentos semelhantes na Inglaterra, na França e na Alemanha (o escândalo de Willy Brandt). A descoberta de grandes subornos em negócios no exterior e a conduta antiética do mundo dos altos negócios ou dos legisladores americanos também não é de surpreender. Na virada do século dezenove, Aaron Burr foi julgado por traição; Napoleão foi exilado; o eletromagnetismo foi descoberto e foi apresentada a teoria dos números complexos.

As pessoas nascidas durante esse trânsito necessitam de valores religiosos e espirituais mais elevados. Você é capaz de explorar os poderes da mente, revisar as leis existentes e buscar o significado mais profundo da vida. Tem idéias novas a respeito de educação; interessa-se pelas culturas estrangeiras e sente-se à vontade com o conceito de uma religião universal. Se Netuno estiver aflito, você pode vaguear sem rumo, não ter discernimento, desconfiar dos outros e acreditar em falsos profetas.

Filósofo político Karl Marx, secretário de Justiça Oliver Wendell Holmes, físico Isaac Newton, editor Horace Greeley, poeta Walt Whitman.

♆ ♑ NETUNO EM CAPRICÓRNIO
palavra-chave   *terreno*

Netuno esteve pela última vez em Capricórnio de 1820 a 1934 e está novamente em Capricórnio de 1984 a 1998. O primeiro desses trânsitos foi a época da Doutrina Monroe, da rebelião dos escravos, do canal de Erie e das ferrovias. Trouxe os altos-fornos, a impressão em Braille, o cimento, o fósforo de fricção, a segadeira e o trator.

As pessoas nascidas naquela época sofriam uma forte influência parental e eram tradicionais, convencionais e conscienciosas. Tinham um profundo senso de responsabilidade e de autodisciplina, e tentaram aplicar toda a sua criatividade em coisas práticas e tangíveis. Quando as forças netunianas eram mais fortes que as capricornianas, elas incorporavam a imaginação espiritual e poética a sua vida cotidiana.

Presumimos que com a entrada de Netuno em Capricórnio em 1984* também haja novamente muitas descobertas práticas; talvez se aprovei-

---

* Este livro foi escrito em 1976 *(N.T.)*

tem os alimentos do oceano, ou surjam novas formas de governo e novos conceitos políticos.
Cientista Louis Pasteur, inventor Alfred Nobel, engenheiro Alexandre Eiffel, filósofo Herbert Spencer, Cardeal Wolsey.

♆ ♒ NETUNO EM AQUÁRIO
palavra-chave   *teórico*

Netuno esteve em Aquário de 1834 a 1847, e este trânsito vai ocorrer novamente de 1998 a 2012. Aquela foi a época de Alamo, da guerra mexicana, da exploração da África por Livingston, do início do uso de anestésicos, da escassez de batata na Irlanda, da guerra do ópio na China, das leis da termodinâmica, da descoberta do urânio, do bonde, do estereoscópio e do pneumático.

A combinação de Netuno e Aquário produziu pessoas de orientação social, filosófica e política. Suas atitudes distantes, combinadas com a capacidade de entender o abstrato, resultaram em muitas abordagens novas da arte e muitas invenções. Quando Netuno transitar novamente por Aquário, muitos astrólogos acham que poderá ser o começo dos mil anos de paz prognosticados no Livro das Revelações da Bíblia, e que a harmonia universal poderá tornar-se realidade. Esperamos que estejam certos.

Inventor Thomas Edison, físico Wilhelm Roentgen, filósofo Jean-Jacques Rousseau, escritor Mark Twain, filósofo Friedrich W. Nietzsche.

♆ ♓ NETUNO EM PEIXES
palavra-chave   *místico*   dignidade

Netuno esteve pela última vez em Peixes de 1847 a 1861. Brigham Young estabeleceu-se em Utah com seus seguidores mórmons; John Sutter iniciou a corrida do ouro na Califórnia e Marx e Engels escreveram *O manifesto comunista.* Foi a época do expresso Pony, do canal de Suez, do primeiro poço de petróleo comercial, da teoria da evolução de Darwin, do começo da oceanografia, do bico de Bunsen, do planador e do alfinete de segurança.

Netuno em Peixes está no seu próprio signo; esse trânsito é inspirado, espiritual, sensível e mesmo profético. Esse posicionamento indica talento para poesia e música, compreensão das pessoas necessitadas, descobertas médicas e novos conceitos culturais.

Médico Walter Reed, químico Paul Ehrlich, botânico Luther Burbank, pianista Ignace Paderewski, advogado Clarence Darrow.

Netuno nas Casas

NETUNO NA PRIMEIRA CASA
palavra-chave *sonhador*

Refinado, gentil, vago e imaginativo, você pode ser um sonhador que muda de planos e de idéias conforme o seu humor e que vive num mundo de fantasia. Não se enxerga claramente, nem os outros o vêem como você realmente é. Você parece ser glamoroso, misterioso, atraente e carismático. Com bons aspectos, vai usar sua forte imaginação em empreendimentos artísticos. Com aspectos difíceis, sua imaginação pode minar suas energias, torná-lo sujeito a experiências estranhas ou ocasionar doenças de difícil diagnóstico.

Atriz Marilyn Monroe, escritores Victor Hugo e Robert Louis Stevenson, embaixador Adlai Stevenson.

NETUNO NA SEGUNDA CASA
palavra-chave *não-prático*

Você precisa ser muito honesto ou pode ter problemas financeiros. Seu discernimento financeiro nem sempre é bom, e você deve evitar situações financeiras complicadas ou comprar muito a crédito, porque a tendência do dinheiro é escorregar por entre os seus dedos. Você adora o luxo mas é idealista a respeito das posses materiais. Com aspectos desfavoráveis, pode ser uma presa fácil para esquemas de fazer dinheiro rapidamente, e pode ser bastante sem praticidade.

Rainha Maria Antonieta, físico Isaac Newton, cantora Judy Collins, "cartola" de futebol Pete Rozelle.

NETUNO NA TERCEIRA CASA
palavra-chave *persuasivo*

Você é muito intuitivo e imaginativo, tende a sonhar acordado e precisa aprender a se concentrar. A arte ou a literatura são excelentes canais para você; às vezes, pode usar um pseudônimo ou cognome. Inseguranças vividas no começo da vida podem levar mais tarde ao nervosismo. Pode. ser que você viva com um parente por causa de problemas no lar de seus pais, ou que tenha irmãos adotivos. Com um Mercúrio ou um Urano proeminente, você vai ser produtivo e tanto pode ser um supervendedor como um farsante. Com aspectos desfavoráveis, sua mente pode ser vaga e você pode não ser muito acadêmico; ou seus parentes podem não compreendê-lo.

Psicanalista Carl G. Jung, escritor Ralph Waldo Emerson, comediante Lily Tomlin, Happy Rockefeller (esposa de Nelson Rockefeller).

NETUNO DA QUARTA CASA
palavra-chave *pesquisador*

Você encara o seu lar e os seus antecedentes de um ponto de vista religioso, e tem uma atitude idealista em relação a seus pais; no entanto, pode mudar várias vezes de residência ou ficar confuso a respeito de sua identidade; talvez tenha sido adotado, ou criado por tutores. Você é artístico e musical; não liga para o auto-sacrifício e precisa ficar sozinho para encontrar seu rumo. Com aspectos desafiadores, você pode se tornar um judeu errante e não se sentir em casa em parte alguma, até perceber que a paz interior da mente é a resposta a seus problemas. Você pode ter um genitor alcóolatra ou desaparecido.

Cantora de ópera Joan Sutherland, pintor Toulouse Lautrec, presidente Gerald Ford, escritor Max Schulman.

NETUNO NA QUINTA CASA
palavra-chave *criativo*

Romântico, especulativo e rico em potencial criador, você tende a dramatizar muito as situações e idealizar exageradamente as pessoas que ama. Esta é uma ótima colocação para atores, músicos e pintores. Sua abordagem da vida é jovial, até infantil, e o romance e os casos de amor são importantes para você. Pode ser que ame alguém que não seja livre. Com aspectos desfavoráveis, você pode se sacrificar pelos filhos ou pode passar por uma gravidez indesejada e dar a criança para ser adotada, ou ter um aborto. Como não compreende claramente os seus filhos, eles facilmente se aproveitam de você.

Senador Robert Kennedy, ator Farley Granger, compositor Frederic Chopin, assassino e líder religioso Charles Manson.

NETUNO NA SEXTA CASA
palavra-chave *inspirado*

A não ser que Marte seja forte, você pode ter uma tendência à preguiça ou a se deixar levar. Com Netuno aqui, as suas doenças podem ser de difícil diagnóstico. Você é extremamente sensível e deve tomar cuidado com todo tipo de remédios e drogas. Aspectos fortes de Saturno vão ajudar a equilibrar o seu trabalho e a sua vida e ajudá-lo a cultivar bons hábitos. Este é um bom posicionamento para médicos, enfermeiros, psiquiatras e humanitários; brinda-o com um humor poético. Você adora a solidão.

Filósofo Emmanuel Kant, reformador religioso Savonarola, comediante Jack Benny, atriz Carol Burnett.

NETUNO NA SÉTIMA CASA
palavra-chave *irrealista*

Como você é vulnerável às influências dos outros, a escolha do seu par é muito importante. Você e seu parceiro não se compreendem claramente. Pode ter ligações socialmente inaceitáveis ou se apaixonar loucamente e fugir. Com Netuno nessa Casa, você precisa tirar seus óculos cor-de-rosa e aprender a encarar a realidade; também precisa aprender a dar sem esperar muito em troca. Se houver aspectos desfavoráveis, fique longe de problemas legais e leia as letras miúdas antes de assinar qualquer coisa. Esse posicionamento de Netuno às vezes indica casamento ou associação com alguém deficiente.

Escritores Oscar Wilde e Emile Zola, chefe de gabinete da Casa Branca Hamilton Jordan, showman Joel Grey.

NETUNO NA OITAVA CASA
palavra-chave *pesquisador da alma*

Você é receptivo, intuitivo e possivelmente psíquico. Pode ter sonhos estranhos, pesadelos ou insônia. Sua morte pode sobrevir durante o sono ou quando estiver sob anestesia. Pode ser que seu parceiro seja perdulário e que as finanças do casal precisem ser devidamente controladas. Tenha cuidado com a hipnose porque você é muito facilmente sugestionável. Netuno nessa Casa lhe dá um misterioso carisma que o ajuda a conseguir o apoio dos outros, e portanto muitos políticos têm essa colocação. Aspectos desafiadores podem conduzir à depressão e também facilmente ao uso de drogas ou álcool. Sempre que uma cirurgia for recomendada, não se esqueça de obter uma segunda ou terceira opinião médica.

Santa Joana d'Arc, senador Edward M. Kennedy, presidente Ronald Reagan, produtor Mike Todd.

NETUNO NA NONA CASA
palavra-chave *intelectual*

Você é tolerante, religioso, intuitivo e impressionável. Interessado em programas educacionais e reformas sociais, gosta de qualquer tipo de aprendizado e tem jeito para línguas estrangeiras. Gosta de ajudar os desfavorecidos e adora viajar. Sua imaginação é ilimitada, e você se dá bem com estrangeiros. Se Netuno estiver aflito, você pode não ter praticidade e negligenciar sua educação. Tenha o máximo de cuidado com experiências de projeção astral.

Cantora Sarah Vaughan, poeta Percy Shelley, vice-presidente Nelson Rockefeller, presidente John F. Kennedy.

NETUNO NA DÉCIMA CASA
palavra-chave *idealista*

Como você gosta de apresentar uma imagem fora do comum ao mundo, este é um bom posicionamento para aqueles que servem à humanidade. Você pode ter ambições maiores do que realmente possa realizar, ou o mundo pode não lhe dar crédito pelo seu trabalho. Essa é uma colocação perfeita para atores de cinema ou TV. O mundo o vê como alguém glamoroso; seu temperamento é idealista. Seus pais não o ajudam muito; o que quer que você consiga, será por conta própria. Você tem um bom senso dos sentimentos e das motivações das pessoas à sua volta e pode ser um diplomata. Com aspectos desafiadores, pode ter segredos ou muitas dúvidas sobre si mesmo.

Apresentadores de TV Johnny Carson e Ed Sullivan, cineasta Walt Disney, líder sindical Caesar Chavez.

NETUNO NA DÉCIMA PRIMEIRA CASA
palavra-chave *quixotesco*

Você vai de uma sociabilidade indiscriminada a um comportamento completamente anti-social. Associa-se com todo tipo de gente estranha e é o tipo do amigo que não se liga muito a outrem. Pode ser uma pessoa generosa, ou então calculista e maquinador. Seus sonhos são altos, e seus pressentimentos quase sempre corretos. Com aspectos desfavoráveis, você não é muito lógico e pode sofrer desapontamento por causa de amigos e associados.

Escritora Zelda Fitzgerald, escritor Edgar Allan Poe, atriz Elizabeth Taylor, presidente Richard Nixon, atriz Ellen Burstyn.

NETUNO NA DÉCIMA SEGUNDA CASA
palavra-chave estético dignidade acidental

Sensível ao seu subconsciente e à sua psique, de vez em quando você pode sofrer com a sensação de que está confinado. É artístico e tem talento para a dança. Pode ser uma fonte de sabedoria e compreensão intuitiva desde que você encare a realidade e não engane a si próprio. Apesar de sua necessidade de ajudar os outros, você sofre de uma profunda solidão. Esse posicionamento é excelente para médicos, enfermeiros e para trabalho em hospitais, grandes instituições ou com pessoas deficientes.

General George Patton, teosofista Annie Besant, escritor George du Maurier, primeiro-ministro Benjamin Disraeli, Juan Carlos I da Espanha.

Netuno em Aspecto

Netuno fez alguns aspectos com Plutão nos últimos duzentos anos. A conjunção ocorreu no final do século dezenove e a quadratura, no começo do século dezenove. O único aspecto feito no século XX foi o sextil.

Conjunção

♆ ☌ ♇ NETUNO EM CONJUNÇÃO COM PLUTÃO

Este foi um aspecto muito sutil afetando as atitudes fundamentais da sociedade humana. Ocasionou pontos de mutação e novas idéias através do serviço a toda a humanidade.

Filósofo Krishnamurti, secretário de Justiça Earl Warren.

Quadratura

♆ □ ♇ NETUNO EM QUADRATURA COM PLUTÃO

Esse aspecto ocasionou tumultos sociais e políticos. As pessoas foram vítimas ou agentes da corrupção. Usado positivamente, tornou-as investigadoras, profundas e inventivas; usado negativamente, tornou-as obsessivas.

Inventor da estenografia Isaac Pitman, filósofo Herbert Spencer.

Sextil

♆ ⚹ ♇ NETUNO EM SEXTIL COM PLUTÃO

Esse é um aspecto criativo e artístico. Também indica luta contra as injustiças humanas e mudanças nos tribunais e sistemas legislativos. Esse aspecto pode ocasionar um governo aberto, liberdade de expressão e o uso positivo dos talentos místicos ou ocultos. Negativamente, pode indicar a marginalização da sociedade.

Secretário de Justiça Oliver Wendell Holmes, atriz Mia Farrow.

Lição 17: Plutão

Comentários Gerais

Só resta um planeta para estudar, o pequeno porém poderoso Plutão. Plutão é o planeta mais afastado do Sol. Descoberto em 1930, é o último planeta de que temos conhecimento, por enquanto. É muito pequeno para ser visto a olho nu, e até mesmo difícil de ser fotografado com os poderosos telescópios modernos.

A órbita de Plutão é a mais excêntrica do nosso sistema solar e seu movimento é o mais lento entre os planetas. Leva aproximadamente 248 anos para viajar pelo zodíaco; fica em cada signo de doze a trinta e dois anos. Curiosamente, ficou trinta e dois anos em Touro, o signo de seu detrimento, e doze anos em Escorpião, o signo de sua dignidade.

Plutão é o terceiro dos planetas transcendentais. Como seu movimento é lento e ele está muito distanciado da Terra, sua influência é abstrata e não é sentida de pronto pelo indivíduo. Porém, como tudo que leva algum tempo para se desenvolver, o eventual impacto de Plutão é profundo e de longo alcance. A entrada de Plutão num novo signo deixa uma marca em toda uma geração. Vamos descrever sucintamente alguns dos acontecimentos históricos relacionados com Plutão em cada signo, e em seguida dar-lhe uma idéia das características das pessoas nascidas na época. Entretanto, como Plutão é efetivamente o planeta de geração, e seu movimento de um para outro signo significa o começo de uma nova geração, a sua posição por casa é mais pessoal; ela indica o papel que você pode estar destinado a desempenhar, e fornece compreensão sobre ele.

Plutão representa tanto o *impulso reformador* como o *impulso destrutivo*. Ele rege o nosso mais profundo subconsciente e, como personifica o *princípio da transformação e da regeneração*, pode fazer a ponte entre o mundo espiritual e o material.

Depois de estudar esta lição, por favor delineie o Plutão de Judy Garland e confira nossas respostas no Apêndice na página 277.

Plutão nos Signos

♀ ♈ PLUTÃO EM ÁRIES
palavra-chave   *iniciador*

Plutão esteve pela última vez em Áries de 1823 a 1851. Esta foi a época do pioneiro americano, da exploração do oeste selvagem, da corrida do ouro na Califórnia e da invenção do revólver Colt. Durante esse período, o primeiro diploma universitário foi concedido a uma mulher, o primeiro selo postal foi emitido e o éter foi usado como anestésico pela primeira vez.

Os indivíduos nascidos com Plutão em Áries têm um tremendo desejo de proceder a reformas, uma necessidade obsessiva de poder ou de vingança — se se sentirem atacados —, grande ousadia e muito vigor. Sua imaginação não tem fronteiras, mas eles precisam de autodisciplina ou são capazes de se esgotar fisicamente.

Escritor Julio Verne, bilionário John D. Rockefeller, escritor Horatio Alger, pintor Paul Cézanne, fora-da-lei Jesse James.

♀ ♉ PLUTÃO EM TOURO
palavra-chave   *utilitário*   detrimento

Plutão esteve pela última vez em Touro de 1851 a 1883. Esta foi a época da ferrovia transcontinental, do primeiro poço de petróleo comercial, da construção do túnel Gotthard e do Canal de Suez, do começo das empresas corporativas e da invenção do telégrafo impressor. Houve um aumento do materialismo e o florescimento da era vitoriana.

As pessoas nascidas com Plutão em Touro demonstram resistência, teimosia, sensualidade, capacidade artística e necessidade obsessiva de riqueza e estabilidade. Esta necessidade foi explorada pelos ricos enquanto as classes trabalhadoras passavam por grande penúria.

Editor de jornais William Randolph Hearst, presidente William Howard Taft, revolucionário Nicolai Lenin, psicanalista Alfred Adler, pintor Vincent Van Gogh.

♀ ♊ PLUTÃO EM GÊMEOS
palavra-chave   *mudança radical*

Plutão esteve pela última vez em Gêmeos de 1883 a 1913. Essa época trouxe mudanças e invenções que alteraram o nosso modo de vida. As descobertas da eletricidade, dos aeroplanos e dos automóveis originaram novas formas de comunicação e transportes. Foi também uma época de exame da mente humana pela psicanálise e dos primeiros testes de inteligência. Foi uma era de primeiros: primeiro metrô, primeiro jornal de atualidades, primeira câmera e primeira caneta-tinteiro.

Se você nasceu com Plutão em Gêmeos, é voltado para a família, mas também inquieto e impetuoso. Você procura novas maneiras de se expressar e de expandir o seu intelecto, mas também pode ser sarcástico e crítico. Depois da repressão da era vitoriana, o pêndulo se inclinou para uma sinceridade quase compulsiva.

Colunista Walter Lippmann, jornalista Edward R. Murrow, escritor Franz Kafka, cartunista Rube Goldberg, estadista David Ben Gurion.

♀ ♋ PLUTÃO EM CÂNCER
palavra-chave   *sublevação*

Plutão esteve pela última vez em Câncer de 1913 a 1938. Durante esse período, o amor patriótico pelo país, inato em Câncer, transformou-se em chauvinismo e orgulho, o que acabou levando à II Guerra Mundial. Foi uma época de novos conceitos no governo, desde o *New Deal* dos americanos até o fascismo, o nazismo e o comunismo. Foi a época da emancipação das mulheres, da primeira mulher membro de gabinete, das pernas e joelhos de fora, de novas abordagens da criação de filhos e de novos métodos de preparo de alimentos.

Se você nasceu com Plutão em Câncer, provavelmente sente grande necessidade de segurança, bem como de chegar à maturidade emocional. Esse posicionamento indica percepção social. Plutão em Câncer funciona de modo muito intuitivo e instintivo, e adora romper com as tradições. Entretanto, também pode torná-lo ressentido e até mórbido.

Conselheira sentimental Abigail "Dear Abby" Van Buren, costureiro Pierre Cardin, produtor de TV Jack Webb, cantor Lena Horne, músico Ray Coniff.

♀ ♌ PLUTÃO EM LEÃO
palavra-chave   *poder*

Plutão esteve pela última vez em Leão de 1938 a 1957. Foi a época da II Guerra Mundial, da explosão da primeira bomba atômica (Plutão rege o poder atômico), de ditaduras em vários pontos do mundo, dos adolescentes assumindo seu lugar e da TV acessível a todos.

No nível individual, se nasceu com Plutão em Leão, você tem autoconfiança e muito senso de autoridade. Tem boa capacidade para negócios e é capaz de promover interesses de massa. Também pode levar à exploração sexual, à depravação sexual e ao desejo de mandar e dominar.

Jogador de futebol Joe Namath, cantores Cher e Jose Feliciano, esquiador Jean Claude Killy, ator Peter Fonda.

♀ ♍ PLUTÃO EM VIRGEM
palavra-chave *desenvolvimento técnico*

Plutão esteve pela última vez em Virgem de 1957 a 1971 e, anteriormente, de 1708 a 1723. Esses períodos marcaram enormes mudanças no trabalho e na industrialização. Os computadores conquistaram seu lugar, o que mudou completamente os padrões de trabalho. Novas descobertas médicas revolucionaram a prática da medicina; a pílula anticoncepcional mudou nossa atitude em relação a sexo. A compreensão dos perigos inerentes aos aditivos nos alimentos trouxe uma volta à alimentação natural, às hortas caseiras e às vitaminas. Essa foi a época das greves de professores e alunos e das reivindicações de oportunidades iguais pelas minorias raciais. Esse período também trouxe os primeiros vôos espaciais tripulados. Da última vez que Plutão esteve em Virgem, Reaumur e Fahrenheit inventaram o termômetro, uma invenção muito virginiana.

No nível pessoal, esse posicionamento torna-o analítico, inventivo, técnico e perfeccionista. Você tem habilidade em medicina, psiquiatria e negócios. Também pode ser puritano e demasiadamente crítico.

Escritor Samuel Johnson, fabricante de móveis Thomas Chippendale, poeta Thomas Gray, escritor Horace Walpole, filósofo Jean-Jacques Rousseau.

♀ ♎ PLUTÃO EM LIBRA
palavra-chave *instintos sociais*

Plutão entrou em Libra em 1971 e permaneceu neste signo até 1983; anteriormente, Plutão esteve em Libra de 1723 a 1737. Esse posicionamento traz novas abordagens do casamento, da justiça, da reforma das prisões, das artes e das relações internacionais. Na sua passagem anterior por Libra, trouxe liberdade de imprensa, a primeira biblioteca pública e a descoberta do cronômetro.

Se nasceu com Plutão em Libra, você ama a beleza e sente necessidade de harmonia. Seu senso de justiça e seus instintos sociais são bem desen-

volvidos. Você é adaptável e pode vivenciar um conflito entre pontos de vista opostos. Pode sentir um grande senso de responsabilidade em relação aos outros, mas ser inconstante nos seus relacionamentos diretos.
Presidente George Washington, filósofo Emmanuel Kant, hipnotizador Franz Mesmer, aventureiro Giovanni Casanova, revolucionário Patrick Henry.

♀ ♏ PLUTÃO EM ESCORPIÃO
palavra-chave *redenção*   dignidade

Plutão está em Escorpião de 1983 a 1995; Plutão também esteve em Escorpião de 1737 a 1749. Até onde sabemos, poucas coisas aconteceram da última vez que Plutão esteve em Escorpião; não houve grandes descobertas ou guerras e revoluções importantes e também nenhum grande movimento nas artes. Entretanto, houve algumas explorações interessantes, e Bering descobriu o Alasca.

A maioria dos astrólogos, no entanto, acha que a reentrada de Plutão em Escorpião vai provocar tremendas mudanças e tumultos. Pode ser o verdadeiro início da era de Aquário; pode também assinalar o Armagedon previsto na Bíblia. Não somos nem psíquicos nem videntes, mas a nossa lógica nos diz que vai haver muitas reformas empresariais e monetárias, novas compreensões do funcionamento da natureza, abordagens médicas inovadoras (talvez o ressurgimento da cura natural) e uma melhor compreensão do subconsciente.

As pessoas com esse posicionamento são sensíveis a seu ambiente, emocionalmente intensas, curiosas a respeito do misterioso, penetrantes em tudo que fazem e, às vezes, mesmo implacáveis.
Industrial Pierre Dupont, traidor Benedict Arnold, general Charles Cornwallis, astrônomo William Herschel, pintor Francisco Goya.

♀ ♐ PLUTÃO EM SAGITÁRIO
palavra-chave *reforma*

Plutão esteve pela última vez em Sagitário de 1749 a 1762. Essa foi a época da publicação da primeira enciclopédia, do pára-raio de Benjamin Franklin, do início da Revolução Industrial e do império britânico na Índia. Foi um período de grande aprendizado. Muitos individualistas ferrenhos nasceram nessa época. Quando Plutão entrar em Sagitário em 1995, esperamos que vá trazer regeneração espiritual, uma nova abordagem da religião e uma volta às mais fundamentais leis da natureza.

Os indivíduos com esse posicionamento têm grande necessidade de liberdade pessoal. Sua abordagem é filosófica e humana. São entusiasmados e versáteis, e têm grande fé na natureza humana.

Escritor Johannes von Goethe, secretário de Tesouro Alexander Hamilton, escritor Horatio Alger, primeiro-ministro William Pitt, revolucionário Marquês de Lafayette.

♀ ♑ PLUTÃO EM CAPRICÓRNIO
palavra-chave   *evolução*

Plutão esteve pela última vez em Capricórnio de 1762 a 1778. Esta foi a época da Declaração da Independência americana, do *Tea Party* de Boston, da invenção do motor a vapor de Watt e do reinado de Luís XVI e de Maria Antonieta. A Revolução Industrial estava a todo vapor. A rigidez de muitos governos da época levou a rebeliões e levantes posteriormente.

Num nível pessoal, esse posicionamento concede perseverança, ambição, eficiência na organização e habilidade gerencial. As pessoas que têm Plutão em Capricórnio são conservadoras, materialistas e espiritualmente fortes.

Milionário John J. Astor, inventor John Fulton, escritora Madame de Staël, compositor Ludwig van Beethoven, imperador Napoleão Bonaparte.

♀ ♒ PLUTÃO EM AQUÁRIO
palavra-chave   *revelação*

Plutão esteve pela última vez em Aquário de 1778 a 1798. Essa foi a época da revolução americana, da Constituição e da Carta de Direitos da revolução francesa, da descoberta do descaroçador de algodão, do primeiro balão e do primeiro pára-quedas. Os primeiros bancos foram abertos, e Herschel descobriu Urano.

Indivíduos com esse posicionamento são intelectuais, humanitários, engenhosos, inconvencionais e adoram a liberdade. São pessoas que buscam a verdade, e sabem como comunicar seus sonhos e suas idéias.

Estadista Daniel Webster, poeta Lord Byron, filósofo Arthur Schopenhauer, compositor Gioacchino Rossini, autores de contos de fadas irmãos Grimm.

♀ ♓ PLUTÃO EM PEIXES
palavra-chave *iluminação*

Plutão esteve pela última vez em Peixes de 1798 a 1823. Na arte e na literatura, esse período ficou conhecido como o do *romantismo*, e assistiu ao começo do socialismo na Europa, à adoção do Código Napoleônico e à luta pela independência no México. Mesmer fez suas primeiras experiências no campo dos fenômenos psíquicos; Fulton inventou o barco a vapor, e foram descobertas as linhas escuras no espectro solar.

No plano pessoal, esse posicionamento produz pessoas facilmente impressionáveis, compassivas, sensíveis, imaginativas e caridosas. Sua personalidade é magnética, mas elas também podem ser auto-imoladoras e às vezes mesmo mórbidas.

Compositor Franz Schubert, escritores Honoré de Balzac, Hans Christian Andersen e irmãs Brontë, filósofo político Friedrich Engels.

Plutão nas Casas

PLUTÃO NA PRIMEIRA CASA
palavra-chave *empenhado*

Este é um posicionamento forte, e você é alguém a ser levado em conta. É criativo, mas pode ter uma personalidade dupla e não faz nada pela metade. Forte, resistente e robusto, embora tenha alguma tendência a ter infecções, geralmente se recupera rapidamente. É enérgico; sua personalidade é atraente, e muitas vezes você almeja o poder. Seu ego é forte e você mostra muitas faces ao mundo: meditativo, inquieto, enérgico, apaixonado. Com aspectos desfavoráveis, pode vivenciar ausência de direcionamento e parecer contestador, incapaz de cooperar e antipático.

Astros da televisão Dinah Shore e David Frost, secretário de Estado Henry Kissinger, escritor Johannes von Goethe, ator/produtor Orson Welles.

PLUTÃO NA SEGUNDA CASA
palavra-chave *incansável*

Você é capaz de transformar passivos em ativos; pode ser que tenha várias fontes de renda diferentes. Muitas vezes a riqueza vem de forma surpreendente e, com sua astuta habilidade financeira, você a maneja bem. Como quer adquirir posses materiais, você precisa se acautelar para não tratar as pessoas amadas como se fossem propriedades suas. Este é um bom posicionamento para lidar com impostos, monopólios, finanças de empresas e bancos. Plutão na segunda Casa é encontrado com freqüência nos mapas de milionários. Usado incorretamente, você pode ser cobiçoso e avarento, e é capaz de rebaixar-se ao máximo para obter vantagens financeiras ou políticas.

Bilionário J. Paul Getty, secretário de Estado George Marshall, escritor Henry Miller, ator John Travolta.

PLUTÃO NA TERCEIRA CASA
palavra-chave   *futurista*

Suas atitudes mentais nunca são indiferentes e você sente necessidade de berrar para ser ouvido, quer seja falando, escrevendo, declamando ou discursando. Este posicionamento pode ocasionar um relacionamento fora do comum com seus irmãos. Embora essa colocação apareça freqüentemente no mapa de pessoas que deixaram a escola, a educação é importante para você que a consegue a qualquer custo. Muitas vezes você é forçado a tomar nota de seus fracassos ou deficiências e pode ter de introduzir mudanças radicais em algum ponto da sua vida. Com aspectos muito fortes, pode ser que sofra a perda de irmãos, tenha problemas com os vizinhos ou dificuldades mentais.

Psicanalista Carl Jung, dramaturgo Tennessee Williams, cineasta Alfred Hitchcock, ator Burt Reynolds.

PLUTÃO NA QUARTA CASA
palavra-chave   *complexo*

Com Plutão na quarta Casa, com certeza você é capaz de mudar-se ou transformar-se. Seu lar é um ponto focal na sua vida, e você precisa ter sua autoridade reconhecida aí. Devido a circunstâncias de infância, muitas vezes é agressivo. Provavelmente existe alguma coisa fora do comum acerca dos seus antecedentes familiares: a perda prematura de um dos genitores, um pai autoritário ou um escândalo familiar. Você pode ficar rico na segunda parte de sua vida, possivelmente através de ciências da terra, pesquisa, imóveis ou empreendimentos científicos. Com aspectos desfavoráveis, você pode ser profundamente rebelde em relação aos valores estabelecidos, ou isolar-se da sociedade.

Advogado F. Lee Bailey, assassino e líder religioso Charles Manson, pianista Oscar Levant, antropóloga Margaret Mead.

PLUTÃO NA QUINTA CASA
palavra-chave   *desafiador*

Você tem um amor inato pelo jogo e está disposto a assumir muitos riscos emocionais ou financeiros. Muitas vezes é capaz de obter altos lucros por causa de sua ousadia. Com seu forte erotismo, o sexo pode ser uma força motivadora na sua vida, ou então você pode tomar a direção oposta e ser completamente assexuado ou celibatário. Plutão nesse posicionamento complica o seu equilíbrio emocional; você precisa achar um canal para dar vazão à sua criatividade. Com aspectos desafiadores, pode haver problemas na gravidez e você ser extremamente possessivo em relação a quem ama.
Ventríloquo Edgar Bergen, secretário da Justiça Earl Warren, ator Spencer Tracy, diretor do FBI J. Edgar Hoover.

PLUTÃO NA SEXTA CASA
palavra-chave   *pesquisador*

Individualista ao extremo, você não tem medo de se oferecer para ajudar os outros e muitas vezes se engaja nas artes curativas ou no fornecimento de gêneros alimentícios. Pode ser que acredite ter uma missão predeterminada na vida. Sente profunda necessidade de servir à humanidade, de pesquisar ou de trabalhar em prol da ciência. Plutão aqui às vezes complica a sua saúde provocando coágulos, constipações, crescimentos anormais ou tumores; durante a adolescência pode haver problemas de acne. A não ser que você canalize adequadamente suas energias, pode tornar-se um hipocondríaco e correr de um médico para outro. Pode tornar-se vítima de sua própria energia reprimida e precisa encarar e superar quaisquer maus hábitos.
Astróloga Doris Chase Doane, nutricionista Adelle Davis, escritor Mark Twain, inventor Thomas Edison.

PLUTÃO NA SÉTIMA CASA
palavra-chave   *circunstancial*

Você é dinâmico, magnético e temperamental. Suas atividades afetamno tanto quanto afetam os outros. Seu parceiro pode ter uma religião ou antecedentes culturais diferentes dos seus, o que vai demandar muitos ajustes na parceria. Algumas vezes você pode se casar por necessidade, ou se divorciar, ou vivenciar uma fuga com o parceiro ou o seu desaparecimento. Usado adequadamente, esse posicionamento faz com que você possa ser um desbravador, ditando o rumo dos acontecimentos no seu campo. Pode ser que receba aplauso público e tenha proeminência, que em geral você vai compartilhar com mais alguém. Usado impropriamente, esse posicionamento pode levar a problemas legais; a falta de diplomacia pode fazer muitos inimigos.

Aviador Charles Lindbergh, senador Edward M. Kennedy, líder hindu Mohandas Gandhi, primeiro-ministro egípcio Gamal Nasser.

PLUTÃO NA OITAVA CASA
palavra-chave   *investigador*   dignidade acidental

Como essa é a Casa natural de Plutão, o outro mundo pode ocupar seus pensamentos. A religião tem um significado real para você, que investiga profundamente tudo que é oculto. Como seu corpo é capaz de se auto-regenerar, esse posicionamento freqüentemente indica vida longa. Você é analítico, tem bom senso financeiro e é capaz de deter um grande poder financeiro. A pesquisa, a medicina ou a ciência podem atraí-lo. Você pode ganhar dinheiro com assuntos relacionados com a morte, por exemplo como agente funerário. Com aspectos desafiadores, pode ser que seja um fanático religioso ou demasiadamente sensual. Também é possível que nada o detenha quando está disposto a levar adiante suas obsessões em relação a vítimas que de nada desconfiam.

Ditador Adolf Hitler, presidente Charles de Gaulle, pintor Francisco Goya, ator Tyrone Power.

PLUTÃO NA NONA CASA
palavra-chave   *pioneiro*

Inquieto, impaciente e aventureiro, você está disposto a tentar qualquer coisa e a experimentar tudo. Pode aspirar a um sonho impossível. Precisa viajar; os países estrangeiros podem parecer-lhe convidativos, e pode ser que você seja um viajante do espaço. Pode se casar com um estrangeiro, ou você pode ser um refugiado. Tem uma necessidade insaciável de aprender e pode ser um bom escritor sobre questões do oculto, ou de novelas de sexo e mistério. Pode ser que mude de cultura ou de religião. Com aspectos desfavoráveis, é possível que você seja intransigente, dogmático e que não esteja disposto a ouvir o ponto de vista dos outros. Pode ter problemas legais com as autoridades, muitas vezes no exterior, ou problemas com seus sogros.

Vice-presidente Nelson Rockefeller, escritor Thomas Mann, explorador Robert Peary, magnata grego da navegação Stavros Niarchos.

PLUTÃO NA DÉCIMA CASA
palavra-chave   *político*

Você é arrogante, determinado e disposto a lutar contra a autoridade, se necessário para atingir seus objetivos. Forte, corajoso e tenaz, pode ser que seja um ditador, um inovador, um planejador ou um inventor. Com aspectos desfavoráveis, sua insistência na autodeterminação pode beirar a megalomania. Você é um líder em seu círculo ou em sua profissão, e pode tanto ser amado como odiado, mas nunca é ignorado. Você tem uma necessidade obsessiva de ser o melhor e de brilhar mais que os outros ao seu redor. Um perfeccionista, você se exige implacavelmente. É capaz de apresentar suas idéias de maneira lúcida e eloqüente. Com aspectos desfavoráveis, pode ser um farsante, vingativo, sádico e trapaceiro.

Presidente Richard Nixon, filósofo político Karl Marx, pintor Pablo Picasso, escritor Ernest Hemingway.

PLUTÃO NA DÉCIMA PRIMEIRA CASA
palavra-chave   *realizador*

Você é intensamente leal, tem um forte senso comunitário, um impulso reformador e inúmeros planos. Interessado nos assuntos mundiais, pode participar de movimentos de reforma ou de melhorias sociais. Os amigos são importantes para você, e você os ajuda; entretanto, precisa tomar cuidado para que eles não influenciem demasiadamente a sua vida. Com aspectos desafiadores, precisa aprender a ser discriminativo na escolha de associados, porque você pode ser atraído por pessoas que vão desencaminhá-lo. Esse posicionamento muitas vezes indica um solitário.

Presidente Lyndon Johnson, escritora Zelda Fitzgerald, atriz Marilyn Monroe, jogador de baseball Jackie Robinson.

PLUTÃO NA DÉCIMA SEGUNDA CASA
palavra-chave   *isolado*

Plutão na décima segunda Casa pode levá-lo face a face com a tentação. É preciso que você descubra seus medos e frustrações gentilmente e os tire de seu subconsciente com paciência e compreensão. Precisa mudar suas atitudes interiores; isto é difícil, porque você reluta em mudar o rumo de sua vida. Você age melhor nos bastidores e compreende as limitações dos outros. Com aspectos desafiadores, pode ser que tenha alguns problemas psicológicos, e que talvez seja até internado. Pode sentir dor, tanto física como mental, de origem obscura ou não-identificada.

Médico Charles Mayo, herdeira /revolucionária Patricia Hearst, jogador de xadrez Bobbie Fischer, pugilista George Foreman.

Resumo

Isto nos traz ao fim deste manual de introdução. Esperamos que você tenha gostado do livro, que tenha aprendido bastante, e, principalmente que a astrologia ajude-o a levar uma vida mais plena e mais feliz.

Aqui está mais um mapa para você, o horóscopo de Muhammad Ali, para que possa praticar o que aprendeu até agora. Enquanto delineia o mapa de Ali, faça uma nova revisão nas lições.

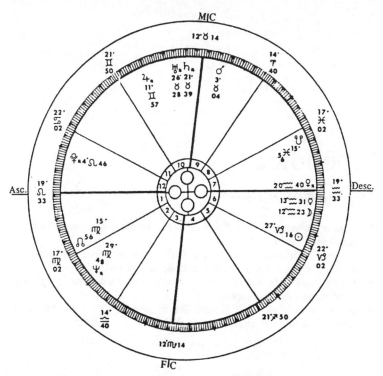

Figura 12: Horóscopo natal de Muhammad Ali. Nascido a 17 de janeiro de 1942 às 18:35h, hora local em Louisville, Kentucky, EUA: Longitude 38° N 15', latitude 85° W 45'.

longitude										
	☽									
		☿								
			♀							
				☉						
					♂					
						♃				
							♄			
								♅		
									♆	
										♇

cardeal
fixo
mutável
fogo
terra
ar
água
angular
sucedente
cadente
dignidade
exaltação
detrimento
queda

V	B	R	C

Apêndice

Lição 1: Questionário (página 31)

1. William Shakespeare – B. Sol em Touro, regente Vênus em Gêmeos, o signo identificado com a escrita.
2. Florence Nightingale – A. Sol em Touro, regente Vênus em Câncer, o signo que significa alimentação e cuidado com os outros.
3. Robert Peary – D. Sol em Touro, regente Vênus em Áries, o signo do pioneirismo e da exploração.
4. Leonardo da Vinci – C. Sol em Touro, regente Vênus em Touro, o signo que significa as artes, o amor pela beleza e pelas cores.

Figura 13: Roda Natural ou Plana — Este é o mapa preenchido na lição 1. Cada Casa da roda plana mostra o glifo do signo natural daquela Casa, o glifo do planeta regente, o elemento de cada signo, a qualidade de cada signo, a qualidade de cada Casa, as palavras-chave para cada Casa e a divisão dos signos de acordo com o princípio positivo/negativo.

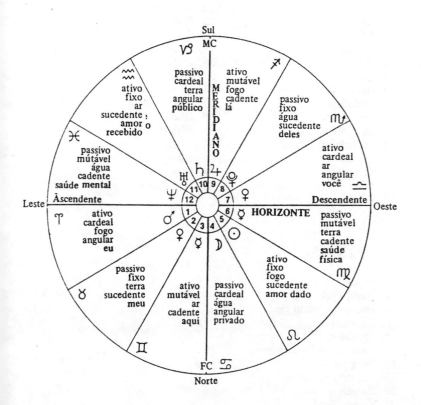

Lição 2: Questionário (página 31)

1. falso
2. falso
3. verdadeiro
4. verdadeiro
5. falso
6. falso
7. verdadeiro
8. falso
9. falso
10. verdadeiro
11. verdadeiro
12. verdadeiro
13. verdadeiro
14. verdadeiro
15. verdadeiro
16. verdadeiro
17. falso
18. falso
19. verdadeiro
20. falso
21. falso
22. verdadeiro
23. falso
24. falso
25. falso
26. verdadeiro
27. falso
28. verdadeiro
29. falso
30. falso
31. falso
32. verdadeiro
33. falso
34. falso
35. verdadeiro

Respostas corretas:

1. Eu sou.
2. Regido pela Lua.
5. Décimo segundo signo.
6. Eu tenho.
8. Eu quero.
9. Rege os seios e o estômago.
17. Imaginação.
18. Regido por Vênus.
20. Eu penso.
21. Eu equilibro.
23. Rege a cabeça.
24. Ambição.
25. Imaginação.
27. Oitavo signo.
29. Eu compreendo.
30. Regido por Netuno.
31. Regido por Marte.
33. Rege os intestinos.
34. Oposto a Áries.

Lição 3: Questionário (página 40)

1. ☽ ☿ ♀ ☉ ♂ ♃ ♄ ♅ ♆ ♇

2. a. ♉ ___
   b. ♋ ___
   c. ♋ ___

3. a. ☿ ___
   b. ☉ ___
   c. ♃ ___
   d. ☽ ___
   e. ♃ ___
   f. ♂ ___
   g. ♄ ___
   h. ♆ ___

3. i. ♅
   j. ♄ ♀
   k. ♃
   l. ☽
   m. ☉ ___
   n. ♀ ___
   o. ♀ ___
   p. ☽ ___
   q. ♀ ___
   r. ♆ ___
   s. ♅ ___

3. t. ☉
   u. ♃
   v. ♀
   w. ☉
   x. ☿
   y. ♅

4. ♅ ♆ ♇

Lição 4: Questionário (página 52)

1. ♈ ♌ ♐

2. ♉ ♍ ♑

3. ♊ ♎ ♒

4. ♋ ♏ ♓

5. Primeira, quarta, sétima, décima.

6. Segunda, quinta, oitava, décima primeira.

7. Terceira, sexta, nona, décima segunda.

8. ♈ ♋ ♎ ♑

9. ♉ ♌ ♏ ♒

10. ♊ ♍ ♐ ♓

11. Escorpião.

12. Quinta Casa.

13. Capricórnio.

14. Escorpião.

15. Escorpião; Marte.

16. Aquário, Peixes; Saturno, Júpiter.

17. Gêmeos.

18. Libra.

19. Décima segunda Casa.

20. Primeira, quinta, nona.

21. Segunda, sexta, décima.

22. Cúspide da quarta Casa.

23. Cúspide da primeira Casa.

24. Gêmeos, Virgem.

25. Vênus; Touro, Libra.

Lição 5: Questionário (página 59)

Vênus em Aquário na quinta Casa. (Regente Urano em Virgem na décima segunda Casa.) Vênus representa as amizades, o impulso social, o senso de valores e como você demonstra qualquer uma dessas qualidades.

Com Vênus em Aquário, Roosevelt demonstrava suas afeições de maneira fria; seus sentimentos eram mais regidos pelo intelecto do que pela emoção. Seu impulso social era muitas vezes individualista e às vezes imprevisível. Seu senso de valores pendia mais para o humano e o progressista. Com o regente Urano no prático signo de Virgem, ele expressava essas qualidades de uma maneira realista.

Acrescentando alguns matizes de Leão, já que Leão é o signo natural da quinta Casa, descobrimos que ele era romântico, idealista, autoconfiante e generoso, mas só na medida permitida pelo intelecto de Aquário e pela praticidade de Virgem.

O posicionamento na quinta Casa mostra que seus afetos, seus valores e seu impulso social se dirigiam para seus filhos, para os casos de amor e os esportes agradáveis; a maior parte de sua criatividade foi canalizada para uma área prática, o trabalho; no seu caso, a política.

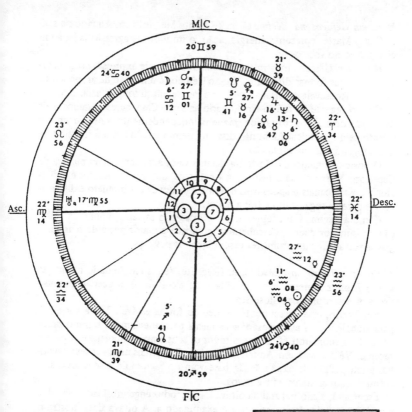

Figura 14: Horóscopo natal de Franklin Delano Roosevelt. Este é o mapa preenchido da página 77 da lição 7.

Marte em Gêmeos na décima Casa. (Regente Mercúrio em Aquário na sexta Casa.) Marte representa energia, ação, o impulso de agressividade, a iniciativa e como você os usa.

Marte em Gêmeos mostra versatilidade; assim, ele expressava suas energias de muitas formas diferentes. Como Gêmeos é um signo de ar, podemos dizer que Roosevelt precisava envolver a mente em tudo que fazia.

Com o regente Mercúrio em Aquário na sexta Casa, acrescentamos mais qualidade de ar, espírito rápido, maneira independente de pensar, e amor e talento pela comunicação. Muito disso foi demonstrado em seu trabalho, já que o regente está na sexta Casa.

O posicionamento de Marte na décima Casa acrescenta uma nuança de Capricórnio; isso ajuda a restringir a natureza mutável de Gêmeos e a direcioná-la para canais responsáveis e sérios. Em vez de ser inquieto e dispersivo, ele parecia organizado e trabalhador.

Como a décima Casa representa a profissão, a carreira, a honra, a ambição e assim por diante, percebemos agora que a maior parte de suas energias se voltavam para promover esses objetivos pessoais.

Júpiter em Touro na oitava Casa. (Regente Vênus em Aquário na quinta Casa.) Júpiter representa a capacidade de expandir e crescer, o impulso protetor e as aspirações filosóficas.

Em Touro, esse crescimento se deu de forma estável. Tinha paciência para trabalhar na sua ascensão; seus ideais permaneciam no terreno prático, e ele demonstrou eficácia em todos os seus empreendimentos. Como o regente, Vênus, está em Aquário na quinta Casa, mais uma vez seus objetivos e seu padrão de expansão de baseavam no raciocínio e seus processos mentais eram criativos e inventivos.

Escorpião, signo natural da oitava Casa, produz engenhosidade e lhe deu uma boa capacidade investigativa e examinadora. A oitava Casa mostra o apoio que recebemos dos outros, e Roosevelt tinha não só Júpiter mas também Saturno nessa Casa. Você verá que a maioria dos políticos tem uma oitava Casa forte. Não é de surpreender, já que o apoio dos outros é a base da política.

Saturno em Touro na oitava Casa. (Regente Vênus em Aquário na quinta Casa.) Como você vê, Saturno está no mesmo signo e na mesma Casa que Júpiter. Enquanto Júpiter representa a capacidade de expandir e de crescer, Saturno representa a solidez e o impulso de segurança. Mostra a aptidão para a carreira, a disciplina e as responsabilidades exigidas. É o mestre e o capataz do horóscopo.

Com Saturno no signo de terra de Touro, Roosevelt aceitava prontamente a responsabilidade e a disciplina. Esse posicionamento também indica uma grande necessidade de segurança, que a maioria dos signos de terra geralmente buscam em áreas materiais. Mas com o regente em Aquário, ele encontrava sua segurança, em grande parte, em sua própria capacidade intelectual; sua carreira foi baseada em sua capacidade de se comuni-

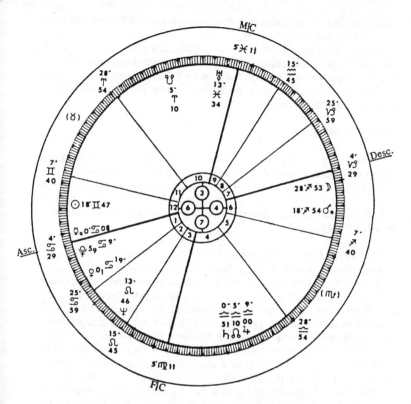

Figura 15: Horóscopo natal de Judy Garland
Este é o mapa preenchido da página 79 da lição 7.

car bem. Isto é uma coisa que encontramos freqüentemente em mapas com predomínio de signos de ar.

O matiz de Escorpião da oitava Casa acrescenta profundidade a esse Saturno em Touro, reforçando sua determinação e sua motivação. Escorpião é apaixonado, Touro é sensual, e a oitava é a Casa do sexo. Como o planeta Saturno indica insegurança, podemos presumir que Roosevelt tinha algumas dificuldades sexuais.

Lição 8: O Sol (página 84)

Se você delineou o mapa de Judy Garland e só está conferindo seu desempenho no Apêndice, parabéns! Você está no caminho certo para se tornar astrólogo. Se não é esse o caso, lembre-se de que todo nosso delineamento desse horóscopo está baseado em palavras-chave e frases tiradas deste livro. Para aprender, você deverá verificar que palavras usamos ou deixamos de usar, e por quê.

Sol em Gêmeos na décima segunda Casa. Descobrimos o ser interior, ou a personalidade básica de Judy Garland, em Gêmeos. Sua natureza era dupla, adaptável (reforçada por muitos planetas mutáveis), loquaz (reforçada pela Lua em Sagitário), simpática (reforçada pelo regente, Mercúrio, em Câncer) e inquieta (reforçada por muitos planetas cadentes e mutáveis). Como o regente de Gêmeos está em Câncer, parte das qualidades dispersivas ou sem sentido está reduzida, e podemos dizer que ela era mais tenaz, conscienciosa e emocional do que se Mercúrio também estivesse em Gêmeos. Entretanto a comunicação é importante, principalmente porque a terceira Casa, das comunicações, tem Leão na cúspide, e é regida pelo Sol em Gêmeos. Às vezes ela era irresponsável e precisava de mudanças de cenário (confirmada pela quadratura entre o Sol e Urano, de que vamos tratar mais tarde).

Já discutimos alguns dos matizes cancerianos acrescentados pelo regente Mercúrio em Câncer; também precisamos acrescentar uma nuança pisciana, pois o Sol na décima segunda Casa assume as qualidades piscianas de compaixão, simpatia e emoção. (Isto se encaixa com o apanhado geral que já fizemos.) Podemos dizer que ela era musical, não porque sabemos que esta é a Judy Garland cantora, mas porque Peixes e Touro são signos musicais. Netuno rege o Meio-do-Céu (sua carreira), e Vênus, regente de Touro, está proeminente no mapa porque é angular e ocupa a primeira Casa.

O Sol de Judy Garland está na décima segunda Casa; nesta colocação o Sol brilha nos bastidores, e precisamos concluir que ela teria preferido uma vida menos pública. Entretanto, o Sol na décima segunda Casa é com freqüência o posicionamento de atores; em vez de se revelarem, eles podem se esconder por trás de um papel. Embora ela não trabalhasse num asilo, mas sim, num grande estúdio cinematográfico, de acordo com suas palavras, muitas vezes isso parecia um asilo. Ela não fez nenhuma pesquisa (outra ocupação de décima segunda Casa); o resto do mapa não reforça essa inclinação, mas com o Câncer total do mapa ela poderia ter feito algum trabalho de caridade se se decidisse seguir nessa direção.

Como o Sol de Judy Garland tem muitos aspectos difíceis, podemos dizer que ela era sua pior inimiga.

Sol em oposição a Marte. O Sol de Judy Garland faz uma oposição quase exata a Marte; isso fez dela uma lutadora, deu-lhe entusiasmo e indica que ela era bastante franca. Ela não se impunha muito, porque nem Gêmeos nem Câncer agem assim, mas efetivamente falava antes de pensar e talvez enfiasse os pés pelas mãos ou ofendesse as pessoas sem querer. Depois que o movimento pendular de uma oposição se torna equilibrado e a percepção da polaridade é aprendida, as oposições se tornam úteis e positivas. Acreditamos que Judy Garland nunca tenha feito esse aprendizado.

Sol em quadratura com Urano. O Sol em quadratura com Urano tornou Judy Garland impulsiva, irrefletida e excêntrica; ela fazia suas coisas sem se importar com as conseqüências para os outros. Entretanto, essa quadratura lhe concedeu um tremendo magnetismo, principalmente na carreira, pois Urano está próximo do Meio-do-Céu. Também a tornou nervosa e propensa a acidentes, e sem dúvida ela atraiu condições e acontecimentos perturbadores.

Sol em sextil com Netuno. O sextil entre o Sol e Netuno confere imaginação e criatividade. Vamos delinear Netuno plenamente quando chegarmos à lição 16. Esse aspecto a tornava terna (Câncer proeminente em seu mapa) e romântica, pois Netuno está no signo romântico de Leão. Esse aspecto também mostra que ela era devotada ao parceiro e à família.

Lição 9: A Lua (página 104)

A Lua em Sagitário na sexta Casa. Estamos agora discutindo a configuração emocional de Judy Garland; a Lua mostra o humor, os instintos, os desejos e as necessidades. Quando olhamos a descrição da Lua em Sagitário, temos de nos lembrar que a Lua de Garland é regida por Júpiter em Libra na quarta Casa, e também que sua Lua está na sexta Casa, acrescentando matizes de Virgem. Precisamos também examinar os aspectos para entender os empregos potenciais dessa colocação da Lua.

A Lua em Sagitário indica que Judy Garland era socialmente acolhedora, ingênua, mas não desprovida de consciência de classe porque o regente, Júpiter, está em Libra, e Libra às vezes é refinado a ponto de ser esnobe. Ela era aberta e amistosa, mas isso aparecia mais no seu trabalho (sexta Casa) do que em sua vida privada, por causa do Sol na décima segunda Casa. Ela era uma pessoa em busca de algo, inspirada e inquieta; essas qualidades já foram constatadas em nosso apanhado e em nosso delineamento do seu Sol. Quando examinamos os aspectos da Lua, vemos que ela só tinha quadraturas e oposições, que são desafiadoras e causadoras de tensão. Podemos deduzir daí que ela tinha muitos problemas para manter as emoções sob controle. Esse fato precisa ser mantido em mente ao delinear a Lua. Por essa razão, escolhemos algumas das palavras-chave e frases menos positivas para descrever esse posicionamento da Lua.

Podemos dizer que ela era inquieta de corpo e alma, e que necessitava de muita atividade e de vaguear sem destino. Na verdade, era mais sensível do que revelava sua postura livre e jovial. A religião, a poesia, a filosofia e a música eram importantes para ela, que gostava de ajudar os outros. Adorava a liberdade e a independência, mas só até certo ponto, pois o *stellium* em Câncer tornava-a um pouco dependente. Era descuidada e às vezes imprudente. Todos os aspectos geradores de tensão desafiam a pessoa a ter grande atividade e realizações. Falando da Lua, estamos lidando com desafios emocionais; se houver muitos desses desafios, a vida pode tornar-se extremamente difícil e muitas vezes esmagadora.

Os matizes de Libra (o regente de Sagitário é Júpiter em Libra) adicionam charme, desejo de agradar e de ser amado, e indecisão. Essa influência de Libra também reforçou seu amor pelas artes.

O posicionamento da Lua na sexta Casa mostra nuanças de Virgem; Garland reagia bem à apreciação e ao estímulo, mas tinha a tendência a ser demasiado ansiosa emocionalmente (o que também se vê nos aspectos). Virgem acrescentava laboriosidade e desejo de perfeição.

Com a Lua na sexta Casa, vemos a mutabilidade, não apenas em sua configuração emocional, mas também em seu trabalho. O local onde a Lua se encontra num mapa é onde ocorrem altos e baixos; o trabalho de Judy Garland refletia essa contínua variação. Podemos também concluir que ela gostava de proteger os outros, e que, quando tinha tempo, era uma boa cozinheira. Também podemos dizer que muitas de suas doenças eram psicossomáticas, causadas por nervosismo e emocionalismo.

Lua em oposição a Mercúrio. A Lua está numa oposição quase exata a Mercúrio (órbita de $1°$). Isso fazia com que ela agisse impensadamente e fosse demasiadamente sensível (já visto em outros aspectos), mas também leal aos amigos e às causas. Nervosa e excitável, ela precisava aprender a conciliar e a ter autocontrole.

Lua em quadratura com Saturno. A Lua faz uma quadratura próxima com Saturno (menos de $2°$). Este é um aspecto desfavorável, já que indica insegurança, que quase sempre remonta à infância, e dificuldades com um dos genitores — no caso dela, a mãe. Essa quadratura fez com que Judy Garland trabalhasse com muito afinco, na tentativa de se provar, e também revela falta de autoconfiança.

Lição 10: Mercúrio (página 131)

Mercúrio em Câncer na décima segunda Casa. Mercúrio representa a capacidade mental, a capacidade de raciocínio e os meios de comunicação. O

Mercúrio de Judy Garland está em Câncer, regido pela Lua em Sagitário na sexta Casa. Novamente interpretamos a influência de Câncer com certos matizes de Sagitário, e em seguida adicionamos uma marca de Peixes por causa do posicionamento por Casa.

As qualidades mentais de Judy Garland eram emotivas, e ela era arrastada pelos sentidos em vez de raciocinar de forma distanciada e objetiva. Embora fosse tenaz, também era influenciada pelo ambiente; isso a tornava mal-humorada e instável. (Todos esses são fatores que já vimos e que agora estamos confirmando.) O modo mais eficiente de chegar até Judy Garland era através da gentileza e do elogio. Ela era criativa e intuitiva, com empatia pelo sofrimento dos outros, mas também tendia a sentir pena de si mesma. Como Mercúrio tem poucos aspectos, principalmente desafiadores, podemos dizer que ela era mentalmente evasiva, e, com o posicionamento do Sol na décima segunda Casa, podemos também dizer que achava difícil encarar a verdade ou a si mesma — dois fatores que andam de mãos dadas. O lar e a família eram importantes para ela, mas, novamente, com o regente, a Lua, em Sagitário na sexta Casa, a ênfase é mais sobre o trabalho do que seria se a Lua estivesse em outro signo ou Casa.

Sagitário adiciona sinceridade, bom senso de humor, impulsividade e uma quantidade de interesses (que ela já tinha de qualquer forma, por causa do Sol em Gêmeos). O posicionamento da décima segunda Casa acrescenta matizes piscianos; isso reenfatiza sua intuição e a inclinação romântica do seu processo de pensamento; novamente mostra que ela trazia bem escondidos seus pensamentos mais íntimos.

Mercúrio na décima segunda Casa indica que sua mente funcionava de formas sutis, que ela não tinha confiança (já visto), mas que escondia esse fato. Ela precisava encarar a realidade, em vez de viver num mundo de fantasia. Mercúrio nessa Casa, mais uma vez, confirma que suas decisões eram baseadas no sentimento e não na razão.

Mercúrio em quadratura com Saturno. Isto mostra que ela era tradicionalista, tímida e reservada, mas também trabalhadora, responsável e ambiciosa. Esse aspecto mais uma vez indica dificuldades na infância, dessa vez mais relacionadas com o pai. Mercúrio em quadratura com Saturno também indica insegurança e defensividade, que poderiam facilmente levar à depressão. Não podemos dizer que ela fosse desconfiada porque nem Sagitário, onde o regente de Mercúrio está colocado, nem Gêmeos (seu signo solar) corroboram esse fato.

Lição 11: Vênus (página 151)

Vênus em Câncer na primeira Casa. O Vênus de Judy Garland também está em Câncer, e novamente o regente está em Sagitário, na sexta Casa. Vênus está angular na primeira Casa, acrescentando um matiz de Áries. Vênus em Câncer indica que Garland era sensível, idealista e auto-indulgente. Como Vênus representa as amizades, os valores e o impulso social, podemos dizer que Garland estava procurando um companheiro ideal para amar e por quem ser amada, uma pessoa romântica que a protegesse e não a ferisse. Com medo de ser ferida, ela não dava esse fato a conhecer, pelo contrário, ocupava-se representando o papel de "eu não ligo". Vênus em Câncer também indica gentileza e charme, e mais uma vez observamos que ela gostava de cuidar das pessoas que amava.

Com o regente de Vênus em Sagitário, vemos idealismo e também tendência ao namoro. O matiz ariano de primeira Casa mais uma vez mostra seu magnetismo e sua inquietação. Também adiciona um certo ardor a seu estilo e à sua natureza amorosa.

Vênus na primeira Casa indica beleza, encanto pessoal e temperamento feliz. Ela gostava de ser mimada e se divertia em sociedade e em ambientes bonitos. Sua personalidade era expansiva e ela tinha facilidade em representar; gostava de flertar, de música e adorava doces. Seu ego era saudável, e ela podia ser bastante auto-indulgente. Todas essas são características que já notamos anteriormente em seu mapa. Existe uma frase, no nosso delineamento de Vênus na primeira Casa, que não se ajusta a Judy Garland: "A vida na infância geralmente é agradável". No delineamento do Sol, da Lua e de Mercúrio, vimos que a oposição Sol/Marte, a quadratura Lua/Saturno e a quadratura Mercúrio/Saturno indicam problemas com os pais. Como os pais representam a infância, temos de concluir que sua juventude não pode ter sido fácil, embora possa ter tido seus momentos agradáveis e gratificantes.

Vênus em quincunce com Marte. Isto fez com que Judy Garland tivesse dificuldade em satisfazer seus desejos. Ela precisava superar uma atitude negativa em relação a si mesma. Muitas vezes se aproveitavam dela, e geralmente sua escalada para o sucesso era feita às custas do amor e do afeto.

Vênus em trígono com Urano. Isto novamente mostra uma personalidade magnética e a tendência a se apaixonar depressa e muitas vezes. Ela saboreava a vida e tinha enorme criatividade, que sabemos ter utilizado. Precisava de um canal adequado para a vazão de suas emoções. Esse aspecto mais uma vez corrobora o fato de que ela poderia ter mais de um casamento e, sem dúvida, mais de um parceiro.

Lição 12: Marte (página 170)

Marte em Sagitário na sexta Casa. Marte revela a garra, a energia e as tendências sexuais. O Marte de Garland em Sagitário na sexta Casa tem matizes de Virgem. Júpiter, regente de Sagitário, está em Libra.

Marte em Sagitário indica que ela funcionava com grandes ondas de energia mas não tinha muita resistência. Com seu amor pela mudança, muitas vezes ela esposava idéias novas sem investigá-las primeiro. Tinha uma grande vitalidade natural, ritmo, senso de tempo e de harmonia.

Alegre e popular, sexualmente era exploradora; isso é corroborado por Aquário na cúspide da oitava Casa, a Casa do sexo. Ela não tinha persistência, porque Marte tem aspectos desfavoráveis, mas a nuanças de Libra acrescentava charme, cooperação e sociabilidade a essa colocação. O matiz virginiano mostra seu gosto e entusiasmo pelo trabalho, assim como uma certa disciplina. Marte na sexta Casa mais uma vez corrobora que ela era trabalhadora; também indica que poderia se exigir implacavelmente, a ponto de ficar doente; na verdade, seus colegas podem ter achado difícil seguir o seu ritmo. Tinha um gênio esquentado que precisava controlar, e como tinha ambição de subir na vida, provavelmente aprendeu isso mais ou menos cedo.

Marte em quadratura com Urano. Isso indica uma vontade forte; também indica um líder que pode ir longe depois de aprender a se controlar. Ela precisava admitir suas limitações: de outra forma poderia trabalhar em excesso ou se acidentar. Novamente vemos casos de amor precipitados e casamentos rápidos. Este não é um mapa que indique o que chamaríamos de uma vida ordeira ou bem controlada.

Marte em trígono com Netuno. Este é o melhor e mais fluente aspecto de Marte. Esse fluxo deveria ser usado para desenvolver expressões positivas de garra e energia. Revela talento em áreas musicais ou literárias, que poderia ter sido desenvolvido plenamente. Sabemos que usou seu talento musical, mas nunca desenvolveu a capacidade de escrever. Ela era simpática, inspirada, amorosa e emocional — tendências que já vimos em muitas outras áreas do mapa.

Lição 13: Júpiter (página 187)

Júpiter em Libra na quarta Casa. Júpiter mostra a área de expansão; em Libra, expressa-se de forma artística, sociável, cooperativa e refinada. Vênus, regente de Libra, está em Câncer na primeira Casa; assim, precisamos acrescentar alguns matizes cancerianos, tanto por causa do regente como por causa do posicionamento na quarta Casa.

Entretanto, era difícil manter o equilíbrio emocional e havia indecisão ocasional. O Júpiter de Judy Garland tem três aspectos: um fluente e dois desafiadores. Com isso em mente, achamos que era fácil para ela expandir-se artisticamente, ser popular e um "bom-papo", principalmente porque tivemos confirmação dessas qualidades por meio de outros aspectos do mapa. O matiz de Câncer adiciona generosidade, capacidade de se relacionar bem com o público, elegância e talvez um problema de peso. Como Júpiter está exaltado em Câncer, esse matiz é benéfico.

Júpiter em quincunce com Urano. Isto faz com que ela tivesse sido demasiado otimista, deixando de atentar para os detalhes, e não muito autodis-

273

ciplinada. Entretanto, esse aspecto também indica que ela precisava adquirir disciplina interior para evitar dificuldades financeiras. Ela também tinha de aprender a não se deixar pressionar para se provar uma vez atrás da outra, tanto em relação aos amigos (Urano é o regente natural da décima primeira Casa, dos amigos) como em sua carreira (Urano está próximo do Meio-do-Céu, que significa a carreira).

Júpiter em sextil com Netuno. Isto mostra mais uma vez sua capacidade musical e criativa, mas também indica que ela poderia ter usado essa energia de forma religiosa ou espiritual, se quisesse. Esse aspecto revela outra vez que as áreas da escrita, da caridade e do trabalho social seriam boas para ela.

Júpiter em quadratura com Plutão. Isto reenfatiza os sentimentos de inadequação que já vimos anteriormente no mapa. Esse aspecto deixava-a angustiada entre a extrema autoconfiança e a dúvida sobre si mesma. Observando o que lhe ocorreu, sabemos que ela usou tanto a abordagem positiva com a negativa durante sua vida. Às vezes ela era arrogante, exagerada, fazia grandes jogadas e se lançava em aventuras. Não tinha propensão a se considerar sua própria lei, por causa da forte influência de Câncer no mapa; Câncer prefere agradar e aderir às leis existentes, sempre que possível.

Lição 14: Saturno (página 203)

Saturno em Libra na quarta Casa. Saturno está bem colocado em Libra, signo de sua exaltação. Entretanto, os únicos aspectos que Saturno faz no mapa de Judy Garland são quadraturas com a Lua e com Mercúrio, que delineamos nas lições 9 e 10. As suas quadraturas são quase exatas; portanto, formam uma parte básica do seu caráter. Também notamos que Saturno está na quarta Casa e que o regente, Vênus, em Câncer, acrescenta um forte matiz canceriano; na quarta Casa, o planeta Saturno não está à vontade, não funciona da melhor forma. Todos esses fatores precisam ser lembrados quando se examina esse horóscopo. Por causa dos aspectos difíceis de Saturno, Judy Garland não era tão disciplinada e responsável como se poderia presumir sob outras circunstâncias, nem era muito boa em planejamento organizacional ou em negócios. Todas as lições de aprendizagem de Saturno se aplicam aqui, pois todas as quadraturas num mapa indicam a necessidade de aprender ou adquirir alguma coisa. Como o seu Saturno rege a sétima Casa, o casamento exigia paciência e trabalho dedicado. O relacionamento com os outros também era uma das lições a aprender. Ela era exigente, tanto em relação aos outros como a si mesma, e algumas vezes intolerante.

O acréscimo da nuança canceriana reforça os traços que já observamos, tais como: sua vida familiar na infância foi difícil e provavelmente deixou marcas, o senso de responsabilidade que ela sentia em relação à família, o fato de ocultar seus pensamentos e sentimentos íntimos para manter uma aura de dignidade, sua necessidade de amor e aprovação, uma vida doméstica problemática, hipersensibilidade e tendência a engordar.

O posicionamento de Saturno na quarta Casa mais uma vez mostra dificuldades com um dos genitores e uma forte ligação com a família. Ela se saiu melhor longe do lar ou do lugar de nascimento; seu sentimento inato de inadequação e insegurança estimulou-a a conseguir grandes realizações e fez com que fizesse tudo com o dobro de afinco. Tinha tendências a problemas digestivos, causados principalmente por preocupação e emocionalismo. Uma boa atitude espiritual teria ajudado a superar muitos desses problemas.

Saturno é o mestre, o capataz. Pode causar demoras e impor limitações. Mas Saturno é totalmente justo e imparcial; você colhe o que semeia. Se aceitar positivamente as lições de Saturno, vai colher grandes recompensas. As lições de Garland eram difíceis porque sua insegurança emocional estava profundamente enraizada. Ficava deprimida com facilidade, e sabemos que para ela a forma mais rápida de superar esses sentimentos era através do trabalho, onde recebia aplauso e aclamação. Mas sua carreira a manteve muito ocupada para olhar de fato dentro de si mesma, no intuito de superar os problemas a partir do interior em vez de a partir do exterior. Se ela tivesse feito isso, poderia ter amadurecido de forma diferente e teria sido muito mais feliz. Mas ela não escolheu esse rumo, e sabemos como seu livre-arbítrio determinou, em última análise, a maneira como viveu.

Lição 15: Urano (página 220)

Urano em Peixes na décima Casa. Urano é o planeta mais elevado no horóscopo de Judy Garland, e portanto muito importante. Como Urano permanece em cada signo cerca de sete anos, milhões de pessoas têm Urano aí. Portanto, a posição por Casa se torna mais importante que o signo. Todas as pessoas com Urano em Peixes são intuitivas, mas Judy Garland, com muitos planetas em signos de água, era especialmente intuitiva. Todas as pessoas nascidas durante esses sete anos podem refletir, até certo ponto, a mutabilidade de Urano em Peixes; mas Garland, com muitos planetas mutáveis, refletia muito mais essa característica. Já determinamos sua capacidade artística e seu talento para a representação, enfatizados pela colocação de Urano e de seu regente, Netuno, em Leão. Urano também confirma outras características que já vimos anteriormente: sensibilidade excessiva, nervosismo, necessidade de conhecer seus limites e de relaxar. Garland tinha tanto aspectos desafiadores como fluentes a Urano, e cabia a ela escolher os que mais ia utilizar. Esse posicionamento também indica o desejo de fuga através de drogas, álcool ou sexo.

A nuança de Capricórnio acrescentada a Urano na décima Casa mostrava uma postura orientada para o futuro, mas também uma relutância em abandonar o passado. Isto também confirma sua inquietação e seu temperamento nervoso.

Urano na décima Casa indica que ela poderia ter lutado por alguma causa ou se rebelado contra qualquer tipo de autoridade. Como há tanto aspectos fluentes como desafiadores, cabia-lhe decidir como usar essas energias. Sabemos, pelo que dela conhecemos, que escolheu o segundo caminho. Esse posicionamento também ajudou a trazer os muitos desapontamentos e mudanças de carreira que ela vivenciou, e também explica por que era, com tanta freqüência, incompreendida. Não sabemos se ela se interessou por astrologia ou por assuntos ocultos, mas poderia ter tido essa inclinação.

Urano em quincunce com Netuno. Isso indica que ela era uma grande protetora dos desfavorecidos, que abominava a injustiça, mas que também se sentia culpada por não fazer o bastante nessas áreas. Como resultado, muitas vezes sua escolha foi não fazer absolutamente nada, tornando-se egocêntrica ou absorvida em si mesma. Novamente vemos que Garland, e muitos outros que têm esse aspecto, são criativos e originais. Nesse mapa, entretanto, como Urano está na décima Casa, em conjunção com o Meio-do-Céu, e o regente Netuno está na segunda Casa, essa originalidade em parte lhe proporcionou recursos interiores e exteriores, isto é, talento interior e capacidade de ganhar dinheiro com esse talento.

Urano em trígono com Plutão. Isso lhe dava resistência e força, permitindo-lhe aceitar conceitos novos. Também lhe conferia uma perspectiva idealista. Novamente percebemos que, por estar Urano tão próximo do seu Meio-do-Céu (a carreira), e Plutão tão proximo do seu Ascendente (personalidade exterior), muito dessa força, dessa resistência e desse idealismo foi aplicado em sua carreira.

Lição 16: Netuno (página 234)

Netuno em Leão na segunda Casa. O dissimulado Netuno, planeta da ilusão e da desilusão, dos sonhos, da decepção, da iluminação espiritual, do talento artístico e da criatividade, está colocado no dramático Leão, e o regente, o Sol, em Gêmeos.

Como explicamos na lição 16, Netuno permanece em cada signo por quatorze anos; é um planeta de geração. Todas as pessoas nascidas com Netuno em Leão têm inclinações românticas, um idealismo nato e capacidade artística. No mapa de Garland, vimos seu talento e seus potenciais no campo do entretenimento; isso poderia apenas servir para reforçar o que já determinamos anteriormente, incluindo a versatilidade geminiana para atuar, dançar, cantar etc.

Netuno na segunda Casa se relaciona com Touro. Isso acrescenta uma abordagem estética das artes e uma necessidade de segurança, que já vimos em muitas outras áreas. Netuno na segunda Casa indica que seu discernimento financeiro não era bom e que ela precisava ser honesta e evitar quaisquer maquinações envolvendo dinheiro; esse posicionamento de

Netuno indica que o dinheiro escapava por entre seus dedos. Como Netuno é o regente de Peixes e Peixes é o signo do seu Meio-do-Céu, vemos que ela poderia ganhar dinheiro com qualquer carreira que escolhesse. Como a maioria dos aspectos de Netuno é favorável e fluente, achamos que ganhar dinheiro não era difícil para ela: o difícil era conservar e administrar o dinheiro.

Todos os aspectos de Netuno já foram delineados, quando discutimos os aspectos do Sol, de Marte, de Júpiter e de Urano.

Lição 17: Plutão (página 247)

Plutão em Câncer na primeira Casa. Plutão ficou em Câncer durante vinte e cinco anos. Como ressaltamos na lição 17, ocasionou muitas mudanças na geração. No mapa pessoal, mostra uma grande necessidade de segurança – uma qualidade sempre associada com Câncer. No caso de Garland, agora já sabemos que a segurança era uma de suas necessidades básicas, assim como a necessidade de adquirir maturidade emocional. Seu Plutão em Câncer é regido pela Lua em Sagitário, o que acrescentava otimismo e muito entusiasmo e lhe dava uma qualidade efervescente, bastante perceptível porque Plutão está posicionado próximo do Ascendente. Por causa dessa proximidade, sabemos que Plutão tinha muita influência em sua personalidade.

Plutão na primeira Casa indicava intensidade, aspiração ao poder e uma tremenda ambição. Sua personalidade era magnética, mas ela mostrava muitas faces ao mundo – algumas vezes pensativa, outras vezes enérgica, algumas vezes apaixonada e outras vezes inquieta.

Figura 16: Horóscopo natal de Marion March.

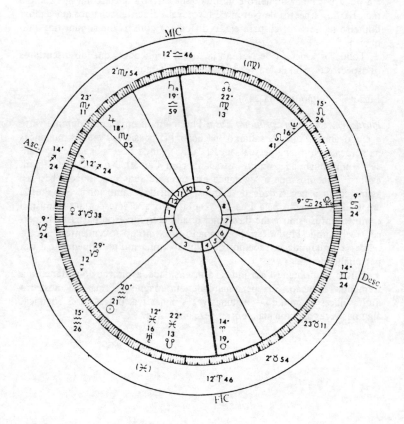

Figura 17: Horóscopo Natal de Joan McEvers.

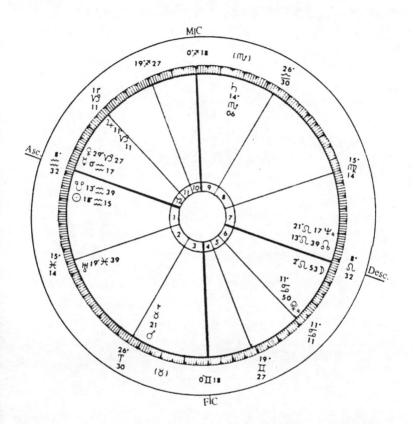

Impressão e acabamento:

tel.: 25226368